JN029461

橋本博之
Hiroyuki Hashimoto

New edition
Basics of Administrative Law Interpretation

新版
行政法解釈の基礎
——「仕組み」から解く

日本評論社

はしがき

　「本書は、行政法の事例問題の解き方・考え方を示すことを通して、行政法における解釈技術、とりわけ、個別法の『仕組み』に着目した解釈技術を身に付けるための教材として、執筆されました。入門レベルのテキストを読み終えた方、あるいは、大学の法学部や法科大学院で学習中の方を主たる読者として想定し、行政法に関する基礎的な知識を活かしながら、事例問題・応用問題を解くというレベルにステップアップするための『道しるべ』となるよう、心がけたつもりです。」

　上記は、私が2013年に出版した『行政法解釈の基礎』はしがきの冒頭部分です。法科大学院での教育に試行錯誤する中、教科書の体系的記述と個別事例の法解釈とのギャップを埋めるため、具体的な解釈問題に対応する際に用いる「頭の働かせ方」を言語化しようと考えたのです。それ以前は語られることの少なかった、行政法領域の個別法を解釈するための基礎的な技法を示すことにより、個別法の「仕組み」を解明して説得力のあるロジックを構築するための新しい学習書を目指しました。

　幸いなことに、『行政法解釈の基礎』は、大変多くの読者を獲得することができました。同書の刊行後、行政法に関する工夫された学習書も増えています。また、「仕組み解釈」という方法的視座についても、行政法における解釈技法として、ある程度定着しました。そこで、今般、判例・学説の変化に対応するべく、旧著の内容を全面的に更新した「新版」を刊行することとしました。本書のねらいは、旧著と変わらず、個別法の定める「仕組み」を正しく解明したうえで、憲法的価値の実現という行政法の基本原理を踏まえた解釈論を組み立てる能力の涵養です。本書を通して、基本法典のない行政法の領域で、ばらばらに存在する（ように見える）多数の法令・例規群を解釈する技術・方法としての、「仕組み解釈」を知っていただければ幸いです。

　旧著では、仕組み解釈を習得するツールとして、5つの「行政法思考」を提示しました（①時間軸に沿った「仕組み」の解析、②行為要件・行為内容の解析、③規範の階層関係の解析、④制度趣旨に照らした考察、⑤基本原理に照らした考察）。これらは、個別法の仕組みから解釈論を組み立てる際の、

いわば「補助線」です。上記の①②③が個別法を「解析」する技術であり、上記④⑤は個別法の解釈から具体的事案への当てはめで用いる「考察」の方法です。本書も上記を踏襲しますが、旧著に寄せられた読者の方々（多くは旧著を使って行政法解釈論を習得し、実務家として活躍されている方々）からの意見を取り入れ、以下のように構成・内容を変更しました。

本書は、第1章で、上記5つの「行政法思考」の概要を提示します。続く第2章・第3章・第4章は、上記①②③の「解析」方法を順に解説します。これら3つの章は、基本的に旧著の内容を踏まえていますが、判例学習と事例問題演習をつなぐことを意識し、判例を用いた具体的な解説を増やしています。第5章は、実践演習として、平成29年から令和4年までの司法試験の記述式問題を取り上げて分析・解説し、全てに「解答例」を付けました。

本書の内容は、私の学部・法科大学院における教育経験に基づくものです。今回は、特に第5章の執筆において、明治大学法科大学院で学ばれている岩見風音氏、高柳東子氏に多大なご協力をいただきました。本書の内容が、読者の方々にとって読みやすく、少しでも有益なものであるとするなら、両氏のアドヴァイスによるものです。また、本書全体の作成にあたり、神戸大学の中川丈久教授、興津征雄教授から、個別法の解釈技術を中心に、多方面にわたり有益なご指摘・ご教示をいただきました。さらに、出版の実現に当たり、日本評論社の柴田英輔さんには、当初から大変お世話になりました。上記の方々には、ここに記して深い謝意を表します。

私は、行政法の解釈方法・解釈技術の多くを、恩師である塩野宏先生から学びました。「仕組み解釈」という方法も、塩野行政法学に内在する本質的な要素（なぜ塩野学説は立法・裁判の両面にわたり実務上の影響力が大きいのか、という問いに対する私なりの答え）を抽出し、言語化する試みです。本書もまた、旧著と同様、謹んで塩野宏先生に献呈させていただきます。本書が、行政法を学んでいる方々の一助となることを、著者として心から願っています。

2023年11月

橋本博之

●新版 行政法解釈の基礎──「仕組み」から解く　目次●

第2章　時間軸に沿った「仕組み」の解析

第3章　行為要件・行為内容の解析

第 4 章　規範の階層関係の解析

第5章　実践演習

凡　例

▽**法令名**

行訴法＝行政事件訴訟法

行手法＝行政手続法

行審法＝行政不服審査法

国賠法＝国家賠償法

風営法＝風俗営業等の規制及び業務の適正化等に関する法律

廃棄物処理法＝廃棄物の処理及び清掃に関する法律

情報公開法＝行政機関の保有する情報の公開に関する法律

▽**判例集・判例解説**

民（刑）集＝最高裁判所民事（刑事）判例集

行集＝行政事件裁判例集

判時＝判例時報

判タ＝判例タイムズ

判例自治＝判例地方自治

集民（刑）＝最高裁判所裁判集民事（刑事）

最判解民事篇（刑事篇）＝最高裁判所判例解説民事篇（刑事篇）

百選Ⅰ・Ⅱ＝行政判例百選Ⅰ・Ⅱ（第8版）別冊ジュリスト260号・261号（2022）

判例ノート＝橋本博之『行政判例ノート（第5版）』（弘文堂・2023）

▽**文献**

・単行本は著者名の後に書名に『　』を付して入れ、論文は著者名の後に論文名を「　」を付して入れた。共著は「・」で結んだ。

・判例評釈は論文名を略した。

　ex.塩野宏・ジュリスト693号（1979）48頁

・本書の基本的な参考文献については、以下の略語を用いた。

伊藤＝大島＝橋本・技法	伊藤建・大島義則・橋本博之『行政法解釈の技法』（弘文堂・2023）
宇賀・概説Ⅰ・Ⅱ	宇賀克也『行政法概説Ⅰ（第8版）・Ⅱ（第7版）』（有斐閣・2021～2023）
櫻井＝橋本・行政法	櫻井敬子・橋本博之『行政法（第6版）』（弘文堂・2019）
塩野・行政法Ⅰ～Ⅲ	塩野宏『行政法Ⅰ～Ⅲ（ⅠⅡは第6版補訂版、Ⅲは第5版）』（有斐閣・2015～2021）
髙橋・行政法	髙橋滋『行政法（第2版）』（弘文堂・2018）
橋本・仕組み解釈	橋本博之『行政判例と仕組み解釈』（弘文堂・2009）
山本・探究	山本隆司『判例から探究する行政法』（有斐閣・2012）

▽その他

・引用においては、学習上の便宜を図るため、旧字を新字にし、漢数字をアラビア数字にし、促音等は現代仮名遣いで表記している。また、引用中に著者の注記を入れる場合は、〔　〕を付している。

第1章

行政法と仕組み解釈

I 行政法事例問題と仕組み解釈

1 行政法事例問題の特徴

行政法の事例問題では、行政活動に起因する紛争について裁判等による解決を考える能力、あるいは、将来の紛争を予防するため合理的な立法論を展開する能力が試されます。その際、行政活動には、多くの場合、何らかの法的根拠・法的規律が存在しますから（法律による行政の原理）、個別法の解釈技術が必要になります。

大学等の授業であれ、自学自習であれ、行政法を学習されている方は、講義やテキストを通して行政法の基礎理論・基礎概念を理解し、行政法の主要な論点について判例や学説を習得するように努めているでしょう。しかし、いざ事例問題について答案を書こうとすると、複雑な事実関係や、初めて目にする個別法の条文の処理を求められることに、とまどいを感じる方も多いと思います。行政法の事例問題は、教科書や判例教材に記載されていることを学ぶだけでは対応できません。なぜなら、事実関係を踏まえ、初めて見る参照条文を解釈して問題を処理することが必要だからです。これこそ、行政法の面白さなのですが、学習者にとっては、しばしばハードルになります。

行政法に基本法典はありませんから、民法、刑法のように、基本法典の条文を出発点として学習することはできません。行政法では、「憲法的価値を踏まえた体系的思考」を用いて、個別法の法令群に「共通する指導原理」を抽出し、これを具体的な解釈論に割り戻す作業、すなわち、抽象化された「道具」を使いこなす技法を習得する必要があります[1]。本書は、この技法を学びます。

---

[1] この点について、櫻井＝橋本・行政法2頁では、「行政法的関心からくる議論は、具体的であると同時に抽象的であり、それが行政法の大きな特徴といえる」と記述しました。

　行政法において、伝統的学説として大きな地位を占めるのが、田中二郎学説です。田中先生を追悼する雑誌の特集号の中に、杉村敏正「田中先生の行政法教科書」という興味深い論文が掲載されています（ジュリスト767号〔1982〕28頁以下）。この中で、京都学派を代表する杉村先生は、田中先生の著書・論文において、「非断定的な用語」が極めて多く用いられていること、「通常」、「普通」、「一般には」、「原則として」という用語も多く用いられていることを指摘したうえで、田中行政法学には、「行政の現実を踏まえ」た「柔軟性」があると述べています。

　このことは、行政法の教科書に書かれている抽象化・体系化された内容と、実際の紛争事例を念頭に個別法を解釈して紛争解決の道筋を明らかにする能力との間に、埋めるべきギャップがあることを示しています。抽象的で一般化・体系化された理論と具体的な個別法の「法的仕組み」の間を自在に行き来することのできる、創造的な思考能力を得ることが、行政法を学ぶうえでの目標になります。

2　「仕組み解釈」の技法

　行政法の事例問題を解くためには、判例や学説が抽象化して示している解釈の道具を使って、約2000個存在する個別法（条例を加えると数はさらに増えます）を解釈する技法を習得する必要があります。これに対応するため、本書は、個別法の「仕組み解釈」の技法を学ぶ、という学習方法を提案します。

　この学習方法は、個別法それ自体について、詳細な知識を獲得しようとするものではありません。個別法に関する知識は一定程度必要ですが、行政法に関する教科書・判例等を学ぶ中で自然と身に付けられるし、それで十分です。そうではなく、個別法（法令・例規）の解釈方法・解釈技術それ自体に目を向けたうえで、事例問題を自力で解く応用力を高めるため、事実の評価と個別法の「法的仕組み」の解析を踏まえて解釈する「頭の働かせ方」すなわち「行政法思考」を習得するべきです。

　本書は、本章Ⅱで説明する5つの「行政法思考」を用いて、上記のような行政法に関する応用力、すなわち、個別法に関する「仕組み解釈」の技法の獲得をめざします。これらの「行政法思考」は、個別法を素材とした解釈問題の道筋を開く「鍵」です。これにより、自分自身で「思考」して

適切なロジックを立てる能力（「仕組み解釈」を行う能力）を身に付けます。

3　個別法解釈の特質

　上述したように、日本で施行されている法律は2000本程度であり、これらの大半が、民事法・刑事法とは異なるという意味で、行政法のフィールドで扱われる個別法です。これが多いか少ないか、人によって感じ方は異なるでしょう。いずれにしても、行政法は対象となる法律の数が膨大だから習得が難しいということではなく、行政法独特の解釈技術が正しくイメージできないまま、個別法を解釈素材とする事例問題に取り組んでしまうことが、学習者にとって難しさの本当の理由であると考えられます。

　行政法の事例問題を解くためには、各種の個別法について、行政法の基本原理や解釈技術、判例により確立している規範を正しく踏まえながら、解釈論を組み立てなければなりません。個別法の定める「法的仕組み」は、法律はもちろん、政令・府省令・規則・委任条例等の下位法令、通達・要綱等の行政内部の準則、審査基準や処分基準、さらに運用上のガイドラインや実務上のマニュアル類の全体を通して組み立てられています。個別法の解釈では、これら多様な存在形式の法的規範の全体に目配りした説得力のある論理構成が求められます。条例・規則をはじめとする地方公共団体独自の法的規範について、正しく理解する能力も欠かせません。加えて、個別法の定める内容は、法改正や運用の見直しなどにより常に変動しています。これらの事柄は、個別法の解釈に独特の難しさを与えており、さらに、個々の紛争事例における事実の評価や、将来を見通す立法政策的な思考まで求められます。仮に2000本の法律をすべてひととおり勉強できたとしても、それだけで行政法の解釈能力がマスターできるとは限りません。行政法の事例問題は、あらかじめ整理された情報を正確にインプットするだけでは対応できず、常にある種の応用能力・現場思考能力を問われるという特質があると考えられます。

　そもそも、行政法という科目では、「行政法」という法典は存在しないので、民法では「民法」、刑法なら「刑法」の条文に相当する基本的な解釈ツールを、判例・学説から抽出して身に付ける必要があります。この意味では、判例学習が大切です。最高裁判決を軸とする行政判例の習得は、

他の法分野では基本法典の条文の解釈を学ぶことと同等と考えられます。行政法では、判例に内在する「ロジック」や「考え方」を抽出し、解釈の道具として使えるかたちに整理すること、判例が確立している規範について、判例が用いる「キーフレーズ」を埋め込んだ当てはめができるようになることが、学習目標になるでしょう[2]。

　また、行政法では、実体法と訴訟法が表裏一体となって論点が形成されますから、民事法でいえば民法（民事実体法）・民事訴訟・民事執行の全体に相当する総合的検討が必要になります。さらに、基本原理（法律による行政、適正手続、信頼保護、比例原則、差別的取扱いの禁止、行政の自己拘束、配慮義務など）や、一般的な法制度（行手法、行政代執行法、情報公開法など）のレベルと、その場で初めて目にする個別法のレベルの両方、すなわち、抽象的・論理的な思考と、個別的・現実具体的な問題解決能力の両方をバランス良く使いこなすことが必要です。行政法の答案には、問題全体の「筋」を見通す能力、行政活動・行政過程のどの部分をつかまえてどのように争えば紛争が解決するか適確にイメージする能力が反映されます。

　他方で、上記の特色を押さえて学習を進めれば、行政法の事例問題は、最小限の基本的知見をベースに、具体的な事実と関連する個別法の条文を読み解くという現場思考によって処理できる、ということでもあります。行政法には他の法律科目と異なる特異性があるのですが、特異性を理解して問題へのアプローチの仕方を体得するなら、安定して成果を上げることが期待できる「楽勝科目」になります。本書は、そのために必要な「行政法思考」を明確にし、事案分析と個別法解釈に関する経験値を着実に高めてゆく方法論を示します。

┌───┐

一歩先へ　　仕組み解釈論の理論的背景

　本書は、私が提案してきた、行政法領域に特有の解釈方法としての「仕組み解釈」論をベースにしています。この「仕組み解釈」論は、行政法を「制度」ないし「法的秩序」を基礎に体系化する思考（国家と私人の対置を前提とする「主観的権利」を基軸とする思考と対置されます）をバックグラウンドとしつつ、公

└───┘

---

(2)　判例学習に関する私の考え方は、橋本博之『行政判例ノート〔第5版〕』（弘文堂・2023）で具体的に示しています。

法・私法二元論を克服した後の、行政法領域の個別法を解釈する「方法論」として提案したものです[3]。

「仕組み解釈」論は、実定法令の解釈方法に着目した行政法学上の思考枠組みの提案であり、民事法など他の法領域で実践されているものと同じ解釈技術を、周回遅れで行政法にも取り込もうとするものでは決してありません[4]。公法・私法二元論の「破壊者」であった塩野宏先生が、その代替として自らの実定法解釈論の中で用いている方法を私なりに抽出して、判例（裁判実務）と行政法理論、あるいは、法政策（立法実務）と行政法理論を架橋するツールとして一般化するために、「仕組み解釈」と名付けました。

他方で、「仕組み解釈」論の基盤である「制度」的思考の意義や評価は、公法学全体のあり方に関わる本質的テーマであり、21世紀に入ってからも、日本の行政法学の理論的課題として議論されています[5]。個別法の解釈という技術的・実践的に見える営為も、上記のような理論的・論争的な基盤の上に成り立っていることを意識し、公法・行政法の理論的側面について関心をもっていただければ幸いです。

●ポイント● 塩野学説による「仕組み解釈」の定位

塩野・行政法 I 66頁以下には、「仕組み解釈」について、以下のように説明があります。

「とりわけ行政においては、それぞれの条文は孤立して存在するわけではない。個別条文は、それぞれの法律……の目的実現のための道具の一部を形成している。したがって、条文の解釈に当たっては、……その法律全体の仕組みを十分に理解し、その仕組みの一部として当該条文を解釈していくことが必要である。……そのためには、ときには、関連の他の法律にまで視野をひろげて考察しなければならないときもある」。「個別法律の仕組みは、条文相互の技術的操作だけでは十分に理解できない。当該法律が奉仕する目的ないし価値との関連にも注意しなければならない。その際には、……憲法的価値も考慮に入れなければならな

---

(3) 中川丈久「行政法解釈の方法」山本敬三・中川丈久編『法解釈の方法論』（有斐閣・2021）65頁以下は、私の問題意識に関する敷衍も含めて、本格的な理論的考察を加えています。この中川論文の登場を契機として、とりわけ行政判例を対象とした方法論的考察が深まることが期待されます。

(4) 公法学においては、むしろ憲法学者が、制度的思考を基盤とする解釈方法について優れた見解を示しています。たとえば、石川健治「原告適格論のなかに人権論の夢を見ることはできるか」法学教室383号（2012）82頁以下は、塩野学説による「仕組み解釈」の本質を明快に分析します。また、小島慎司「判例における『制度的思考』」法学教室388号（2013）13頁以下は、日本の憲法判例が「制度的思考」とどのように切り結んでいるか、明快に説示します。

(5) 行政法学の理論構成における「制度」的ないし「客観法」的思考の定位にご関心がある方は、仲野武志『公権力の行使概念の研究』（有斐閣・2007）、土井翼『名宛人なき行政行為の法的構造』（有斐閣・2021）などを参照してください。

い」。「行政法規の解釈に当たっては、……当該法律の奉仕する価値・目的を明らかにし、その上に立って、具体の条文についてどのような解釈方法をとるのが適合的であるかを考慮して、仕組みを明らかにしいくということになる」。

このように、塩野学説は、他の法分野で法解釈一般論として取り上げられる文理解釈、論理解釈、目的論的解釈が行政法の解釈でも用いられることは当然としつつ、それらは「個別行政法の仕組みを解釈する際の解釈方法として位置づけられる」との理解を示します。本書でも、この立場を基本的に踏襲しています。

4 良き「仕組み解釈」と悪しき「仕組み解釈」

個別法の解釈では、そこに規定された「法的仕組み」を解析したうえで、法的三段論法に即した立論が求められます。しかし、事実を精密に評価し、法令を細かくリサーチしただけでは、説得力のある解釈論は組み立てられません。行政法の体系的な思考枠組みを踏まえ、問題とされている「法的仕組み」の意味内容を、基本原理と整合的に捉えなければなりません。「仕組み解釈」というのは、方法的視点（いわば「座標軸」）であり、それがなされていることが重要なのではなく（法律家の書いた文章であれば「仕組み解釈」の体裁が一応整えられているのは当然です）、その優劣を客観的に評価するための指標です。

たとえば、ある裁判例について、「仕組み解釈」という「座標軸」を用いると、単に法令の規定を表面的になぞっただけの解釈論（結論が先にあって、後付けで、法令の仕組みによる説明を加えただけの解釈）なのか、行政法の基本原理や憲法的価値を適切に踏まえて「法的仕組み」をとらえた解釈と評価できるか、優劣を評価することが可能になります。さらに、個別法の解釈それ自体について、関連する様々な法的規範をどれだけ体系的・整合的に矛盾や齟齬がなく説明できているか、別の視点から検討した場合に不合理な部分を生みださないか、巧拙を判定することも可能になります。私が「仕組み解釈」論を提示したねらいは、裁判官の起案する判決文を念頭に、悪しき「仕組み解釈」に陥っていないか、そうなっているとすればどこに改善すべき問題があるのか、客観的な判定基準を示すことにありました[6]。このことを通じて、憲法的価値を正しく具体化する方向に裁判実務を嚮導したい、と考えたのです。

「仕組み解釈」が行政法領域での解釈論の優劣を判別する「指標」であるということは、行政法の学習者にとって、司法試験や予備試験等の答案を作成した場合の評価基準と重なることを意味します。処分性や原告適格の論点では、多くの場合、個別法の仕組みに即した検討が求められますが、まさに「仕組み解釈」という座標軸から答案の優劣が評価されるのです。「仕組み解釈」を学ぶ意味は、行政法の解釈技法を習得することと、ほぼ同義だと考えられます。

　本書は、正しい「仕組み解釈」の技術を習得していただくことを目的とする学習書です。私は、上記で述べた良き「仕組み解釈」、すなわち、行政法学上の基本原理を踏まえ、憲法的価値を正しく反映させた「仕組み解釈」の技術を、多くの方々に、できるだけ効率的に、楽しく習得できるようにと強く願っています。行政法の事例問題を解くという場面において、基本となる「行政法思考」を意識しつつ、個別法の解釈を実践する経験値を高め、「仕組み解釈」の技術を体得しましょう。

---

(6)　橋本・仕組み解釈が、司法研修所での裁判官研修（行政基礎研究会）での講演のために準備した原稿を元にしていることは、このことを示します。

Ⅱ 「行政法思考」の提示

5つの「行政法思考」
1 時間軸に沿った「仕組み」の解析
2 行為要件・行為内容の解析
3 規範の階層関係の解析
4 制度趣旨に照らした考察
5 基本原理に照らした考察

5 時間軸に沿った「仕組み」の解析（その1）

本書の基本となる「行政法思考」は、上記に掲げたとおりです。以下、順に説明します。

第1は、「時間軸に沿った『仕組み』の解析」です。これは、行政法の事例問題を解く、あるいは判例を検討する際に、①個別法の定める行政過程を時間軸に沿って整理する、あるいは、②紛争事例について行政主体と国民・市民の法律関係の変化を時間軸に沿って整理する、作業と考えていただければ結構です。

上記①は、個別法の定める「法的仕組み」を、フロー図（流れ図）として整理し、解釈作業の役に立てようという「頭の働かせ方」です。上記②は、具体的な紛争の事実関係について、行政側と国民側の法的かかわり・法的関係の変化を時系列的に整理して可視化し、タイミング（紛争の成熟性）に応じて適切な救済方法を探ろうという「頭の働かせ方」です。

行政法に含まれる個別法は、基本的に、行政活動を規律する「行為規範」です。このことは、個別法には、行政機関が、状況に応じてある対応をし、次にどのような対応をするか、というかたちで行政過程（行政活動の連鎖）を規律する（すなわち「仕組む」）という性質があることを意味します。ゆえに、時系列に沿って事実関係や法令の仕組みを整理することが、行政法における個別法解釈の「技法」と考えられます。このことは、

行政法の事例問題において、タイミングに応じた救済方法の選択（訴訟類型選択）がしばしば問われることとも、深く関係します。

6　時間軸に沿った「仕組み」の解析（その2）

　時間軸に沿った「仕組み」の解析という解釈技法の詳細は、第2章で説明します。以下では、読者の方にこの技法をイメージしていただくため、成田新幹線事件（最判昭和53・12・8民集32巻9号1617頁。判例ノート16-13・百選I 2）の事案について、時間軸に沿って整理し、「見える化」した図（上記①②に対応した2パターン）を示しておきます。

　成田新幹線事件とは、成田新幹線の建設をめぐり、運輸大臣（当時）が日本鉄道建設公団（当時）に対して行った工事実施計画の認可に対して、建設が予定されていた江戸川区・土地改良区・住民らが取消訴訟で争ったケースです。最高裁は、工事実施計画の認可について、「監督手段としての承認の性質を有するもので、行政機関相互の行為と同視すべきもの」であり、「これによって直接国民の権利義務を形成し、又はその範囲を確定する効果を伴うものではない」として、処分性を否定します。最高裁は、監督官庁と特殊法人の法的関係について、上級行政機関と下級行政機関に類比される行政組織内部的なものと整理し、行政主体の外側にいる国民の法的地位を変動させるものではない、と解釈したことになります。問題となる個別法を、以下に引用します。本章では、読みやすいように、「第1項」を①、のように表記します。

○　**全国新幹線鉄道整備法**
第5条①　運輸大臣は、鉄道輸送の需要の動向、国土開発の重点的な方向その他新幹線鉄道の効果的な整備を図るため必要な事項を考慮し……、建設を開始すべき新幹線鉄道の路線（以下「建設線」という。）を定める基本計画（以下「基本計画」という。）を決定しなければならない。
第7条①　運輸大臣は、政令で定めるところにより、基本計画で定められた建設線の建設に関する整備計画（以下「整備計画」という。）を決定しなければならない。
第8条①　運輸大臣は、前条の規定により整備計画を決定したときは、……日本鉄道建設公団に対し、整備計画に基づいて当該建設線の建設を行なうべきことを指示しなければならない。（以下略）

第9条① ……日本鉄道建設公団は、前条の規定による指示により建設線の建設を行おうとするときは、整備計画に基づいて、路線名、工事の区間、工事方法その他運輸省令で定める事項を記載した建設線の工事実施計画を作成し、運輸大臣の認可を受けなければならない。(以下略)

　上記の条文から、運輸大臣と日本鉄道建設公団の関わり方について、図にします。時間軸は、左から右に進行すると考えてください。

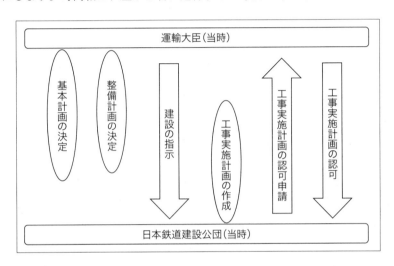

　上記の図を見ると、工事実施計画の認可は、運輸大臣の指示により実施される建設工事を監理・監督する性質である、と解釈できます。最高裁は、工事実施計画の制度について、運輸大臣の「指示」の実行行為を監督する「仕組み」と解釈できること、さらに、国は公団に対して各種の関与権があることから、工事実施計画の認可は内部監督的手段である、との結論を導いたと整理できるでしょう[7]。

　さらに、工事実施計画認可の処分性をめぐって、上記とは異なる視点も問題となります。すなわち、本件認可が国民の法的地位を変動させるか、行政過程におけるタイミング（その行為をとらえて抗告訴訟を提起する「紛争の成熟性」が認められるか）という切り口です。以下、工事実施計画の認可から先の行政過程について、時間軸に沿ったフロー図を示します（条文の紹介は省略します）。

---

(7)　塩野宏・ジュリスト693号（1979）48頁。

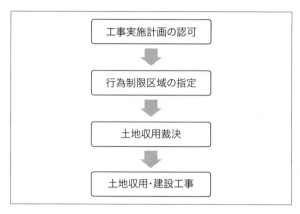

```
┌─────────────────────────────┐
│   工事実施計画の認可          │
└─────────────────────────────┘
            ▼
┌─────────────────────────────┐
│   行為制限区域の指定          │
└─────────────────────────────┘
            ▼
┌─────────────────────────────┐
│   土地収用裁決                │
└─────────────────────────────┘
            ▼
┌─────────────────────────────┐
│   土地収用・建設工事          │
└─────────────────────────────┘
```

　工事実施計画では地図上に線路の位置が示されますから、本件認可によって、工事が予定される具体的な土地が決定されます。ゆえに、予定地内に土地等の権原を有する者であれば、個別具体的な法的地位の変動があると解釈できそうです。

　上記の図を見ると、本件認可の後、運輸大臣は、新幹線建設に要する土地で必要があると認めるときは「行為制限区域」を指定することができ（当時の全国新幹線鉄道整備法10条）、行為制限区域での土地利用等には制約が課されます（同11条）。原告側から見れば、工事実施計画が認可されれば、建設に反対する住民らの所有地が行為制限区域に指定される蓋然性が高いことになるでしょう。しかし、最高裁判決の調査官解説は、行為制限区域に指定された結果として生じる法的効果は、工事実施計画認可によって「直接に生ずる効果でないことはいうまでもない」とします。最高裁は、工事実施計画認可のタイミングで「紛争の成熟性」は認められず、住民らが抗告訴訟を提起するとしても、もっと後のタイミングをとらえればよいという考え方に立っていた、と考えられます。

　上記の例を通して、時間軸に沿った「仕組み」を解析し、図にして「見える化」して考える、という解釈技法のイメージを共有していただければ幸いです。

7　行為要件・行為内容の解析（その1）

　第2は、個別法が定める「法的仕組み」について、「行為要件」として

何が定められ、「行為内容」はどのように規律されているかを「解析」するという「頭の働かせ方」です。

　この考え方は、行政法領域の個別法の多くが、行政機関の行う「行為」ないし「決定」のあり方を規律するという意味での行為規範であることに由来します。普通の民事実体法は要件⇒効果という構造をもっていますが、これは、紛争が裁判により解決される場合を念頭に置いた裁判規範です。これに対して、行政法令は、権限のある行政機関が、どのような場合にどのような行為（ないし決定）をするか、定めています。したがって、個別法の定める「法的仕組み」は、関係する条文から「主語＋行為要件＋行為内容」を読み取ることにより「解析」できるのです。

　行政法の事例問題では、多くの場合、行政による「行為」に起因した紛争が取り上げられます。ゆえに、問題となる「行為」の根拠規範（根拠条文）を探し出して、「行為要件」と「行為内容」を明らかにする解釈作業は、極めて重要です。参照条文等のかたちで添付された個別法から、どの行政機関が（主語）、どのような場合に（行為要件）、何をするのか（行為内容）読み取ること、これが2番目の「行政法思考」の具体的イメージです。

8　行為要件・行為内容の解析（その2）

　行為要件・行為内容の解析という解釈技法の詳細は第3章で扱いますが、著名な最高裁判決（最判昭和46・10・28民集25巻7号1037頁。判例ノート12-2・百選Ⅰ114。個人タクシー事件）を例に、説明してみましょう。

　上記判例は、個人タクシー事業（一般乗用旅客自動車運送事業）の免許申請に対する拒否処分について、処分に先立つ聴聞（当時の道路運送法に基づき、担当者が申請者を面談・聴取するもので、現在の行手法の定める不利益処分の聴聞とは異なります）の審査手続に瑕疵があり、違法として取り消す判断をしています。行政側は、聴聞に際して、免許要件を定めた法の条項の趣旨を具体化した審査基準として17項目を設定していたのですが、申請者にこの審査基準が知らされることはありませんでした。

　最高裁は、多数の者のうちから少数特定の者を具体的個別的事実関係に基づき選択して免許の許否を決める行政庁は、事実の認定につき行政庁の

独断を疑うことが客観的にもっともと認められるような不公正な手続をとってはならない、との一般論を述べます。さらに、最高裁は、法の定める免許基準は抽象的なものであり、内部的にせよ、その趣旨を具体化した審査基準を設定する必要があるとし、この審査基準を公正かつ合理的に適用すべく、審査基準の内容が微妙、高度の認定を要する場合には、審査基準を適用するうえで必要とされる事項について、申請人に対し、その主張と証拠の提出の機会を与えなければならないのであり、申請人は、公正な手続によって判定を受ける法的利益を有し、公正でない審査手続によって免許申請拒否処分がされたときは、上記利益を侵害するものとして、同処分の違法事由となる、と判示しています[8]。

　最高裁は、上記の解釈論について、事業免許の許否が「個人の職業選択の自由にかかわりを有する」ことと、道路運送法「6条及び……122条の2の規定」を併せ考えることから導かれると述べています。道路運送法（事件当時のもの）の当該条文は、次のようなものです。

○　道路運送法

第6条①　運輸大臣は、一般自動車運送事業の免許をしようとするときは、左の基準に適合するかどうかを審査して、これをしなければならない。

一～三　（略）

四　当該事業を自ら適確に遂行するに足る能力を有するものであること。（以下略）

第122条の2①　陸運局長は、その権限に属する左に掲げる事項について、必要があると認めるときは、利害関係人又は参考人の出頭を求めて聴聞することができる。

一　自動車運送事業の免許

二～三　（略）

②　（略）

③　前二項の聴聞に際しては、利害関係人に対し、意見を述べ、及び証拠を提出する機会が与えられなければならない。（以下略）

---

(8)　判決は、審査基準の適用上必要とされる事項について、申請人に対しその主張と証拠の提出の機会を与えなければならないとし、これらの点に関する事実を聴聞し、申請者にこれに対する主張と証拠の提出の機会を与えその結果をしんしゃくしたとすれば、処分庁がした判断と異なる判断に到達する可能性がなかったとはいえないから、審査手続には瑕疵があり、この手続によってされた本件申請拒否処分は違法である、との結論に至っています。

これを、「行為要件」に着目して解析します。法6条1項は、運輸大臣（主語となる行政機関）が一般自動車運送事業免許をするための行為要件として、左（すなわち1号から4号）の基準に適合するかどうかを審査する、と定めます。これは、一見すると免許の基準（要件）の規定なのですが、「適合するかどうかを審査」するのですから、1号から4号を充足すれば免許が得られるのではなく、1号から4号はいわば「チェックリスト」であることが読み取れます。さらに、4号要件を見ても、概括的・一般的な規定振りで、事実認定をすれば一義的に該当性が判定できるものではありません。このように、法6条1項は、運輸大臣が免許の許否を判定する基準について、極めて緩やかな規律しか定めていないことがわかります（運輸大臣の裁量権を広くする立法者意思が読み取れます）。

他方で、法122条の2は、申請に対する処分であるにもかかわらず、申請者が自らの意見を陳述し、証拠を提出する手続的機会を与える仕組みを定めます。これらのことから、最高裁は、（事件当時の）道路運送法は、一般自動車運送事業免許に関して広い行政裁量を認めているが、申請者の職業選択の自由を規制する仕組みであり、処分要件が極めて緩やかに定められる一方で（法6条）、申請者の手続を保障する聴聞を特に規定しているのであるから（法122条の2）、聴聞を実施したのであれば手続的保障を実質化する（行政内部的な審査基準であっても、申請者に事前に告知して、必要な反論を尽くさせる）必要性を強調したものと理解できます。

このように、個別法について、「主語＋行為要件＋行為内容」に解析することは、行政判例のロジックを理解するために不可欠な技法といえるのです。

9　規範の階層関係の解析（その1）

3番目は、「規範の階層関係の解析」です。

行政法の事例問題では、関連法令あるいは参照条文として、「法律」のみならず、「政令（施行令）」、「規則（施行規則）」、各種の「条例」、さらには、「通達」、「通知」、「基本方針」、「ガイドライン」など様々な名称の法的規範が掲げられています。「規範の階層関係の解析」とは、「仕組み解釈」を実践する際、素材となるべき各種の法的規範について、それらの法

的位置付け、法的相互関係に十分な注意を払うことを求めるものです。

　たとえば、参照条文として「条例」が出てきたとき、自主条例か委任条例か判別することは、その条例について解釈を進める第一歩として必須の作業です。また、「法律」ではない法的規範が出てくれば、法律の委任を受けた法規命令なのか、法規性のない行政規則なのか、見極めることも必要です。原告適格において、処分の相手方でない者に「法律上の利益」があるか判定するため、行訴法9条2項を適用する局面では、ある「規範」が根拠法令か関係法令か、そのどちらでもないか、明らかにしなければなりません。

　行政法の事例問題を解いたり、判例・裁判例を検討する際に、「規範の階層関係の解析」を常に意識することは、個別法の解釈技術の着実な向上につながります。

10　規範の階層関係の解析（その2）

　規範の階層関係の解析が問題となる例として、取消訴訟の原告適格（処分の相手方でない者の原告適格。行訴法9条1項・2項）の解釈が問題となった最近の最高裁判決（最判令和5・5・9裁判所HP）を紹介します。

　上記判決は、大阪市長が、宗教法人A寺に対して、墓地、埋葬等に関する法律10条1項・2項に基づいてした納骨堂経営許可処分・変更許可処分について、納骨堂の周辺に居住する住民らが取消訴訟（行訴法3条2項）を提起した事案において、原告らが「法律上の利益を有する者」（同法9条1項）として原告適格を有することを認めました。ここでは、行政処分の相手方でない者の原告適格について、行訴法9条2項を適用する場合、下記の大阪市規則を、行政処分の「根拠法令」、「目的を共通にする関係法令」のどちらに包摂するか、あるいは両者のどちらでもないととらえるか、問題になっています。関連する条文を見てみましょう。

○　**墓地、埋葬等に関する法律**
第10条①　墓地、納骨堂又は火葬場を経営しようとする者は、都道府県知事（注）の許可を受けなければならない。
②　前項の規定により設けた墓地の区域又は納骨堂若しくは火葬場の施設を変更し（中

略）ようとする者も、同様とする。

（注）法2条5項により、市にあっては市長とされている。

○　墓地、埋葬等に関する法律施行細則（昭和31年大阪市規則第79号）

第8条　市長は、法10条の規定による許可の申請があった場合において、当該申請に係る墓地等の所在地が、学校、病院及び人家の敷地からおおむね300メートル以内の場所にあるときは、当該許可を行わないものとする。ただし、市長が当該墓地等の付近の生活環境を著しく損なうおそれがないと認めるときは、この限りでない。

　墓地、埋葬等に関する法律（以下「法」という）は、法10条1項の規定する許可の処分要件を一切規定していません。そのため、許可権者である知事・市長等は、具体的な処分要件ないし審査基準（この処分は、行手法上は申請に対する処分であり、審査基準を定める必要があります。行手法5条）について、条例、規則、要綱など様々な形式で規定しています。そのことを前提にすると、上記のケースでは、法10条1項・2項に基づく許可処分の要件ないし基準を定めた市の規則について、①法に基づく処分の裁量基準を定めたものとして処分の「根拠法令」の解釈の手がかりとする、②地方公共団体が「規則」という形式で独自に定めた法と目的を共通にする「関係法令」として解釈に取り込む、という選択肢があることになり、上記の最高裁判決は①に近い立場を採り（処分の「根拠となる法令」と述べています）、同判決に付された宇賀克也裁判官の意見は②に近い立場を採ったものと考えられます[9]。

　このケースは、処分の根拠となる「法律」と、その処分の具体的な処分要件・考慮要素を定めた市の「規則」について、規範の階層関係の解析という解釈技法が必要になることを典型的に示していると考えられます。

11　制度趣旨に照らした考察（その1）

　4番目は、「制度趣旨に照らした考察」です。

　個別法の「仕組み解釈」における論理構成は、①個別法の規定する「法的仕組み」の解析⇒②当該「法的仕組み」の制度趣旨の摘出⇒③当該制度

---

[9]　同判決の法廷意見、宇賀意見の「読み方」については、第4章Ⅳで検討します。

趣旨を踏まえた解釈論的帰結、が典型です。「制度趣旨に照らした考察」とは、このような論理構成を組み上げる際に必要な「頭の働かせ方」です。行政法の解釈論では、個別行政法の定める「法的仕組み」の制度趣旨、あるいは、個別法による規制システムの目的等が「鍵」となります。行政判例でも、法の「目的」や「趣旨」の解釈、個別法が規定する個々の法制度の「趣旨」の解明がポイントになっているものが、多く見られます。

　「制度趣旨に照らした考察」について、個別法の解釈でそれを使う場面に着目すると、次のような3つのレベルに整理することができます。

　第1に、行政法の領域に共通的に存在する法制度について、その制度趣旨・存在意義を正しく踏まえた解釈論を展開する、というレベルです。具体的には、取消訴訟制度の意義、住民訴訟の制度趣旨、行政手続における理由提示の趣旨、個人情報保護における訂正請求権制度の趣旨、などのかたちで、解釈論に現れます。

　第2に、個別法に定められた個々の法的仕組みの制度趣旨を明らかにして、それを必要な解釈論に反映させる、というレベルです。例えば、ある法律が定める規制システムの趣旨を解明する、あるいは、ある条例が仕組んでいる固有の事前手続規定の意義を明らかにする、等の解釈技術を用いるものがイメージされます。

　第3に、個々の法律それ自体の趣旨・目的に照らして解釈論を展開する、というレベルです。例えば、裁量統制の局面で、司法審査の密度を設定する、あるいは、裁量審査で参照する考慮要素を抽出する際に、問題となっている行為の根拠規範である法律の趣旨・目的を出発点としてロジックを立てる、という解釈技術がこれに相当します。

　なお、以上3つのレベル分けは、あくまでも相対的なものです。ここでのレベル分けは、「制度趣旨に照らした考察」に基づく解釈技術を使いこなすための「目安」であり、レベル分けそれ自体にこだわる必要はありません。

　以下、上記3つのレベルそれぞれについて、実例を挙げて説明しましょう。

12 制度趣旨に照らした考察（その2）
―― 一般的法制度の制度趣旨

　制度趣旨に照らした考察のうち、第1のレベルは、行政法全体における一般的・共通的法制度の制度趣旨から、個別法の解釈論を展開するというものです。その典型が、行手法に関する手続の瑕疵の解釈問題です。

　たとえば、不利益処分における理由提示制度（行手法14条1項）の解釈が問題となった、最判平成23・6・7民集65巻4号2081頁（判例ノート12-5［A］、百選Ⅰ117）は、当該処分の根拠法が定める処分要件が抽象的なものである一方、詳細な処分基準が設定・公開されていたケースで、行手法14条1項の定める理由の提示の意義を処分基準との関係でとらえ、当該理由の提示について、「いかなる理由に基づいてどのような処分基準の適用によって免許取消処分が選択されたのかを知ることはできない」として、「同項本文の定める理由提示の要件を欠いた違法な処分である」と判断しました。そして、上記のような最高裁のロジックの出発点となっているのが、不利益処分における理由提示の制度趣旨が、不利益処分の性質に鑑み、「行政庁の判断の慎重と合理性を担保してその恣意を抑制するとともに、処分の理由を名宛人に知らせて不服の申立てに便宜を与える趣旨」であるという解釈論です。不利益処分における理由提示はそもそも何のための制度なのか、その趣旨を定位することから出発し、処分基準の設定・公開（同法12条）の制度趣旨とも合わせ、理由提示の程度に関する違法性判断の規範定立とその当てはめが行われています。

　このように、行政法における一般的法制度の制度趣旨は、様々なかたちで、行政法の解釈技術に組み込まれています。行政法の事例問題では、個別法が解釈の素材になるといっても、行政法領域に一般的・横断的にかかわる法制度（行政手続、行政代執行、実効性確保のための諸制度、情報公開等の諸制度）が問題になるわけですし、行審法、行訴法も、行政法領域に特有な争訟手続という意味では、同様な位置付けが与えられます。国賠法、損失補償に係る法制度も、同じです。抗告訴訟の処分性の有無を判定する際に「実効的な権利救済を図るという観点」から論証する、国家賠償法1条1項の要件の解釈において「国民の権益を擁護する」という立法趣旨を述べる、同法2条1項の責任が「危険責任の法理に基づく」ことから損害

賠償請求権の有無を検討する等の例が挙げられます。

これらの例が示すように、民事法・刑事法とは異なる行政法特有の一般制度について、なぜそのような特有の法制度があるのか、という制度趣旨・制度目的からロジックを立てるという「頭の働かせ方」をすることが、説得力のある解釈論につながります。

13　制度趣旨に照らした考察（その3）
──個々の法的仕組みの制度趣旨

制度趣旨に照らした考察の第2のレベルは、個別法に規定された個々の法的仕組みについて、その制度趣旨を明らかにすることからロジックを起こしてゆく解釈技術です。その典型例として、産業廃棄物処理業等の新たな立地規制を定めた水道水源保護条例が規定する手続規定の制度趣旨から、事業規制の相手方に対する配慮義務（事前協議義務）を導き、その義務違反を問題とした最判平成16・12・24民集58巻9号2536頁（判例ノート1 - 5、百選I 24。紀伊長島町水道水源保護条例事件）があります。

上記最判の事案の概要は、町内に産業廃棄物処理施設の設置が計画されていることを知った町が、当該施設を「狙い撃ち」にするかたちで厳しい立地規制を定めた水道水源保護条例を定めたため、事業者が廃棄物処理法に基づく県知事の許可を得たにもかかわらず、当該施設の立地が困難になったというものです。ここで、判決は、条例が定める手続規定（事業者と町長との事前協議制度）に注目したうえで、条例に基づく規制対象事業場認定処分が事業者の権利に対して重大な制限を課すものであることから、上記の事前協議手続が「重要な地位を占める手続」であると解釈し、そこから（事業者の）「地位を不当に害することのないよう配慮すべき義務」を導き、この配慮義務違反があれば認定処分が違法となることを示します。

以上要するに、条例が特に定めていた事前協議という「法的仕組み」について、その手続的意義を重視し、その制度趣旨を踏まえて事前協議が履践される法的義務（配慮義務）という違法性判断のための解釈ツールを導き出しているのです。法律（廃棄物処理法）と条例（水道水源保護条例）の抵触関係を正面から論じるのではなく、条例の定める「法的仕組み」につ

いて手続法的意義に着目した解釈方法は、「制度趣旨に照らした考察」の典型といえるでしょう。

　このように、個別法の定める個々の「法的仕組み」の制度趣旨・制度目的を解明するという解釈方法は、行政法の解釈において広く見られるものです。たとえば、個別行政法の定める手続規定の制度趣旨を出発点とする個人タクシー事件判決（上述）、群馬中央バス事件判決（最判昭和50・5・29民集29巻5号662頁。判例ノート12-3・百選Ⅰ115）はよく知られています。後者は、「法が右諮問機関に対する諮問を経ることを要求した趣旨」に反するかが、解釈論のポイントになっています。他にも、委任命令（法規命令）の限界は「委任の趣旨目的を勘案して判定」されますし、行政処分論でも、違法性の承継、違法行為の転換、撤回の可否・限界等の様々な局面で、個別法の定める行政処分の趣旨を解釈する必要があります。行政法において、個別法の規定する「法的仕組み」の制度趣旨・制度目的を解明し、そこから解釈論的結論を導く「技法」は、最も普通に見られます。

14　制度趣旨に照らした考察（その4）
──個別法の目的

　第3のレベルは、個別の法律それ自体の目的から必要な解釈論を組み立ててゆく、「仕組み解釈」の技術です。繰り返しになりますが、第2のレベルとの違いは相対的なもので、個々の法的仕組みを解釈する場合にも、当該法的仕組みを仕組んでいる法律それ自体の目的を読み込んだロジックを立てる場合があることは、言うまでもありません。

　多くの場合、個別法の1条（あるいは、1条以下の数条）に、「目的規定」が置かれています。この「目的規定」は、塩野先生の表現を借りると、「当該法律の奉仕する価値・目的を明らかにし、そのうえに立って、具体の条文についてどのような解釈方法をとるのが適合的であるかを考慮して、仕組みを明らかにする」という「仕組み解釈」の技術の、最も重要な手がかりです(10)。目的規定に加えて、責務規定（国、地方公共団体、住民等の責務を定めるもの）から当該法令の制度趣旨を導くケースなどもありま

---

(10)　塩野・行政法Ⅰ67頁

す。

　たとえば、国賠法1条1項の解釈において、規制権限不行使の違法（不作為の違法）が問題になる際には、当該規制権限を定めた根拠規範たる法令の目的や、当該規制の制度趣旨を明らかにしたうえで、当該権限が付与された趣旨・目的に照らして違法の有無（当該権限不行使が著しく合理性を欠くか否か）を判定するというロジックが使われます[11]。あるいは、取消訴訟の原告適格を解釈する際には、原告から取消しを求められている行政処分の根拠規範たる法令の趣旨・目的に関する解釈が重要なポイントとなります。このようなケースにおいて、根拠規範たる法令の目的は、解釈論において重要な手がかりとなります。

　上記のほかにも、建築確認留保が違法と評価される判断基準を示した品川マンション事件に係る最判昭和60・7・16民集39巻5号989頁（判例ノート8−2、百選 I 121）は、建築基準法の目的規定から解釈論を立てていますし、行政裁量につき考慮要素の重み付けを踏まえた判断過程統制手法を採用した日光太郎杉事件に係る東京高判昭和48・7・13行集24巻6＝7号533頁（判例ノート6−6）は、土地収用法の目的に照らして同法の定める事業認定の処分要件を解釈しています。条例と法令の抵触関係を論じるためには、条例・法令双方の目的を明らかにし、両者が「別の目的に基づく規律を意図するもの」か、あるいは、両者が「同一の目的に出たもの」か、判別しなければ、判例による規範の当てはめはできません[12]。裁量統制を論じる解釈論的ツールとして、目的違反・動機違反や、比例原則違反を用いるためには、そもそも法の定める目的を明らかにする解釈操作が不可欠です。損失補償の要否判定における積極目的・消極目的という判断要素についても、法の定める目的に照らした解釈が必要です。

15　基本原理に照らした考察（その1）

　5番目は、「基本原理に照らした考察」です。

---

(11)　最判平成元・11・24民集43巻10号1169頁（判例ノート23−13、百選 II 216）、最判平成16・4・27民集58巻4号1032頁（判例ノート23−14）、最判平成16・10・15民集58巻7号1802頁（判例ノート23−15、百選 II 219）等を参照。

(12)　最大判昭和50・9・10刑集29巻8号489頁（判例ノート3−1、百選 I 40）。

行政法の基本原理といえば、まず第1に、「法律による行政の原理」が挙げられます。行政法の学習が進んで、本格的な事例問題に挑戦するレベルに到達した人ほど、最も基本的な「法律による行政の原理」に立ち返って問題を捉えるという「頭の働かせ方」の重要性を意識すべきです。一見技術的で細かい法令解釈が求められているように思える事例問題ほど、実は、「法律による行政の原理」という基本的な視点がポイントになることが多いのです。なぜなら、行政法の問題である以上、個別法プロパーに関する知識の量ではなく、行政法学習の達成度を判定しようとしているからです。

　さらに、事例問題を考える際に、「適正手続の原理」や「説明責任」、「比例原則」、「差別的取扱いの禁止」、「信頼保護」等の基本原理を思い浮かべてみることが役立つこともあります。個別法に関する「仕組み解釈」の技術は、関連する法的規範を総合的に検討し、そこに定められた「法的仕組み」のあり方を定位することが中心となりますが、しばしば、上記のような基本原理が解釈の「補助線」として必要です。「合意形成における参加」や「基準準拠」、「配慮義務」、「自己拘束」のような、より現代的な基本原理に立ち返ることが有効な場合もあるでしょう。

　「基本原理に照らした考察」とは、行政法特有の考え方を踏まえた「頭の働かせ方」と言い換えてもよいものであり、個別法の「仕組み解釈」の技術の巧拙を左右する重要なポイントです。

16　基本原理に照らした考察（その2）

　基本原理に照らした考察の実例として、公害防止協定につき契約としての法的拘束力を肯定した最判平成21・7・10判時2058号53頁（判例ノート7－5・百選Ｉ90）を紹介します。

　公害防止協定は、通常、行政契約の中の「規制行政における契約手法」として取り上げられます。公害防止協定の性質・効力については、「法律による行政の原理」のうち、特に法律の留保（侵害留保原則）との関係で学説が争われてきました。公害防止協定は、モデル的に言えば、地方公共団体と民間企業との間で、法律あるいは条例の規制対象からはずれている事項、あるいは、規制が不十分な事項について、その不備を補うために締

結されます。したがって、法律の根拠なく、合意によって私人の自由を規制することになり、侵害留保原則との抵触の有無が問題になるのは当然です。そこで、協定は紳士協定である、あるいは、包括的行政指導であるとして、協定の法的拘束力を否定する見解が提起されました。これに対して、企業側が行政と対等の立場で任意に合意したという事実がある以上、契約としての法的拘束力を認めるべきであるという契約説（行政契約説）が次第に有力となり、契約説の中で、法的効力や実効性確保のあり方につき色々なヴァリエーションが見られるという議論の状況がありました。

　他方、最高裁として正面から公害防止協定の法的拘束力を肯定した上記の平成21年最判は、法律の留保との関連性について論じることなく、協定が廃棄物処理法の定める許可制度と抵触しないことを捉えて、協定につき契約としての法的拘束力を認める判断を示しています。つまり、「法律による行政の原理」のうち法律の優位原則との関連性の中で契約説を採用し、相手方に対して契約としての法的拘束力を有するとします。最高裁は、法律の留保（侵害留保原則）との抵触関係について明確な解釈を示していませんが、当事者が法的拘束力を持たせる意思であれば契約として有効とする上記契約説に立つものと見ることができるでしょう。

　そのうえで、平成21年最判は、協定につき公序良俗違反の有無を審理させるため、原審に差し戻していますから、契約説を採ると、今度は民法90条の抵触等が問題になることが示唆されます。また、平成21年最判は、行政主体が私人を相手に義務履行確保を求める訴えについて、法律上の争訟であることも当然の前提としていると考えられます。本件協定が契約と性質決定できれば、契約に基づく義務の履行を求める訴えにつき法律上の争訟性が認められるのは当然である、との解釈論が読み取れます。

　平成21年最判の解釈論の中心は、産業廃棄物処理施設の設置許可を定める廃棄物処理法の趣旨が、地元自治体との協定により事業者が終期を定めることを妨げないという「仕組み解釈」となっています。これは、公害防止協定の性質・効力について、「法律による行政の原理」という基本原理に照らした考察の帰結ということができます。

17 まとめ

　以上、5つの「行政法思考」について、ひととおり説明を加えました。

　なお、「行政法思考」の1・2・3（「解析」と名付けたもの）と、4・5（「考察」と名付けたもの）とでは、観点が異なります。前者は、個別法を読み解き、そこに規定されている「法的仕組み」を解明する際に用いる「頭の働かせ方」を提示しています。行政法における解釈の「技法」と言い換えることができます。後者は、具体的紛争を念頭に説得力のあるロジックを展開するのに有効な「頭の働かせ方」という位置付けです。いわば、行政法における解釈の「方法」です。

　1・2・3は、「仕組み解釈」を正しく行うため、個別法を「解析」する定番の「技法」であり、第2章・第3章・第4章で具体的な事例問題を素材に解説します。これらの「技法」を使いこなして、具体的な事実を整理し、個別法の法的仕組みを解析すれば、行政法の事例問題に対する応用力を身に付けることができるでしょう。加えて、4・5の考察方法＝頭の働かせ方に留意するなら、問われている事柄に適切に答える方向性が見えてくると思います。

　なお、1〜5の「行政法思考」は、どれかを使えば特定のパターンの事例問題が処理できるというものではありません。これらは、解決すべき問題に対応するかたちで、選択的・重畳的に使いこなすことによって効果を発揮します。それでは、具体的な実践に進んでゆきましょう。

第2章

時間軸に沿った「仕組み」の解析

I 行政過程の可視化

1　はじめに

　第2章は、「時間軸に沿った『仕組み』の解析」の技法について、説明します。

　個別法の定める「法的仕組み」を解析しようとする際、時系列的なフロー図を描いてみることは、正しい解釈をするための有効な手段です。また、行政法の事例問題において、行政主体と国民の間で生起する法的紛争を解決する道筋を考えるためには、その紛争に関する事案・事実につき時間軸に沿って行政側と国民側の法律関係の変化を整理することを通して、紛争のタイミング（成熟性）に応じた適切な争い方を考えることになります。行政法の事例問題を起案するためには、個別法および事実関係の双方を適切に解析することが必要ですが、その両面で、時系列的なプロセスの進行を「可視化」することが役に立ちます。

2　行政過程とフロー図

　個別法の定める「法的仕組み」をフロー図に整理することは、行政実務上、幅広く行われています。官庁・役所のホームページ上には、様々な行政活動の概略や、許認可等の手続について、数多くのフロー図が掲げられています。また、行政法の教科書にも、行政過程のフロー図による説明がしばしば登場します。ここでは、例として、農林水産省のHPを参考に、土地改良法に基づく国営土地改良事業の開始手続について、私が作成したフロー図を掲げておきます（図1）。

　土地改良事業とは、農村において水路・農道・圃場等の農業生産基盤の整備等を行う公共事業です。図1を目で追っていただければ、土地改良事業が、受益農家等からの申請によって手続が開始されるボトムアップ方式の公共事業であること、関係者の同意を得る様々な手続が組み込まれていることが理解できると思います[1]。

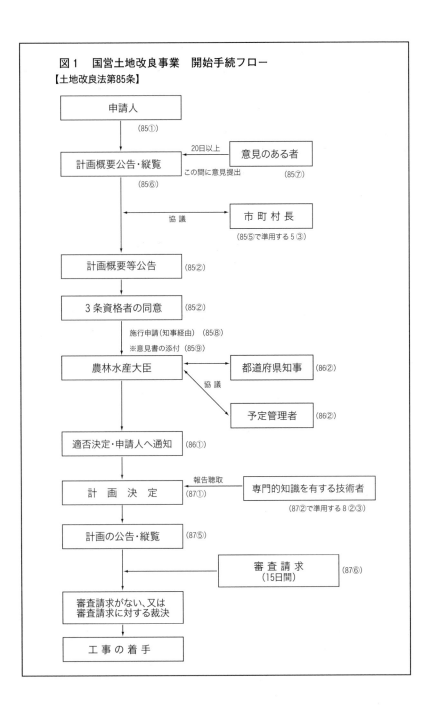

図1　国営土地改良事業　開始手続フロー
【土地改良法第85条】

申請人
（85①）

計画概要公告・縦覧
（85⑥）

20日以上
この間に意見提出

意見のある者
（85⑦）

協議

市町村長
（85⑤で準用する5③）

計画概要等公告　（85②）

3条資格者の同意　（85②）

施行申請（知事経由）　（85⑧）
※意見書の添付（85⑨）

農林水産大臣

協議

都道府県知事　（86②）

予定管理者　（86②）

適否決定・申請人へ通知　（86①）

計画決定　（87①）

報告聴取

専門的知識を有する技術者
（87②で準用する8②③）

計画の公告・縦覧　（87⑤）

審査請求
（15日間）
（87⑥）

審査請求がない、又は
審査請求に対する裁決

工事の着手

図1から、「計画決定」がされると、公告・縦覧を経て「審査請求」が予定されており、その後、計画が確定し、工事が着工されるという「仕組み」であることがわかります。土地改良法は、土地改良事業の「計画決定」について、審査請求の対象となることを規定しており、そこから、「計画決定」に処分性を肯定する明確な立法者意思を読み取ることができます。これは、行政不服申立てである審査請求が「仕組まれて」いることから、計画決定につき処分性肯定の解釈を導くことができる典型例です（最判昭和61・2・13民集40巻1号1頁。判例ノート18-5の「事実」を参照）。

●ポイント●　行政法と手続的思考

　私は、「仕組み解釈」において時間軸に沿った「解析」が有効な理由として、次の4点が指摘できると考えます。

　第1に、個別法の多くは、行政機関にとっての行為規範という性質を有しており、その結果、行政機関Aがある行為をし、それを受けて、次に行政機関Bがある行為をする、というかたちで行為の連鎖を規律し、行政過程を「仕組む」という基本構造を有するからです。

　第2に、行政法学上、行政作用ないし行政活動を、行政機関による法律・条例の具体化（執行）プロセスとして把握するという基本的な見方があるからです。

　第3に、特に行政救済法の領域では、行政過程の進行状況に対応した救済タイミング（紛争の成熟性）と訴訟類型選択の関係がしばしば問題となるからです。

　第4に、公権力性や裁量権など、行政側に法的な優越的地位が認められる場合、国民の側から手続的防御（公正な手続による権利利益の手続的防御）の仕組みが特に必要となるからです。

---

(1)　土地改良事業は、農家の私的財産である農地の利用関係等に影響を及ぼすこと、農家の費用負担があること等から、原則として受益農家による申請、同意の下に実施されます。フロー図を眺めると、土地改良法の定める土地改良事業の「仕組み」が、行政側によるトップダウン型のプロセスで実施されることの多い他の公共事業の「仕組み」と異なることが発見できると思います。

Ⅱ 土地区画整理事業の「仕組み」

3 土地区画整理事業の事業計画決定の処分性（その１）
──問題の提示

　それでは、実際の問題について、「時間軸に沿った『仕組み』の解析」
をどのように用いるか、実践してみましょう。以下に掲げた【問題１】
は、平成20年の最高裁大法廷判決（最大判平成20・9・10民集62巻8号2029
頁。判例ノート16-15・百選Ⅱ147）をアレンジしたものです。

　上記の平成20年最判は、市町村施行による土地区画整理事業の事業計画
決定について、従前の判例（最大判昭和41・2・23民集20巻2号271頁。判例
ノート16-14および最判平成4・10・6集民166号41頁）を変更し、処分性を
肯定しました。変更された昭和41年最判は、その内容から「青写真」判決
と呼ばれ、13名の最高裁判事のうち5名が反対するというきわどさの中
で、事業計画決定の処分性を否定していました。平成20年最判について
は、「青写真」判決がいかなるロジックにより変更され、処分性の解釈論
としてどのような方向性が示されたのか、さらに提示された新しい解釈論
の射程距離はどこまで及ぶのか、個別法の解釈技術という観点を踏まえつ
つ、正確に理解することが大切です。

【問題１】
　以下の文章を読み、別に掲げる関連法令を参照しつつ、設問１・2
に答えなさい。
　Ａ市は、Ａ市内にある私鉄の駅が高架化するのにあわせ、同駅前の
公共施設等を整備改善することを企図し、土地区画整理事業の実施を
計画した。Ａ市は、土地区画整理法52条1項に基づき、Ｂ県知事から
同事業の事業計画において定める設計の概要について認可を受けたう
えで同事業の事業計画を決定し、同法55条9項に基づき、Ａ市の市長
がこれを公告した。これに対し、同事業の施行地区内に土地を所有し
ているＸは、上記の事業計画には、法定された要件を充足していない

違法があり、取消訴訟（行訴法3条2項）を提起して争いたいと考えている。

〔設問〕
1. 知事による「設計の概要の認可」について、処分性は肯定されるか。
2. A市による「事業計画の決定」について、処分性は肯定されるか。

4　土地区画整理事業の事業計画決定の処分性（その2）
###　　──参照条文の提示

　次に、【問題1】の参照条文として、土地区画整理法および土地区画整理法施行規則（いずれも抜粋）を掲げます。土地区画整理法は、土地区画整理事業の根拠規範となる法律です。また、土地区画整理法施行規則は、土地区画整理法の委任を受けて定められた国土交通省令であり、講学上の委任命令に当たります。平成20年最判の判決文とあわせて学習できるように、事件当時の条文を引用します。

【参照条文】
○　土地区画整理法
（定義）
第2条　この法律において「土地区画整理事業」とは、都市計画区域内の土地について、公共施設の整備改善及び宅地の利用の増進を図るため、この法律で定めるところに従って行われる土地の区画形質の変更及び公共施設の新設又は変更に関する事業をいう。
2〜7　（略）
8　この法律において「施行区域」とは、都市計画法……の規定により土地区画整理事業について都市計画に定められた施行区域をいう。
（土地区画整理事業の施行）
第3条　1〜2　（略）
3　都道府県又は市町村は、施行区域の土地について土地区画整理事業を施行することができる。
4〜5　（略）
（施行の認可）

第4条　土地区画整理事業を……施行しようとする者は、……事業計画を定め、……その土地区画整理事業の施行について都道府県知事の認可を受けなければならない。

　2　（略）

（事業計画）

第6条　第4条第1項の事業計画においては、国土交通省令で定めるところにより、施行地区……、設計の概要、事業施行期間及び資金計画を定めなければならない。

　2～11　（略）

（施行規程及び事業計画の決定）

第52条　……市町村は、第3条第3項の規定により土地区画整理事業を施行しようとする場合においては、施行規程及び事業計画を定めなければならない。この場合において、その事業計画において定める設計の概要について、国土交通省令で定めるところにより、……市町村にあっては都道府県知事の認可を受けなければならない。

　2　（略）

（事業計画）

第54条　第6条の規定は、第52条第1項の事業計画について準用する。

（事業計画の決定及び変更）

第55条　1～8　（略）

　9　……市町村が第52条第1項の事業計画を定めた場合においては、……市長村長は、遅滞なく、国土交通省令で定めるところにより、施行者の名称、事業施行期間、施行地区その他国土交通省令で定める事項を公告しなければならない。

　10～13　（略）

（建築行為等の制限）

第76条　次の各号に掲げる公告があった日後、第103条第4項の公告がある日までは、施行地区内において、土地区画整理事業の施行の障害となるおそれがある土地の形質の変更若しくは建築物その他の工作物の新築、改築若しくは増築を行い、又は政令で定める移動の容易でない物件の設置……を行おうとする者は、国土交通大臣が施行する土地区画整理事業にあっては国土交通大臣の、その他の者が施行する土地区画整理事業にあっては都道府県知事（……）の許可を受けなければならない。

　一～二　（略）

　三　市町村……が第3条第3項……の規定により施行する土地区画整理事業にあっては、事業計画の決定の公告又は事業計画の変更の公告

　四～五　（略）

　2～5　（略）

（仮換地の指定）

第98条　施行者は、換地処分を行う前において、土地の区画形質の変更若しくは公共施設の新設……に係る工事のため必要がある場合……においては、施行地区内の宅地に

ついて仮換地を指定することができる。

2〜7　（略）

（換地処分）

第103条　換地処分は、関係権利者に換地計画において定められた関係事項を通知して
するものとする。

2　換地処分は、換地計画に係る区域の全部について土地区画整理事業の工事が完了し
た後において、遅滞なく、しなければならない。（以下略）

3　……市町村……は、換地処分をした場合においては、遅滞なく、その旨を都道府県
知事に届け出なければならない。

4　……都道府県知事は、……前項の届出があった場合においては、換地処分があった
旨を公告しなければならない。

5〜6　（略）

（換地処分に伴う登記等）

第107条　施行者は、第103条第4項の公告があった場合においては、直ちに、その旨を
換地計画に係る区域を管轄する登記所に通知しなければならない。

2〜4　（略）

第140条　第76条第4項の規定による命令に違反して土地の原状回復をせず、又は建築
物その他の工作物若しくは物件を移転し、若しくは除却しなかった者は、6月以下の
懲役又は20万円以下の罰金に処する。

○　**土地区画整理法施行規則**

（設計の概要に関する図書）

第6条　法第6条第1項に規定する設計の概要……は、設計説明書及び設計図を作成し
て定めなければならない。

2　前項の設計説明書には、次に掲げる事項を記載しなければならない。

　　一〜二　（略）

　　三　土地区画整理事業の施行後における施行地区内の宅地の地積（保留地の予定地積
　　を除く。）の合計の土地区画整理事業の施行前における施行地区内の宅地の地積の
　　合計に対する割合

　　四　保留地の予定地積

　　五〜九　（略）

3　第1項の設計図は、縮尺1200分の1以上とし、土地区画整理事業の施行後における
施行地区内の公共施設……の位置及び形状を、土地区画整理事業の施行により新設
し、又は変更される部分と既設のもので変更されない部分とに区別して表示したもの
でなければならない。

5 土地区画整理事業の事業計画決定の処分性（その3）
——参照条文の読み込みとフロー図の作成

　【問題1】は、設問1で知事による設計の概要の認可、設問2でA市による土地区画整理事業計画の決定、という行為の法的性質（ここでは処分性の有無）を明らかにする解釈を求めています。そのための最初の作業として、参照条文が規定している「法的仕組み」について、時系列的フロー図を描いてみましょう。なお、以下の説明では、土地区画整理法を「法」、土地区画整理法施行規則を「施行規則」と略します。

　それでは、市町村施行の土地区画整理事業の「流れ」をイメージしながら、条文を押さえてゆきましょう。法54条のような準用規定もありますから、注意深く条文を追ってゆく必要があります。そうすると、設計の概要の認可（法52条1項後段）⇒事業計画の決定・公告（法52条1項前段・55条9項）⇒仮換地の指定（法98条1項）⇒換地処分（法103条）⇒登記（法107条1項）、という「流れ」が読み取れます。

　そのうえで、問いに答えるためには、法52条1項が規定する設計の概要の認可および事業計画の決定という2種類の行為が、法の定める「仕組み」の中で、いかなる法的効果を有するのか（どのような事項をどのように規律するか）、見極める作業が必要になります。

　まずは、「設計の概要」に、具体的にどのような事項・内容が定められるのか、確認しなければなりません。そのためには、法52条1項の委任を受けて定められた施行規則を参照することになります。施行規則6条は、「設計の概要」の具体的中身を定めた条文ですから、その内容をチェックしましょう。

　次に、「事業計画」が「決定」され「公告」されるとどのような法的効果が生じるのか、法76条1項を参照することになるでしょう。なお、法76条1項の内容は、同条4項が定める違反者への原状回復命令等について法140条が罰則を置くことにより担保されています。

　以上を踏まえて、フロー図を描いてみましょう。参考までに、私自身が描いたものを掲げておきます（なお、以下の図では、【参照条文】に掲げた条文のみから直ちに読み取れない事柄を、〈 〉として書き込んでいます）。

```
┌─────────────────────────────────────────────────────────┐
│  図2  市町村施行の土地区画整理事業の仕組み                  │
│                                                         │
│   ＜施行区域に係る都市計画決定＞                            │
│              ⇩                                           │
│   ①  設計の概要の認可（法52条1項後段）                      │
│              ⇩  ※設計の概要に定める事項について施行規則6条を参照 │
│   ②  事業計画の決定・公告（法52条1項前段・55条9項）          │
│              ⇩  ※建築行為等の制限等の効果が発生（法76条1項・法140条）│
│   ③  仮換地の指定（法98条1項）                             │
│              ⇩                                           │
│   ＜実際の工事＞                                           │
│              ⇩                                           │
│   ④  換地処分（法103条）                                   │
│              ⇩                                           │
│   ⑤  登記（法107条1項）                                    │
│              ⇩                                           │
│   ＜清算金の徴収交付＞                                      │
└─────────────────────────────────────────────────────────┘
```

6　土地区画整理事業の事業計画決定の処分性（その4）　——答案構成

　これで、【問題1】について、個別法をフロー図にまとめる作業が終わりました。あとは、設問1および設問2の答案構成をしたうえで、実際に起案することになります。

　設問2は、平成20年最判の論点そのままであり、判決文の「ロジック」と「キーフレーズ」を参照すれば、答案構成できると思います。平成20年最判は、法の定めている事業計画決定⇒換地による権利交換という法的仕組み（非完結型計画、事業型計画等と呼ばれます）に着目したうえで、事業計画決定の法的効果の直接具体性（一般的・抽象的でないこと）と、事業計画決定の段階で取消訴訟を提起して争うことが実効的救済の点で合理的な

ことを論証し、事業計画決定につき処分性を肯定しました。読者の方々には、改めて、平成20年最判のロジックとキーフレーズを確認していただきたいと思いますが、以下、ポイントを整理しておきます。

図3

事業計画の決定・公告により、施行地区内において、換地処分の公告まで、土地の形質変更・建築物の新築等の許可、違反者に対する原状回復等の命令、命令違反者への罰則等の制限が生じる。

事業計画の決定がされると、特段の事情のない限り、事業計画に従って具体的な事業がそのまま進められ、換地処分が当然に行われる。

施行地区内の土地所有者等は、事業計画の決定により、上記の規制を伴う土地区画整理事業の手続に従って、換地処分を受けるべき地位に立たされる。⇒法的地位に直接的な影響が生ずる。

換地処分等の取消訴訟で事業計画の違法を主張し、認められても、事情判決がされる可能性が相当程度ある。 ⇒実効的な権利救済を図るためには、事業計画の取消訴訟を認めることに合理性がある。

　設問1の論点は、平成20年最判では、処分性を否定した下級審の判断について上告が受理されず、実務上は処分性否定という結論になりました。答案を作成する場合には、処分性の定義を掲げた上で、①公権力性（当然に認められる）、②国民の法的地位の個別・具体的変動（施行地区内の土地所有者等の権利に与える影響が具体的に予測できず、法的地位を具体的に変動させるとまでは言えない）、③原告らの実効的権利救済の観点（設計の概要の認可につき取消訴訟を認めなくても、設計の概要を踏まえて策定される事業計画の決定・公告に処分性を認めて取消訴訟を提起し、当該計画の違法を主張することにより実効的な権利利益の救済が図れる。設計の概要の認可の段階で、紛争の成熟性を認める必要はない）、と論じることになると思います。処分性の定義につき②の要素が不充足であり、紛争の成熟性につき③のように実効的権利利益救済の観点からも処分性否定で問題ない、という結論になるでしょう。

ここまでの説明で、フロー図の作成が、複数の行政の行為が連鎖してひとつの「法的仕組み」を形成している場合に、中間段階の行為につき「処分性」の有無を解釈するため手がかりとなることがイメージできたのではないでしょうか？　もちろん、大切なのは、フロー図を書くという作業それ自体ではなく、個別法の規定について、時間軸に沿った「仕組み」として読み解いてゆくことです。参照条文にマーカーでチェックを入れて行為の連鎖を「見える化」する等、各自で工夫してください。

Ⅲ 第1種市街地再開発事業の「仕組み」

7 第1種市街地再開発事業の事業計画等認可の処分性（その1）
——問題の提示

【問題1】は、平成20年最判に即した内容でした。次に、もう少し応用的な問題で、「時間軸に沿った『仕組み』の解析」を実践しましょう。

以下、【問題2】として、独立行政法人施行の第1種市街地再開発事業に係る施行規程・事業計画認可の処分性の有無を論じる問題を掲げます。問題は、東京地判平成20・12・25判時2038号28頁をベースとして作成しました。【参照条文】として、第1種市街地再開発事業の根拠規範である都市再開発法（事件当時のもの）の抜粋を添付しています。これを素材に、「時間軸に沿った『仕組み』の解析」を実践します。

なお、読者の方々の作業が複雑になりすぎないよう、都市再開発法の罰則規定、委任命令である国土交通省令（同法施行規則）は割愛しました。

【問題2】

独立行政法人都市再生機構（UR）は、都市再開発法の定める第1種市街地再開発事業として東京都下のK駅前を大規模に再開発し、高層マンションを建設することを企図した。平成20年9月、K駅が所在するK市は、本件事業の対象区域に関する地区計画の変更決定、および、同地域を高度利用地区とする都市計画決定を行い、同時に、東京都も、本件事業に係る都市計画決定を行った。これを受けて、URは、平成21年2月、国土交通大臣に対し、本件事業の施行規程および事業計画の認可を申請し、同年11月、同大臣はこれを認可し公告した（都市再開発法58条1項）。この再開発事業の施行地区内に土地建物を所有して商店を営むXは、この事業に強く反対し、国土交通大臣による事業計画等の認可について、取消訴訟を提起して争いたいと考えている。以下に掲げる資料を参照しつつ、上記の施行規程・事業計画の認可の処分性の有無について論じなさい。

【参照条文　都市再開発法（抜粋）】

（目的）

第1条　この法律は、市街地の計画的な再開発に関し必要な事項を定めることにより、都市における土地の合理的かつ健全な高度利用と都市機能の更新とを図り、もって公共の福祉に寄与することを目的とする。

（定義）

第2条　この法律において、次の各号に掲げる用語の意義は、それぞれ当該各号に定めるところによる。

一　市街地再開発事業　市街地の土地の合理的かつ健全な高度利用と都市機能の更新とを図るため、都市計画法（……）及びこの法律（……）で定めるところに従って行われる建築物及び建築敷地の整備並びに公共施設の整備に関する事業並びにこれに附帯する事業をいい、第3章の規定により行われる第一種市街地再開発事業と第4章の規定により行われる第二種市街地再開発事業とに区分する。

二～十三　（略）

（市街地再開発事業の施行）

第2条の2　次に掲げる区域内の宅地について所有権若しくは借地権を有する者……は……第一種市街地再開発事業を施行することができる。

一　高度利用地区（都市計画法第8条第1項第3号の高度利用地区をいう。以下同じ。）の区域

二～三　（略）

2～4　（略）

5　独立行政法人都市再生機構は、国土交通大臣が次に掲げる事業を施行する必要があると認めるときは、市街地再開発事業の施行区域内の土地について当該事業を施行することができる。

一　一体的かつ総合的に市街地の再開発を促進すべき相当規模の地区の計画的な整備改善を図るため当該地区の全部又は一部について行う市街地再開発事業

二　（略）

（事業計画）

第7条の11　事業計画においては、国土交通省令で定めるところにより、施行地区……、設計の概要、事業施行期間及び資金計画を定めなければならない。

2～3　（略）

（施行規程）

第52条　（略）

2　施行規程には、次に掲げる事項を記載しなければならない。

一～二　（略）

三　市街地再開発事業の範囲

四～五　（略）

　　六　費用の分担に関する事項

　　七～九　（略）

　3　（略）

（施行規程及び事業計画の認可等）

第58条　独立行政法人都市再生機構及び地方住宅供給公社（……以下「機構等」と総称
　　する。）は、市街地再開発事業を施行しようとするときは、施行規程及び事業計画を
　　定め、国土交通省令で定めるところにより、国土交通大臣（……）の認可を受けなけ
　　ればならない。（以下略）

　2　（略）

　3　……第52条第2項の規定は施行規程について、第7条の11……の規定は事業計画に
　　ついて、……準用する。

　4～5　（略）

（測量及び調査のための土地の立入り等）

第60条　……施行者は、第一種市街地再開発事業の施行の準備又は施行のため他人の占
　　有する土地に立ち入って測量又は調査を行う必要があるときは、その必要の限度にお
　　いて、他人の占有する土地に、自ら立ち入り、又はその命じた者若しくは委任した者
　　に立ち入らせることができる。（以下略）

　2　前項の規定は、次に掲げる公告があった日後、施行者が第一種市街地再開発事業の
　　施行の準備又は施行のため他人の占有する建築物その他の工作物に立ち入って測量又
　　は調査を行う必要がある場合について準用する。

　　一～四　（略）

　　五　機構等が施行する第一種市街地再開発事業にあっては、施行規程及び事業計画の
　　　認可の公告又は新たな施行地区の編入に係る事業計画の変更の認可の公告

　3～6　（略）

（建築行為等の制限）

第66条　第60条第2項各号に掲げる公告があった後は、施行地区内において、第一種市
　　街地再開発事業の施行の障害となるおそれがある土地の形質の変更若しくは建築物そ
　　の他の工作物の新築、改築若しくは増築を行い、又は政令で定める移動の容易でない
　　物件の設置若しくは堆積を行おうとする者は、都道府県知事（市の区域内において個
　　人施行者、組合、再開発会社若しくは機構等が施行し、又は市が第2条の2第4項の
　　規定により施行する第一種市街地再開発事業にあっては、当該市の長。以下この条、
　　第98条及び第141条の2第2号において「都道府県知事等」という。）の許可を受けな
　　ければならない。

　2～3　（略）

　4　都道府県知事等は、第1項の規定に違反し……た者があるときは、これらの者又は

これらの者から当該土地、建築物その他の工作物若しくは物件についての権利を承継した者に対して、相当の期限を定めて、第一種市街地再開発事業の施行に対する障害を排除するため必要な限度において、当該土地の原状回復又は当該建築物その他の工作物若しくは物件の移転若しくは除却を命ずることができる。

5～9　（略）

（第一種市街地再開発事業の施行についての周知措置）

第67条　第60条第2項各号に掲げる公告があったときは、施行者は、速やかに……関係権利者に当該第一種市街地再開発事業の概要を周知させるため必要な措置を講ずることにより、第一種市街地再開発事業の施行についてその協力が得られるように努めなければならない。

（土地調書及び物件調書）

第68条　第60条第2項各号に掲げる公告があった後、施行者は、土地調書及び物件調書を作成しなければならない。

2～3　（略）

（権利変換手続開始の登記）

第70条　施行者は、第60条第2項各号に掲げる公告があったときは、遅滞なく、登記所に、施行地区内の宅地及び建築物並びにその宅地に存する既登記の借地権について、権利変換手続開始の登記を申請し、又は嘱託しなければならない。

2　前項の登記があった後においては、当該登記に係る宅地若しくは建築物の所有権を有する者又は当該登記に係る借地権を有する者は、これらの権利を処分するには、国土交通省令で定めるところにより、施行者の承認を得なければならない。

3　施行者は、事業の遂行に重大な支障が生ずることその他正当な理由がなければ、前項の承認を拒むことができない。

4　第2項の承認を得ないでした処分は、施行者に対抗することができない。

5　（略）

（権利変換を希望しない旨の申出等）

第71条　……事業計画の決定若しくは認可の公告があったときは、施行地区内の宅地の所有者、その宅地について借地権を有する者又は施行地区内の土地に権原に基づき建築物を所有する者は、その公告があった日から起算して30日以内に、施行者に対し、第87条……の規定による権利の変換を希望せず、自己の有する宅地、借地権若しくは建築物に代えて金銭の給付を希望し、又は自己の有する建築物を他に移転すべき旨を申し出ることができる。

2～7　（略）

（権利変換計画の決定及び認可）

第72条　施行者は、前条の規定による手続に必要な期間の経過後、遅滞なく、施行地区ごとに権利変換計画を定めなければならない。この場合においては、国土交通省令で

定めるところにより、……機構等（……）にあっては国土交通大臣の……の認可を受けなければならない。

2〜5　（略）

（権利変換の処分）

第86条　施行者は、権利変換計画若しくはその変更の認可を受けたとき……は、遅滞なく、国土交通省令で定めるところにより、その旨を公告し、及び関係権利者に関係事項を書面で通知しなければならない。

2　権利変換に関する処分は、前項の通知をすることによって行なう。

3　権利変換に関する処分については、行政手続法（……）第3章の規定は、適用しない。

（権利変換期日における権利の変換）

第87条　施行地区内の土地は、権利変換期日において、権利変換計画の定めるところに従い、新たに所有者となるべき者に帰属する。この場合において、従前の土地を目的とする所有権以外の権利は、この法律に別段の定めがあるものを除き、消滅する。

2　権利変換期日において、施行地区内の土地に権原に基づき建築物を所有する者の当該建築物は、施行者に帰属し、当該建築物を目的とする所有権以外の権利は、この法律に別段の定めがあるものを除き、消滅する。（以下略）

8　第1種市街地再開発事業の事業計画等認可の処分性（その2）──フロー図の作成

　それでは、【問題2】について検討してみましょう。以下、都市再開発法は「法」と略します。

　【問題2】は、独立行政法人が施行する第1種市街地再開発事業に係る施行規程および事業計画に係る国土交通大臣の認可（法58条1項）について、処分性の有無につき解釈することを求めています。これに答えるためには、法が定める第1種市街地再開発事業というプロジェクト型の「法的仕組み」の中で、そこに組み込まれている施行規程・事業計画の認可が有する法的効果（法的規律）の内容・性質を、具体的に解明する必要があります。さっそく、法の定める「法的仕組み」を時間軸に沿って解析して、フロー図を作成してみましょう。

　まず、第1種市街地再開発事業の大きな「流れ」が、都市計画決定⇒事業計画等の認可⇒権利変換⇒実際の工事⇒事業の完了、であることを確認しましょう。次に、参照条文を細かく読み解いて、「時間軸に沿った『仕

組み』の解析」を実践します。以下、このような作業を経て私が描いたフロー図を、掲げておきます。

図4　UR施行の第1種市街地再開発事業の仕組み

① 高度利用地区の決定（都市計画法に基づく都市計画決定）＝2条の2第1項第1号

⇩

② URによる施行規程・事業計画の決定＝58条1項
③ 国土交通大臣による施行規程・事業計画の認可＝58条1項
④ 認可された施行規程・事業計画の公告＝60条2項
　　※④の後は、施行地区内で建築行為等が制限される＝66条

⇩

⑤ URによる土地調書・物件調書の作成＝68条1項
⑥ URによる権利変換手続開始の登記＝70条
⑦ 施行地区内の宅地所有者等による権利変換を希望しない旨の申出等＝71条1項

⇩

⑧ URによる権利変換計画の決定＝72条1項
⑨ 国土交通大臣による権利変換計画の認可＝72条1項
⑩ 権利変換日における権利変換＝87条

9　処分性の検討（その1）

　それでは、図4も参照しつつ、【問題2】について検討を進めます。

　【問題2】は、図4に示された③の行為について、処分性の有無の判定を求めています。行政法の問題であっても、法的な文章を作成することに変わりはないのですから、起案においては、「条文⇒規範⇒当てはめ⇒結論」という論理構成を基本とします。そうすると、取消訴訟に係る処分性の有無を論じる起案においては、まず、処分性とは行訴法3条2項にいう「行政庁の処分その他公権力の行使に当たる行為」に該当するか否かの問題であることを示したうえで、「行政庁の処分」につき定義を示した判例とされる最判昭和39・10・29民集18巻8号1809頁（判例ノート5-1・百選II143）のメルクマール、すなわち、①法律に根拠のある公権力性を有する行為であり、②その行為により、行政主体外部の法主体（国民）に対

し、直接・具体的に、その法的地位を変動させる（直接国民の権利義務を形成しまたはその範囲を確定する）ことが法律上認められるもの、という規範を立てることから書き始めます。

●ポイント●　処分性の解釈技法

　処分性の論証方法をどうすべきか、よく質問を受けます。私としては、行訴法3条2項ないし3項を正しく引いて、昭和39年最判による「行政庁の処分」の定義を踏まえ、①公権力性、②国民の法的地位の個別・具体的な変動、③権利利益の実効的救済・手続的合理性の検討の順に論証することをベースに、紛争類型に応じた判例の「キーフレーズ」を埋め込んだ当てはめをすれば良い、と答えるようにしています[2]。

　そのこととは別に、注意が必要なのは、判例において処分性の有無が論じられる場合、あらかじめ行政処分の定義ないし判定基準を掲げたうえで、それを当てはめて結論を導くというロジックをとらないものが多いということです。すなわち、問題となっている行政の行為について、その法的性質・法的効果につき根拠規範を引用しつつ必要な解釈を行ったうえで、結論の部分で、「個人の権利義務に対して直接影響を与える」（最判平成14・1・17民集56巻1号1頁。判例ノート16-8・百選Ⅱ149）、「法を根拠とする優越的地位に基づいて一方的に行う公権力の行使であり、……権利に直接影響を及ぼす法的効果を有する」（最判平成15・9・4判時1841号89頁。判例ノート16-17・百選Ⅱ152）、「行政庁の処分と実質的に同視し得る」（最判平成21・11・26民集63巻9号2124頁。判例ノート16-10・百選Ⅱ197）等と述べて、結論が示されます。医療法上の勧告につき処分性を認めた判例のように、処分性判定に関するメルクマールが判決文で明示されないものまであります（最判平成17・7・15民集59巻6号1661頁。判例ノート16-7・百選Ⅱ154）。原告適格に関する判例が、文字どおり「判で押した」ように行訴法9条1項の解釈枠組みを提示し、それを起点に具体的当てはめを展開するというパターンを有しているのと、対照的です。裁判所は、しばしば、処分性について、「結論先取り」型の論証方法を採り、「規範⇒当てはめ⇒結論」という構造を明示しません。

　しかし、学生として答案を書くのであれば、「規範⇒当てはめ⇒結論」、というロジックによらないことは危険です[3]。私のアドヴァイスは、規範（判例による「行政庁の処分」の定義）は提示することとして、個々の問題（すなわち個別法の仕組み）によって処分性判定のポイントが変わるのだから、そのポイントを把握したうえで論証を組み立てているという「アピール」を忘れない、ということです。自分で土俵を設定するのではなく、出題意図に素直に応える姿勢が重要です。ひとつのパターンに固執するのではなく、複数の「引出し」を用意しておい

---

(2)　処分性の解釈技法については、伊藤＝大島＝橋本・技法77頁以下に私の考えをまとめてあります。

て、柔軟に使いこなすべきです。私自身は、処分性については、上述した３つの柱により判定されることを念頭に置きつつ、係争行為につき類型化をしたうえで判例を多元的に理解して、上記の「引出し」を身に付ける学習法が有効だと思っています[4]。加えて、当該行為の根拠法令の法的仕組みにおいて、当該行為につき処分性を認める（抗告訴訟の対象とする）立法者意思が読み取れるか否かが問題になるケースがあることを正しく理解していれば、まずは OK です。

10　処分性の検討（その２）

【問題２】では、行為の連鎖によって行政過程が進行する場合の中間段階の行為について、処分性の有無の判定が求められています。したがって、この類型の基本判例である前掲平成20年最判の射程を見定め、それを踏まえて検討する必要があります。市町村施行の土地区画整理事業と、UR 施行の第１種都市再開発事業との「法的仕組み」について、どこが違って、どこが類似するか確認したうえで、平成20年最判のどの部分の射程が及ぶか・及ばないか、判断します。

では、図２と図４を比較してみましょう。平成20年最判で問題となった市町村施行の土地区画整理事業と、【問題２】の素材である UR 施行の第１種市街地再開発事業を比較すると、事業計画決定⇒権利交換（土地区画整理事業では換地処分、第１種市街地再開発事業では権利変換）という構造を中核とするプロジェクト型の事業の「仕組み」という共通点があることがわかります。平成20年最判のロジックの第１の柱は、計画決定がされると、特定の者が「換地処分を受けるべき地位に立たされる」という「仕組み」があることでした。そうすると、UR 施行の第１種市街地再開発事業の事業計画決定についても、特定の者が「権利変換を受けるべき地位に立

---

(3)　この意味では、最高裁判決を素材とした判例演習をしただけでは不十分で、下級審裁判例を参照することが、処分性の答案作成の技法の習得に役立つと考えられます。たとえば、条例（自主条例）において、土地開発行為につき町長との協議⇒同意という法的仕組みを定めているケースで、同意の可否の決定とその通知につき処分性を肯定した東京高判平成30・10・３判例自治451号56頁は、同条例が「申請に対する応答」の仕組みを定めていること、同意により「町長の監督処分の対象とすることはないという法的な地位を確定する」ことを論証しており、処分性の解釈技法を習得するには最適の素材と考えられます。

(4)　私の考え方の実践として、伊藤＝大島＝橋本・技法93頁以下の付表があります。

たされる」という「法的仕組み」があることから、【問題2】は、平成20年最判の射程が及ぶものとして処分性が肯定できるのではないか、という見通しがつきます。【問題2】を解くには、個別法をさらに詳細に解釈する必要がありますが、上記のように、一応の「筋」を読むことも大切です。

さらに、図2と図4を比べましょう。

図4の②③④の部分から、URが計画を決定し、それを国土交通大臣が認可・公告する仕組みであることが読み取れます。他方、図2では、事業を施行する市町村が自ら行う決定をする仕組みとなっています。ここから、【問題2】は、【問題1】と異なり、処分性判定のメルクマールのうち、法的効果の外部性（行政組織の内部行為でないこと）が論点となることがわかります。【問題2】では、本件認可が、URと国土交通大臣の行政組織内部関係（行政機関相互の関係）か否か、論じる必要があります。

この点、まず思い浮かぶのが、主務大臣と特殊法人の間の工事実施計画認可について、行政機関相互の行為と同視すべきとして処分性を否定した判例（最判昭和53・12・8民集32巻9号1617頁〔成田新幹線事件。判例ノート16-13・百選Ⅰ2〕）の射程の問題です。私は、【問題2】について、成田新幹線訴訟最判の射程が及ぶことはないと考えます。本件認可の法的効果が、行政組織内部的（行政機関相互的）なものとは解釈できず、行政組織外部の国民（本問では施行地区内の宅地所有者等）にも及ぶと解釈されるからです。もっとも、この点は、後述する本件認可の法的効果の直接・具体性に関する論証と重複します。そこで、本件認可は公告され（法60条2項5号）、施行者が事業の概要を関係権利者に周知する措置をとること（法67条）という「法的仕組み」があることを、認可の法的効果の外部性を補強する要素として提示しておくとよいと考えます。

11　処分性の検討（その3）

【問題1】【問題2】は、特定のプロジェクトを実施する「法的仕組み」における中間段階・計画段階の行為（非完結型計画における計画決定行為）に関する処分性の有無という、共通性のある論点を扱っています。これらの行為は、法律に基づいて一方的に特定の者の権利義務関係に影響を与え

ることは一応明らかであるけれども、それが一般的・抽象的な法的地位変動にとどまるのか、直接・具体的な法的地位変動をもたらすかによって処分性の有無の解釈が分かれます。【問題2】においても、問題の中心は、本件認可が施行地区内の宅地所有者等の法的地位に直接・具体的な変動を及ぼすと解釈できるか、という点にあります。

　このことを念頭に置くと、図4⑦の部分が、図2とは異なることに気づきます。図4⑦、すなわち法71条1項を見ると、事業計画が認可・公告されると、施行地区内の宅地所有者等は、30日以内に、権利変換をするかしないかの選択を迫られることが規定されています。これは、図2の土地区画整理事業にはない「法的仕組み」です。この「法的仕組み」を根拠に、本件認可は、特定の者らの法的地位に直接・具体的な変動をもたらすとして、処分性を肯定するというロジックも考えられます。このロジックは、第2種市街地再開発事業に係る事業計画の決定・公告について処分性を肯定した最判平成4・11・26民集46巻8号2658頁（判例ノート16-15参考判例）の射程を、【問題2】にも及ぼす解釈方法ということになります。

　上記の平成4年最判では、事業計画⇒土地収用というプロセスで事業が実施される第2種市街地再開発事業について、事業計画の決定・公告が土地収用法上の事業認定と同一の法律効果を生じること（施行地区内の土地所有者等が収用されるべき地位に立たされること）を根拠に処分性を認めたのですが、解釈論を補強する要素として、30日以内に対償払渡し・建物譲受けの選択を迫られることが述べられていました。

　しかし、さらに考えを進めると、所有権等が完全に失われる土地収用と、権利がいわば再配分される（権利の形態が変わる）権利変換とでは、法的規律の強度が異なることが気になります。本問で扱われている第1種市街地再開発事業の事業計画の認可は、所有権等への侵害の強度という点で、土地収用法の事業認定と必ずしも同視できないのではないか、という疑問が生じるのです。そこで、私としては、【問題2】について、平成4年最判ではなく、平成20年最判のロジックを踏まえた解釈論を立てることが望ましい、と考えます。

　そうすると、【問題2】では、①事業計画等の認可・公告により、当該事業の施行地区内の宅地所有者等の権利にどのような影響が及ぶか、具体的に予測可能になる、②事業計画の認可・公告により、当該事業の施行地

区内の宅地所有者等は、一定の規制を伴う手続に従って権利変換を受けるべき地位に立たされる、という平成20年最判とパラレルなロジックを使い、本件認可には、施行地区内の宅地所有者等の法的地位を直接的・具体的に変動させる法的効力があると解釈されるため、処分性が認められるという「筋」で起案することになります。

　上記①については、施行規程・事業計画において、具体的にどのような内容が定められるのか、明らかにすることから論証が立てられます。法58条３項による準用を踏まえて、施行規程について法52条２項、事業計画について法７条の11第１項を見ると、それらの具体的内容がわかります。ここから、施行規程・事業計画が認可・公告されると、当該事業の施行によって施行地区内の宅地所有者等の権利にどのような影響が及ぶか具体的に予測可能になる、という解釈論を導くことができます。

　上記②については、施行規程・事業計画が認可・公告されると、施行地区内の宅地等について土地調書・物件調書が作成され（法68条１項）、権利変換手続開始の登記がなされ（法70条１項・３項）、権利変換計画が定められて（法72条１項）、権利変換に至る（法86条１項）ことから、施行地区内の宅地所有者等は、事業計画等に定められたところに従って権利変換されるべき地位に立たされると解釈できます。さらに、事業計画等が認可・公告されると、施行地区内の宅地所有者等は、建築行為等を制限され（法66条１項・４項）、権利変換手続開始の登記があった後には権利処分につき制約が課されます（法70条２項）。施行地区内の宅地所有者等は、権利変換日まで、上記のような制限を強制力をもって課され続けます。加えて、事業計画等が認可・公告されると、施行地区内の宅地所有者等は、権利変換を希望するか否かについて、30日以内に選択を強制されます（法71条１項）。これらのことも、事業計画等の認可・公告により、施行地区内の宅地所有者等の法的地位が直接的・具体的な影響を受けることの論拠になると思われます。

　このように、図４に示された法的仕組みを参照しつつ、施行規程・事業計画の認可・公告によって施行地区内の宅地所有者等の法的地位をどのように変動させるのか、答案構成を組み立てることができるのです。

12　処分性の検討（その4）

　平成20年最判は、事業計画の違法につき争いがあり、換地処分をまって
その取消訴訟を提起して争った場合、勝訴しても事情判決が言い渡される
可能性があるため、事業計画決定につき取消訴訟の提起を認めることが実
効的な権利救済を図るため合理的である、という趣旨の判断をしました。
【問題2】でも、「紛争解決の合理性」ないし「権利利益救済の実効性」に
ついて、検討する必要があります。

　【問題2】の参照条文をよく検討すると、第1種市街地再開発事業の法
的仕組みは、土地区画整理事業と異なり、時間的な規律が強められている
ことに気付くでしょう。事業計画の公告があると、「遅滞なく」権利変換
手続開始の登記がされ（法70条1項）、宅地所有者等が権利変換を希望する
か否かの選択も30日以内と定められています（法71条1項）。権利変換計画
の決定について「遅滞なく」と定められ（法72条1項）、権利変換計画の認
可後の権利変換処分も「遅滞なく」との規定があります（法86条1項）。ま
た、権利変換期日も定められます。実際の工事等は、権利変換の後にスタ
ートします。そうすると、事業計画の決定・公告の後、時間が経過して事
情判決となるケースは必ずしも一般的ではないことがわかります。

　さらに、【問題1】の図2から、土地区画整理事業の「法的仕組み」で
は、②事業計画の決定・公告と④換地処分の中間で、実際の工事が行われ
ることが読み取れます。土地区画整理事業では、換地処分のタイミング
で、既に実際の工事が行われて土地の形状等は変更され、権利関係の法的
処理のみが残るという状況になります。ここから、換地処分の取消訴訟に
おいて事業計画の違法を争ったのでは、事情判決がされる可能性が相当程
度あるという平成20年最判のロジックが導かれるのです。これに対して、
第1種市街地再開発事業の場合、実際に工事が行われるのは権利変換の後
ということであり、この部分の「法的仕組み」は大きく異なります。

　以上の検討から、事情判決に関する平成20年最判のロジックを安易に持
ち出すことは、適切でないことがわかります。そうではなく、第1種市街
地再開発事業の「法的仕組み」では、事業計画の認可・公告があると、平
成20年最判の事例よりも限られた時間内に確実性をもって所有権等が変動
することから、事業計画の認可につき取消訴訟を提起して争うことより紛

争の合理的解決が可能になる、と論じるべきでしょう。取消訴訟を提起すれば、執行停止を申し立てることができますから、執行停止によって仮の救済を図る必要性についても、補強的に論じます。

　以上要するに、【問題2】においては、事情判決の可能性等について平成20年最判が示したロジックを、土地区画整理法と都市再開発法の「法的仕組み」の相違を踏まえずにただ引き写すべきではなく、UR 施行の第1種市街地開発事業の法的仕組みを正しく踏まえたうえで、最高裁のロジックを消化して使いこなすことが必要です。

Ⅳ 行政法における事案解析

13 事実関係の分析への活用

　ここまで、個別法が定める「法的仕組み」について、「時間軸に沿った『仕組み』の解析」という技法を用いて解釈する作業の実例を、計画決定の処分性に関する２つの問題を使って説明してきました。個別法の規定する「仕組み」それ自体を可視化したうえで解明する、という解釈技法のイメージをつかむことができたと思います。

　これに加えて、「時間軸に沿った『仕組み』の解析」は、事実関係（事案）について、行政側と国民側の法律関係の変化（結節点）を時間軸に沿って整理する（可視化する）というかたちで使うことができます。このような「頭の働かせ方」は、行政法の事例問題において、起案の道筋（答案構成）を組み立てる際に、極めて有効です。ここまで述べてきたように、そもそも行政法における「法的仕組み」自体、時系列的・プロセス的に「仕組まれている」ことに加えて、行政法上の紛争に関する問題状況は、行政側と国民側の法律関係の変化を、過去⇒現在⇒将来というかたちで正しく把握することによって初めて解明できます。それによって、紛争のタイミングに応じて適切な救済手段を探ることも可能になります。

　まず、基本的な判例学習の場面でトレーニングします。具体例として、品川マンション事件（**図５**。最判昭和60・７・16民集39巻５号989頁。判例ノート８−２・百選Ⅰ121）、医療法勧告事件（**図６**。最判平成17・７・15民集59巻６号1661頁。判例ノート16−７・百選Ⅱ154）について、事実関係を時系列的に可視化します。

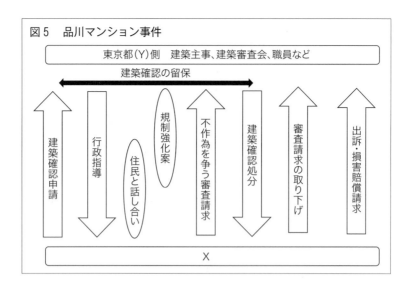

図5　品川マンション事件

東京都(Y)側　建築主事、建築審査会、職員など

建築確認の留保

建築確認申請　行政指導　住民と話し合い　規制強化案　不作為を争う審査請求　建築確認処分　審査請求の取り下げ　出訴・損害賠償請求

X

　図5に示した昭和60年最判は、建築確認申請に対して、行政指導をしたうえで応答（処分）を留保したケースにおける国家賠償請求事案です。行政指導の相手方である申請者が、当初は行政指導に従って行動し、申請に対する不作為状態が続いていたところ、行政指導にもはや協力できないという意思を真摯かつ明確に表明した時点以降は、特段の事情がない限り、応答の留保（申請に対する不作為）が違法になるとします。図5を見ていただくと、本件においては、行政指導それ自体の違法ではなく、行政指導がなされる中での申請に対する不作為について、どの時点から国家賠償法1条1項にいう違法と評価されるか、という点が問題になっていることが理解できると思います。

　次に、図6に示した平成17年最判は、医療法上は行政指導として定められている勧告について、これに従わない場合に相当程度の確実さをもって健康保険法上の保険医療機関指定を受けることができなくなるという「結果をもたらす」ことから処分性を認めています。図6をイメージして判決文を読むと、個別の行為の法的性質のみではなく、複数の法律にまたがる法制度の仕組み全体からその機能をとらえ、裁判的救済の必要性にも目配りして抗告訴訟の利用可能性を肯定した判断であることがよくわかると思います。

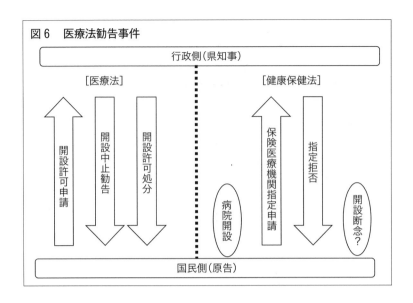

図6　医療法勧告事件

行政側（県知事）

［医療法］　　　　　　　　　［健康保健法］

開設許可申請

開設中止勧告

開設許可処分

病院開設

保険医療機関指定申請

指定拒否

開設断念？

国民側（原告）

14　行政事例問題の作られ方

　私は行政法の教員ですから、行政法の事例問題を見ると、それがどうやって作問されたのか、気になります。そして、私が見るところ、行政法の事例問題は、具体的な裁判例を下敷きにしたものが多くを占めます。

　民法や刑法では、先に問うべき論点を設定し、その論点にかかわる紛争状況の骨組みを構成したうえで、事実関係をはめ込んで作問したと思われる事例問題が見られます。このタイプの問題は、事例問題を解くことによって、何を学ばせたいか、あるいは、何を訊ねているのか、比較的わかりやすいと感じます。これに対し、行政法の問題の多くは、生の事例（裁判例）がまず先にあって、それを出題者が加工するというタイプが主流です。個別事例の側から問題を作っているため、そもそも何が問われているのか、わかりにくくなる傾向があります。行政法については、出題者側の発想方法の面で、体系的・理論的枠組みが先行するのではなく、既存の個別事例から出題を考える傾向が強いのです。

　行政法の事例問題の解き方・考え方という視点からは、上記のような特色を理解することも、非常に大切です。私は、行政法の事例問題を解く

際、問題文に記された事実関係を、行政主体←→国民、という対比をタテ軸、時系列的な法律関係の変化をヨコ軸（もちろん、タテとヨコは逆でもかまいません）というかたちで整理することが役に立つ、と学生に説明しています。これは、出題者の側がそのような「頭の働かせ方」に依拠していることの裏返しです。

15　民事法と行政法の違い

　私の経験上、民事法の事例問題を検討する際、「登場人物」に着目してその相互関係（法的な相関関係）を図解することが多いと感じます（図A）。それに対して、行政法の事例問題では、時系列に沿って事案あるいは行政側と国民側の法的やりとりを図解することが多いのです（図B・図C）。

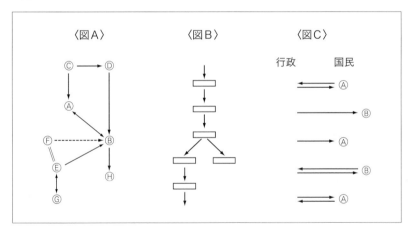

　これは、上記のように、①個別法は、その構造上、時系列的・フロー図的に行政機関の行為を規律している、②行政上の紛争は、行政側と国民側の法律関係の時系列的な変更点・結節点に着目することによって把握できる、という2つの要素が表裏一体となった結果です。

　行政法の事例問題の典型として、具体的ケースについて、「どのような訴えを提起し、どのような主張をするか」を論じさせるというものがあります。これは、行政と国民・市民の間の具体的紛争について、訴訟類型ないし救済手段を選択し、その選択と適切にリンクするかたちで、行政活動

が違法であることを主張する（本案論を展開する）ための解釈能力をためす問題パターンですが、これを解くためには、上記の図Bないし図Cのように事案を整理することが有効です。

16 訴訟類型選択と「時間軸に沿った『仕組み』の解析」

　ここまでの説明の具体例として、司法制度改革推進本部事務局に設けられた「行政訴訟検討会」での会議資料を2つ紹介しましょう。

　以下に掲げる図7・図8は、平成16年の行訴法改正作業の一環として、事務局が作成したものです。訴訟類型選択論と、個別法について「時間軸に沿った『仕組み』の解析」をするという「行政法思考」の関係を、よく表わしています。

　図7は、最判昭和43・12・24民集22巻13号3147頁（判例ノート16-11・百選I 52）を踏まえ、通達の処分性を否定する判例法理を前提にするなら、どのような訴訟類型によって争うことが可能かという訴訟類型選択のシミュレーションです。また、図8は、最判昭和57・4・22民集36巻4号705頁（判例ノート16-16・百選II 148）を踏まえ、完結型計画に係る計画決定の典型である都市計画法上の用途地域指定の処分性を否定するという判例法理を前提に、訴訟類型選択のシミュレーションをしたものです。これらは、平成16年の行訴法改正より前に作成されたものですから、差止訴訟は法定されておらず、公法上の確認訴訟の例示もされていない旧行訴法の下での整理です。しかし、これらは、訴訟類型選択論において、個別法について「時間軸に沿った『仕組み』の解析」という「行政法思考」をどのように活用するのかイメージをつかむには、多いに役立つでしょう。

図7　第9回行政訴訟検討会検討参考資料1・別紙5
墓地、埋葬等に関する法律の解釈に関する通達と訴訟

墓地、埋葬等に関する法律（墓地埋葬法）

第10条「墓地、納骨堂又は火葬場を経営しようとする者は、都道府県知事の許可を受けなければならない。」

第13条「墓地、納骨堂又は火葬場の管理者は、埋葬、埋蔵、収蔵又は火葬の求めを受けたときは、正当の理由がなければこれを拒んではならない。」

第19条「都道府県知事は、公衆衛生その他公共の福祉の見地から必要があると認めるときは、墓地、納骨堂若しくは火葬場の施設の整備改善、又はその全部若しくは一部の使用の制限若しくは禁止を命じ、又は第10条の規定による許可を取り消すことができる。」

第21条「左の各号の一に該当する者は、これを千円以下の罰金又は拘留若しくは科料に処する。
　一　第3条、第4条、第5条第1項又は第12条から第17条までの規定に違反した者」

厚生労働大臣

> その宗派の宗教的感情を著しく害するおそれがある場合には、墓埋法第13条の「正当の理由」があるものとして埋葬等を拒んでも差し支えない

との通達を

> 依頼者が他の宗教団体の信者であることのみを理由として求めを拒むことは「正当の理由」によるものとは認められない

と変更①

⇐通達の取消訴訟
　－処分性（一般処分・成熟性）の問題
　　＊　処分性を肯定する場合には、出訴期間、公定力の有無・範囲についてどのように考えるか

⇐通達の違法・無効確認訴訟
　－（当事者訴訟として）確認の利益の問題

⇐異教徒の埋葬の求めに応じる墓地埋葬法上の義務のないことの確認訴訟
　－確認の利益の問題

都道府県知事

⇐墓地経営許可取消処分の差止め訴訟
　＊差止めの要件をどのように考えるか

> 埋葬拒絶に対し、墓地経営許可取消処分
> （墓地埋葬法第19条）④

⇐墓地経営許可取消処分の取消訴訟
　－救済の遅延の問題（刑罰の危険を覚悟の上で、埋葬拒絶をし、経営許可取消処分を受けるか）

墓地の経営者・管理者　　|刑罰|（墓地埋葬法第21条）

⇐刑事訴訟において通達の違法性を主張

埋葬希望②　埋葬拒絶③

異　教　徒

（注）なお、各段階において、国家賠償請求による救済を求める余地がある。

図8　第9回行政訴訟検討会検討参考資料1・別紙6

用途地域指定の過程と不服の訴訟

┌‥‥‥‥‥‥‥‥‥┐
┊都市計画区域の指定┊
└‥‥‥‥‥‥‥‥‥┘
（都市計画法第5条）
→建築基準法上の手続規制等が発生　　　⇐都市計画区域指定決定取消訴訟
　例○建築確認申請が必要（6条1項）　　－紛争の成熟性の問題
　　○接道義務（43条）等の制限

用途地域指定案につき公聴会・縦覧等
（都市計画法第16条・第17条）

（都道府県又は市町村）都市計画審議会の議
（都市計画法第18条・第19条）
　　　　　　　　　　　　　　　　　　⇐用途地域指定決定差止め訴訟
　　　　　　　　　　　　　　　　　　　－紛争の成熟性の問題

┌‥‥‥‥‥‥‥‥‥┐
┊用途地域指定の決定・告示┊
└‥‥‥‥‥‥‥‥‥┘
→建築基準法上の制限が発生　　　　　　⇐用途地域指定決定取消訴訟
　例○建築物の種類・用途（48条）　　　　－処分性（一般処分・成熟性）の問題
　　○条例で定める制限（50条）　　　　　＊　処分性を肯定する場合には、
　　○容積率（52条）　　　　　　　　　　　　出訴期間、公定力の有無・範囲
　　○建ぺい率（53条）　　　　　　　　　　　についてどのように考えるか
　　○外壁の後退距離（54条）　　　　　　⇐用途地域指定決定無効確認訴訟
　　○敷地面積の最低限度（54条の2）　　　－（当事者訴訟として）確認の利益
　　○建築物の高さの限度（55条）　　　　　　の問題
制限に違反した建築確認申請　　　　　　⇐建築制限を受けないことの確認訴訟
　　　　　　　　　　　　　　　　　　　　－確認の利益の問題

┌─────────┐
│建築確認申請却下処分│
└─────────┘
→建築基準法上の制限　　　　　　　　　　⇐確認申請却下処分取消訴訟
　○建築、大規模の修繕・模様替不可　　　　－救済の遅延の問題
　　　　　　　　　　（6条6項）　　　　　－制限に違反した建築確認申請を期
　　　　　　　　　　　　　　　　　　　　　待できるか否か

建築確認を受けずに建築

┌─────────┐
│違反建築物に対する措置│
│　例○工事の施工の停止命令│
│　　○建築物の除却の命令等│
└─────────┘　　　　　　　　⇐停止命令・除却命令等の取消訴訟
　　　　　　　　　　　　　　　　　　　　－救済の遅延の問題
　　　　　　　　　　　　　　　　　　　　－制限に違反した建築を期待できる
　　　　　　　　　　　　　　　　　　　　　か否か

上記命令に違反

┌─────────┐
│刑罰（建築基準法98条1号）│
└─────────┘
　○1年以下の懲役又は50万円以下の　　⇐刑事訴訟において停止命令等の違法性
　　罰金　　　　　　　　　　　　　　　　を主張

　　（注）なお、各段階において、国家賠償請求による救済を求める余地がある。

V 当事者訴訟の活用

17 問題となる状況

　行政法の事例問題において、訴訟類型選択が問われる場合、行訴法4条後段に規定された実質的当事者訴訟（とりわけ公法上の法律関係に関する確認の訴え）の活用という重要な論点があります。

　これは、行政上の紛争において、問題となる行政の行為について処分性が否定されるため抗告訴訟が使えないケース、紛争のタイミング（成熟性）から行政処分を直接のターゲットとして抗告訴訟で争うのでは必要な救済が得られないケース等で、公法上の確認訴訟を活用して国民の権利利益の救済を図るというかたちで問題になります。

　再び、前記図7を参照しましょう。このケースについて、最高裁の判例は、通達の処分性を否定しています。したがって、この判例を前提にする以上、通達を抗告訴訟で直接争うことはできません。そこで、実質的当事者訴訟としての確認訴訟（公法上の確認訴訟）の活用により国民の権利利益の救済を図ることができないか、問題となります。図7を目で追いつつ、当事者訴訟（確認訴訟）の活用可能性について検討してみましょう。以下、「墓地、埋葬等に関する法律」は、「墓埋法」と略します。

18 墓埋法の「仕組み」

　墓埋法10条は、墓地等の経営につき許可制を定めていますが、同法13条は、墓地等の管理者は、埋葬等の求めを受けたときは「正当の理由」がなければこれを拒んではならない、と規定しています。昭和43年最判の事案は、この「正当の理由」の解釈について、埋葬等の依頼者が他の宗教団体の信者であることのみを理由として求めを拒むことは認められないとする通達への変更がされたところ、墓地を経営する寺院がこの新しい通達の取消しを求めたというものでした。最高裁が、通達の処分性を否定して訴えの却下を是とする判断をしたことは、上述したとおりです。この判決は、

通達について、①「外部効果」をもたないこと、②「内部行為」であって処分性を有さないこと、③裁判所との関係で法源性がないこと等を判示しています。

　次に問題となるのが、通達の処分性が否定されるとして、上記事案において原告たる墓地経営者が裁判的救済を得るためには、どのような訴えを提起すればよいかという訴訟類型選択です。図7に示された条文を参照しつつ、法の定める「仕組み」を時間軸に沿って改めて整理してみましょう。紛争のタイミング（訴えを提起するタイミング＝★で示しています）は、通達変更の時点であるとします。

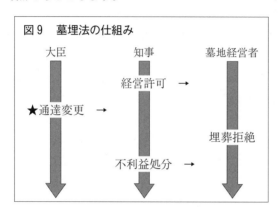

図9　墓埋法の仕組み

19　「ダイレクト・アタック」型の確認訴訟

　それでは、図7および図9を参照しながら、図9の★のタイミングで、公法上の確認訴訟を提起することが可能か、シミュレーションをしましょう。

　まず、通達に処分性がなく抗告訴訟で争えないという判例法理を前提にすれば、実質的当事者訴訟を司法的救済の受け皿として、当該通達が違法・無効であることを確認する訴えを提起する、というオプションがあります。これは、処分性が認められない行為形式の違法・無効を直接争うという「ダイレクト・アタック」型の公法上の確認訴訟を活用しようという考え方です。

　処分性が否定される以上、通達の効力を打ち消すために取消訴訟の利用強制が及ぶことはありませんから、違法な通達は当然に無効と考えられま

す。通達は事実行為ではなく、内部行為として行政機関相互に法的効力があ
りますから、違法・無効を争点とすることに問題はありません[5]。

　通達の違法・無効が確認できれば、原告側には一定のメリットが生じま
す。しかし、行政組織内部の行為である通達が違法・無効であることを確
認するというのでは、裁判所に確認の利益を認めてもらうことは、簡単で
はありません。特に、確認対象選択の適切性という観点から、より適切な
確認対象（通常は原告の権利利益に引き直した確認対象）を想定できないか、
考える必要があります。また、通達を前提に、将来的に何らかの不利益処
分がなされることが想定されれば、事前にその差止めを争う（抗告訴訟と
しての差止訴訟を使い、仮の差止めを申し立てる）ことが想定できますから、
差止訴訟との分担関係という観点からの補充性も問題になります。さら
に、通達という行為形式が、行政主体内部においてのみ法的効果を有する
として処分性を否定するとしても、行政組織内部での公権力性があるとす
るなら、通達の違法・無効の確認を求める訴えは、公権力の行使に関する
不服として無名抗告訴訟ではないか、という疑問も生じます

┌───┐
│　　　　●ポイント●　公法上の確認訴訟の基本パターン
│
│　公法上の当事者訴訟のうちの確認訴訟（公法上の法律関係の確認を求める訴
│え）が想定される紛争類型は、以下のように整理できます。
│　①　処分性の認められない行政の行為（決定）について、違法であることの確
│認を求める訴え（ダイレクト・アタック型の確認訴訟）
│　②　行政の行為を直接争うのではなく、請求を原告の権利義務に引き直したう
│えで、原告の権利・義務・法的地位等の存在・不存在の確認を求める訴え（権利
│義務引き直し型の確認訴訟）
│　③　行政処分が無効であることを前提に、現在の法律関係（原告の権利・義
│務・法的地位等）について確認を求める訴え（処分無効前提型の確認訴訟）
│　①は、行政立法、行政計画、行政指導等、処分性が否定される行政の行為につ
│いて、当該行為が違法であることを争う確認訴訟です。行政指導のように事実行
│為であれば違法の確認、法的効果を有する（けれども処分性が認められない）行
│為であれば違法・無効の確認を求めることになります。確認の利益のレベルで、
│確認対象選択の適切性が問題になりますが、これらの行為を直接のターゲットに
└───┘

(5)　事実行為であるとして処分性が否定されるケースでは、そもそも係争行為に法的効
　力はないというロジックが前提になるため、無効を争うことは基本的にあり得ませ
　ん。ゆえに、事実行為の「違法」を確認する請求を立てることになります。

して争うことが紛争解決にとって有効適切な手段であれば、確認の利益が肯定されるでしょう[6]。

②は、Ⓐ紛争の原因となる行政の行為につき処分性が認められない、Ⓑ紛争にかかわる行政過程の中に行政処分が存在しない、Ⓒ行政処分は存在するけれども当該処分を争う抗告訴訟が適切に利用できない、Ⓓ抗告訴訟の利用も不可能ではないが抗告訴訟により紛争が合理的に解決しない、等の理由により、原告の権利義務関係（公法上の権利義務関係）を争うかたちで確認訴訟を用いるというパターンです。

たとえば、届出制度をめぐり、行政側が届出を「受理」せず「返戻」するという紛争状況があった場合に、行手法上は届出に対する行政側の応答行為が予定されないため（行手法37条）、原則として、受理や返戻につき処分性は認められません。この場合、行政側が届出をしていないという扱いをすることにより何らかの法的な不利益が生じることが「仕組まれて」いるのであれば、上記のⒶないしⒷのパターンとなり、不利益を受けない法的地位の確認を求める訴えが選択肢となるでしょう[7]。

また、ⒸⒹのパターンでは、抗告訴訟と確認訴訟との分担関係が問題になります。後述するように、最判平成24・2・9民集66巻2号183頁（教職員国旗国歌訴訟。判例ノート20-5・百選Ⅱ200）は、差止訴訟と予防的確認訴訟（公的義務不存在確認訴訟）との分担関係に係る重要な判例法理を示しました[8]。

③は、行訴法36条が前提としている、いわば古典的な公法上の確認訴訟ということになります。係争処分につき出訴期間を徒過した後に、その処分が無効であることを前提に現在の法律関係を争う確認訴訟が典型であり、懲戒免職処分が無効であることを前提に公務員としての地位確認請求をする、といったケースが想定されます[9]。

---

(6) 最大判令和4・5・25民集76巻4号711頁（判例ノート21−1［C］。在外国民国民審査権訴訟）は、国が在外国民に対し次回の最高裁判所裁判官の任命に関する国民審査において審査権の行使をさせないことが違法であることの確認を求める訴えについて、確認の利益を認めて適法とし、請求も認容しました。現在の権利義務関係を争うよりも、立法や行政活動の作為・不作為の違法確認の訴えの方が現在の紛争の解決にとって有効適切である場合には、立法・行政活動の作為・不作為の違法確認の訴えが排除されると考えるべきでないとする同判決の宇賀意見は、ダイレクト・アタック型の確認訴訟の活用にみちを拓くものと考えられます。

(7) 東京高判平成25・2・14裁判所HPは、条例により届出による地下水採取に係るみなし許可制度が仕組まれている事例で、行政側から届出書を返却された者が、届出をしたことにより適法に本件井戸を設置して地下水を採取することができる地位があることの確認を求める訴えにつき確認の利益を肯定しています。

20 「権利義務引き直し」型の確認訴訟

　このように思考を進めると、通達が違法・無効であることの確認を求める当事者訴訟とは別に、①通達変更の時点で、将来的に墓埋法19条に基づいてされる不利益処分について差止訴訟を提起し、仮の差止めを申し立てる、②確認訴訟を使うとして、原告の権利義務関係に引きつけた確認対象の設定を設定する、具体的には、墓地経営者が自己の所有権あるいは信教の自由が害される事態を防ぐため、異宗徒からの埋葬の求めに応じる義務のないことの確認をあらかじめ求める訴えを提起する、という訴訟類型が思い浮かびます。

　それでは、上記の①と②の関係はどのように考えればよいのでしょうか？　ここで、墓埋法21条が、同法13条違反、すなわち「正当の理由」なく埋葬を拒絶したことにつき刑罰を科すことを規定することに注目すべきです。図9を見れば明らかなように、墓地経営者が通達に反して埋葬拒絶をすれば、知事から不利益処分を受ける前のタイミングで、刑罰を科されるリスクがあります。もちろん、当局に起訴された後、刑事訴訟において通達変更が違法・無効であるから無罪と主張することは可能です。しかしながら、ここでは、通達変更の後、次の紛争局面は、知事による不利益処分になるとは限らず、すぐに刑罰となりうることがポイントです。墓地経営者は、不利益処分を受ける前に、異宗徒からの埋葬の求めに対する拒絶行為をしているはずですから、拒絶行為をすれば刑罰へ行くのがむしろ普通の流れです。そうすると、事前に不利益処分の差止訴訟を提起する、という抗告訴訟では刑事訴訟に行くことを防ぐことができないため、救済方法として必ずしも十分でないということになります。

---

(8)　最判令和元・7・22民集73巻3号245頁（判例ノート20-7、百選Ⅱ201。平和安全法制整備法違憲訴訟）は、無名抗告訴訟としての公的義務不存在確認訴訟（将来の不利益処分の予防を目的として当該処分の前提となる公的義務の不存在確認を求める訴え）と、抗告訴訟としての差止訴訟の分担関係について判断しています。

(9)　逆に、現在の法律関係を争う確認訴訟と対比して、行政処分の無効確認を争う訴え（行訴法3条4項）の方がより直截的で適切な争訟形態であるといえる場合であれば、当事者訴訟ないし争点訴訟ではなく、抗告訴訟としての無効等確認訴訟を選択することになります（最判昭和62・4・17民集41巻3号286頁。判例ノート20-1、百選Ⅱ173）。

以上から、通達変更のタイミングで訴えを提起して争うのであれば、抗告訴訟としての差止訴訟ではなく、当事者訴訟としての確認の訴えを使う必要性が高いと考えられます。また、本件事案では、墓地経営者の所有権等の侵害、あるいは信教の自由の侵害が問題になりますから、通達の違法・無効を直接確認する「ダイレクト・アタック」型ではなく、原告の権利利益に引き直して請求を立てることが望ましいと思います。以上述べた事柄を、原告側の確認の利益と結び付けてロジックを立てると、①即時確定の利益、②確認対象選択の適切性、③他の訴えとの関係での補充性、のいずれも説得力をもって起案できると思います。なお、民事訴訟とならないのは、墓地経営それ自体が法の定める許可制に服していて、墓地の経営という法的地位が行政処分により形成されているため、訴訟物が公法上の法律関係と解釈されるからです。

21　まとめ

　それでは、仮に図7・図9の事案をもとに問題が作成されて訴訟類型選択について設問があったとして、当事者訴訟としての確認訴訟を使う（確認の利益を肯定する）という立場から、答案構成の例を掲げてみましょう。

> ①　本件事案に係る救済方法としては、本件通達の違法・無効を前提として、自己の所有地たる墓地につき異宗徒からの埋葬の求めを拒むことができる法的地位の確認を求める訴え（行訴法4条後段の定める実質的当事者訴訟）を提起すべきである。この訴えが適法であることについては、以下のように考える。
> ②　本件訴えは、変更された通達が違法・無効であることを前提としたうえで、異宗徒からの埋葬の求めを拒むことができる法的地位を得て、自己の所有地に異宗徒を埋葬することをあらかじめ予防しようとすることを目的としている。
> ③　本件通達は、それ自体で墓地経営者等の権利義務を直接形成しまたはその範囲を確定することが法律上認められたものとはいえず、処分性は否定される。他方で、本件通達を前提とした場合、異宗徒からの埋葬の求めを拒むと、そのことを理由に刑事処分を受けるという不

利益を被る蓋然性がある。したがって、通達について取消訴訟等を提起して争う、あるいは、埋葬拒否を理由とする不利益処分について差止訴訟等により争うことにより、②の目的を達成することはできない。

④　さらに、埋葬拒否を理由として知事がするであろう不利益処分について、本件紛争のタイミングでは、知事の有する効果裁量に照らしてその具体的内容を特定することができず、差止訴訟等による事前救済の方法により司法的救済を求めることは困難である。

⑤　以上から、本件において確認訴訟を救済方法として選択することは合理的であるし、紛争時点において②の目的を達成するための救済方法として他に適当な方法があるとは解されない。また、本件通達により、原告には、自己の所有地に異宗徒の埋葬を受け入れなければならないという差し迫った状況が生じているのであり、本件確認訴訟につき即時確定の利益も認められる。

⑥　なお、本件確認の訴えは、通達の違法・無効を争うという観点から、実質的に、行政庁による公権力の行使に関する不服として無名抗告訴訟に相当するとも考えられるが、③で述べたように、本件紛争の時点で、刑事制裁をもって埋葬の受忍を強制される事態をあらかじめ防止するために適切な抗告訴訟を提起することは困難であるため、行政事件訴訟による国民の権利利益の実効的救済という観点に照らし、当事者訴訟としての本件確認の訴えは適法であると解される。

　上記はひとつの例であり、各自、答案構成を組み立てていただけると幸いです。改めて注意喚起をすると、個別法の「仕組み」や具体的紛争状況を離れて、行政法の解釈論は成り立ちません。あくまでも、具体的ケースについて、時系列に沿って個別法の定める「仕組み」と事実関係を整理し、そのうえで救済ルートを考えるという「行政法思考」を実践することに、よく注意を払ってください。

<hr>

一歩先へ　不利益処分の事前救済と訴訟類型選択

最判平成24・2・9民集66巻2号183頁（判例ノート20-5・百選Ⅱ200。教職員

国旗国歌訴訟）は、地方公務員の懲戒処分の事前救済方法としての訴訟類型選択について、極めて重要な判断を示しました。ここでは、「時間軸に沿った『仕組み』の解析」に照らし、同判決のポイントを簡単に整理しておきます。

　上記判例の事案は、概略、次のようなものです。東京都教育委員会（Y1）の教育長は、都立高校等の各校長宛てに、入学式・卒業式等の実施にあたり、教職員は国旗に向かって起立して国歌を斉唱すること等を内容とする通達を発しました。この通達を受けて、各校長は、年2回の入学式・卒業式の度に、教職員に対し、上記通達の内容を命ずる旨の職務命令を発します。そして、Y1は、職務命令違反をした教職員らを、1回目は戒告、2・3回目は減給、4回目以降は停職という具合に懲戒処分としました。そこで、都立学校の教職員であるXらは、Y1を相手に、①国旗に向かって起立して国歌を斉唱する義務のないこと等の確認、②これらの義務違反を理由とする懲戒処分の差止め等を求めて出訴しました。なお、平成16年改正行訴法の施行後は、東京都（Y2）が被告です。

　これを、図示すれば、次のようになります。

①通達（処分性否定）
⇩
②職務命令（処分性否定）
⇩　⇧　←反復継続・累積加重
③懲戒処分（行政処分）

　本件紛争のタイミングでは、既に懲戒処分がなされていますから、出訴期間内であればその取消訴訟を提起できることは明らかです。問題になるのは、本件通達の下で、年に2回、職務命令違反の懲戒処分が反復し、それが積み重なることによって処分内容が加重されるという状況下で、将来の懲戒処分をどのようにして阻止するか、という訴訟類型選択です。

　最高裁は、通達および職務命令の処分性を否定したうえで、①懲戒処分の差止訴訟、②職務命令に基づく義務の不存在の確認を求める無名抗告訴訟、③職務命令に基づく義務の不存在の確認を求める当事者訴訟という3つの訴訟類型について判示しました。結論としては、①は、免職処分のみ蓋然性要件を満たさないものの、停職・減給・戒告の各処分について行訴法37条の4第1項の定める諸要件が認められるとして適法、②は、①との関係で補充性要件を満たさず不適法、③は、行政処分以外の処遇上の不利益の予防を目的とする確認の訴えとして「確認の利益」が認められ適法、と判断されています。

　差止訴訟の許容性（上記①）に関し、本判決は、「重大な損害が生ずるおそれ」の要件について、裁判所が差止判決により事前救済を行う制度趣旨を踏まえ、「国民の権利利益の実効的な救済及び司法と行政の権能の適切な均衡の双方の観点から……救済の必要性がある場合であることを要する」とし、「処分がされた後に取消訴訟等を提起して執行停止の決定を受けることなどにより容易に救済を受けることができるものではなく、処分がされる前に差止めを命ずる方法によるのでなければ救済を受けることが困難なものであることを要する」という判断基

準を定立したうえで、「反復継続的かつ累積加重的に」懲戒処分がされる危険があること、その結果として「事後的な損害の回復が著しく困難になること」等から、要件該当性を認めています。重大損害要件について、事前救済の方法たる差止判決による紛争解決可能性（紛争の成熟性）による規範を立て、当てはめの「キーフレーズ」として「反復継続的・累積加重的」な不利益処分により「事後的な損害の回復が著しく困難になる」とする部分については、ぜひ覚えておきましょう。

差止訴訟の補充性要件については、通達・職務命令の処分性が否定されること、懲戒処分の取消訴訟等および執行停止との関係でも補充性要件を欠くものでないことを指摘して、これを満たすと判断しました。

また、当事者訴訟としての公的義務不存在確認訴訟（上記③）について、本判決は、職務命令違反が懲戒処分の処分事由・その加重事由となることから昇給等の面で不利益となること等から、「行政処分以外の処遇上の不利益の予防を目的とする公法上の法律関係に関する確認の訴えとしては、その目的に即した有効適切な争訟方法であるということができ、確認の利益を肯定することができる」として、適法としました。差止訴訟との分担関係が問題になるところ、差止訴訟での事前救済ができない「処遇上の不利益」の事前救済に着目することにより、当事者訴訟としての確認訴訟を許容したものと考えられます。この点は、不利益処分の差止請求と、確認訴訟の請求とが、同一内容のものか（引き直せるか）によって、確認の利益が判定されています。すなわち、差止請求とイコールでなければ、確認の利益を認めるという解釈です。

なお、事前救済として、一定の地位確認を求める確認訴訟（当事者訴訟）と、不利益処分の差止訴訟の関係については、医薬品ネット販売禁止訴訟の一審判決（東京地判平成22・3・30判時2096号9頁。判例ノート21－1［B]）が、確認訴訟が「本件規制をめぐる法的な紛争の解決のために有効かつ適切な手段」であること、不利益処分の抗告訴訟については「営業の自由に係る事業者の法的利益の救済手段の在り方として迂遠である」としていることが参考になります。また、タクシー運転者の乗務距離の最高限度を定める公示について、規制対象区域のタクシー事業者が、公示による乗務制限距離を超えて乗務させることができる地位の確認を求めた訴えにおいて、確認の利益を認めた裁判例（札幌地判平成26・2・3判例集未登載）は、公示を争うには道路運送法40条に基づく不利益処分を受けた上でその処分の抗告訴訟を提起することも可能であるが、本件公示によって日々営業の自由の制約を受けていることが明らかな場合に、そのような不利益処分がなければ本件公示の違法性を争うことができないとするのは、事業者の早期救済という観点から見て妥当でない、としており、参考になります（参照、宇賀・概説Ⅱ395頁以下）。

　行訴法における「重大な損害」要件は、①執行停止の要件（25条2項・3項）、②非申請型義務付け訴訟の訴訟要件（37条の2第1項・2項）、③差止訴訟の訴訟要件（37条の4第1項・2項）という3つの局面において、それぞれ異なった解釈方法がとられていることに注意が必要です。平成16年の法改正により、上記の3箇所に「重大な損害」要件が新たにセットされたのですが、その後の判例は、同一の文言の要件であるにもかかわらず、それぞれの手続の趣旨を背景に、異なる「規範」と「当てはめ」の技法を確立しています。

　執行停止については、平成16年行訴法改正前の旧法が「回復の困難な損害」であったものが「重大な損害」に緩和されたことの趣旨を踏まえるならば、事後的な原状回復ないし金銭賠償が不能と解釈される場合に限られるのではなく、個別事案における事実関係から執行停止の必要性が認められるケースについて、「重大な損害」要件を満たすものと解釈することが可能です。したがって、執行停止における「重大な損害」要件の当てはめは、事実関係を踏まえた利益考量的判断によると考えられます。最高裁も、この解釈論を是としていると考えられ、執行停止の申立てが認容される可能性は、旧法下と比べて高くなったと評されます。

　これに対して、非申請型義務付け訴訟の場合、「重大な損害」要件が法定されているのは、申請権がない者からの出訴を認める以上、当該処分の義務付け判決というかたちでの救済の必要性が相応に高いことを求める趣旨とされています。「重大な損害」要件の当てはめについては、Ⓐ具体的な事実関係から原告の被る損害の重大さを個別判断しようとする傾向、Ⓑ第三者の原告適格論と同様に原告の被侵害利益の性質によって抽象的に判断しようとする傾向、の2つの流れが併存する状況にあります。Ⓐであれば、個別事案の事実関係を丁寧に拾って解釈することになりますし、Ⓑであれば、生命・健康等が侵害されるおそれが認められれば「重大な損害」要件も満たすというタイプの解釈論、すなわち、原告適格における個別保護要件の切り出しと同様の解釈をすることになります。

　差止訴訟の「重大な損害」要件については、上述した教職員国旗国歌訴訟最判が、その解釈方法を明示しました。すなわち、「重大な損害」要件は、行政権・司法権の機能分担の中で、差止判決による原告の事前救済の必要性を求める趣旨であり、同要件を満たすには、処分がされるのを待って取消訴訟・執行停止を用いたのでは十分な救済が得られず、事前救済の方法による紛争解決が必要であると認められる必要があります。具体的な当てはめをする際には、不利益を受ける状況が切迫する一方、処分を事前に差し止めなければ救済が困難になり、紛争が成熟していることがポイントになるでしょう。

Ⅵ 総合問題

22 勧告⇒公表という「仕組み」の争い方（その1）
──問題の提示（介護保険法に基づく勧告⇒公表）

　最後に、訴訟類型選択に関する総合問題を検討しましょう。

　問題のテーマは、個別法において、勧告⇒公表を軸とする「法的仕組み」が定められている場合に、勧告を受けた後、勧告に従わないことを決意した原告が、公表を事前に差し止めるためにはどのような訴訟類型選択が考えられるか、というものです。このテーマは、平成20年の司法試験問題でも取り扱われていますから、この司法試験問題を加工した例題を作りました。介護保険法に基づき、介護老人保健施設に対して行う勧告⇒公表の「仕組み」が取り上げられています。「時系列に沿った『仕組み』の解析」を使い、個別法の「仕組み解釈」を実践しましょう。

【問題3】

　医療法人社団であるAは、平成13年1月24日、B県の知事から、介護保険法（以下「法」という）94条1項に基づく開設許可を得て、介護老人保健施設（以下「本件施設」という）を運営してきた。本件施設には60名の要介護者が入所して利用しており、大半が70歳を超えた長期入所者である。

　平成19年10月1日、本件施設の元職員から、B県に対し、本件施設では法令上必要とされている看護師の人数が足りていない、との通報が入った。本件施設は、法97条2項・3項により、厚生労働省令（介護老人保健施設の人員、施設及び設備並びに運営に関する基準。以下「省令」という）の定める基準を満たさなければならないとされている。上記通報を契機に、同月15日、B県職員が、法100条に基づき本件施設に立ち入り、質問、報告の聴取等の調査を実施した。Aの理事長は、「ほかの施設では行政指導として実地指導が行われているにもかかわらず、いきなり法律に基づく調査を実施するのは穏当ではない」

と抗議をしたが、B県職員は、これを聞き入れることなく、調査に着手した。B県職員は、本件施設の職員から、身分や調査の趣旨を説明するよう要請されたにもかかわらず、身分証の提示を拒否し、公的な調査であり抵抗すれば罰則の対象になることを繰り返し述べたうえ、帳簿等書類を段ボール箱に詰めて持ち帰った。B県としては、当日の調査に基づき、本件施設では、看護師数が不足しており、さらには、一部入所者に対する身体的拘束が常時行われているなど、法97条2項・3項、省令2条1項・13条4項違反の状況が継続していると判断するに至った。

　そこで、B県知事は、Aに対し、平成20年1月15日、勧告書を交付し、法103条1項に基づく勧告を行った。同勧告書には、同年3月24日を期限として、①省令の定める基準を遵守できるよう常勤の看護師の人員を確保すること、②入所者に対する常時の身体的拘束をやめること、③上記①および②に関する改善状況を文書で報告することの3点が記載されていた。さらに、勧告に従わない場合には、B県知事が、Aの勧告不服従を公表することがあること、措置命令や業務停止命令を発することがあることも明記されていたが（法103条2項・3項）、勧告の基礎となる事実は示されていなかった。

　Aの理事長は、前記調査以来、B県からは、何の連絡もなく、問い合わせに一切応じてこなかった状況の中で、いきなり勧告書が交付されたうえ、内容的にも誤っているとして、激怒した。そこで、Aは、同年3月14日、勧告が違法であると考え、勧告に応ずる意思がない旨を回答した。

　しかし、Aの理事長は、このままでは、勧告書に書かれていたように公表がされ、市民からの信頼が失われること、Aとしては多くの利用者が本件施設を離れてしまい、経営難に陥ること、仮に施設経営が立ち行かなくなれば、施設変更に伴う環境の変化や別の施設への移動により、高齢の利用者に身体面でも、精神面でも、大きな健康リスクが及ぶこと、入所者の移ることのできる施設が近隣にはないため、自宅待機となれば、入所者家族が大きな負担を負わざるをえないことなどを懸念した。そこで、Aは、弁護士Cに訴訟提起を依頼すること

した。

　【資料１　法律事務所の会議録】を読んだうえで、弁護士Ｄの立場に立って、弁護士Ｃの指示に応じ、設問に答えなさい。

　なお、介護保険法、介護老人保健施設の人員、施設及び設備並びに運営に関する基準、Ｂ県行政手続条例の抜粋は、【資料２　介護保険法等】に掲げてあるので、適宜参照しなさい。

〔設問〕

　１．勧告に従わなかった旨の公表がされることを阻止するために考えられる法的手段（訴訟とそれに伴う仮の救済措置）を検討し、それを用いる場合の行訴法上の問題点を中心に論じなさい。解答にあたっては、複数の法的手段を比較検討したうえで、最も適切と考える法的手段について、見解を明らかにすること。

　２．設問１の最も適切と考える法的手段において勧告や調査の適法性を争おうとする場合に、Ａはいかなる主張をすべきかについて、考えられる実体上および手続上の違法事由を挙げて詳細に論じなさい。

【資料１　法律事務所の会議録】

弁護士Ｃ：本日は、Ａの案件の基本処理方針を議論したいと思います。本件では調査のやり方が目を引きますね。

弁護士Ｄ：Ｂ県の説明では、通報の内容が重大なものであり、証拠隠滅も懸念された結果だということです。

弁護士Ｃ：納得できる理屈ではありませんね。Ａはいきなり調査が行われたと主張していますが、これはどういった趣旨なのですか。

弁護士Ｄ：Ｂ県の作成した調査の実施要綱によりますと、実務上は２種類の調査形態が存在するようです。一つは実地指導と呼ばれるもので、行政指導として行われる調査です。もう一つが本件で問題となっている、法律に基づく調査でして、調査に基づき勧告がされると、公表、措置命令、業務停止命令、開設許可取消しがされる可能性があります。

弁護士Ｃ：Ａは調査について何を主張しているのですか。

弁護士Ｄ：調査の手順がひどいうえ、その中身も誤りだというのです。具体的には、①調査が、一部の出勤簿を対象としていないうえ、実施された特定曜日以外に週５日働いている看護師２名を計算に含めていないなど、人員の把握を誤ったものであり、本件施設は看護師数についての省令の基準を満たしていたこと、②ベッドからの転倒防

止を第一に考え、5時間に限って、入所者家族の同意の下に1名のベッドに柵を設置しただけであり、常時の身体的拘束には該当しないことが主張されています。

弁護士C：調査が違法に行われたとして、そのことは勧告にどういった影響を及ぼすのか、両者の関係を整理してください。

弁護士D：わかりました。

弁護士C：それと、勧告についてですが、Aは唐突に出された点が不満のようですね。

弁護士D：そうです。これに対し、B県の側は、手順は行政の自由であるという理解のようです。

弁護士C：それは、勧告をソフトなものと捉えているからでしょうか。本件の法的仕組みの中で勧告が占める位置や、その性格から遡って、どのような手続が要求されるのか、もう一度検討してください。Aの言い分からしますと、最も恐れているのは、勧告に続く公表のようですね。

弁護士D：勧告不服従事業者として市民に公表されるのだけは避けたいようです。

弁護士C：D君には、勧告と公表の法的性格を分析したうえで、とるべき法的手段について、公表を阻止する観点から検討をお願いします。

【資料2　介護保険法等】

○　介護保険法（抜粋）

（帳簿書類の提示等）

第24条　1～2　（略）

3　前2項の規定による質問を行う場合においては、当該職員は、その身分を示す証明書を携帯し、かつ、関係人の請求があるときは、これを提示しなければならない。

4　第1項及び第2項の規定による権限は、犯罪捜査のために認められたものと解釈してはならない。

（開設許可）

第94条　介護老人保健施設を開設しようとする者は、厚生労働省令で定めるところにより、都道府県知事の許可を受けなければならない。

2～6　（略）

（介護老人保健施設の基準）

第97条　介護老人保健施設は、厚生労働省令で定めるところにより、療養室、診察室、機能訓練室、談話室その他厚生労働省令で定める施設を有しなければならない。

2　介護老人保健施設は、厚生労働省令で定める員数の医師、看護師、介護支援専門員及び介護その他の業務に従事する従業者を有しなければならない。

3　前2項に規定するもののほか、介護老人保健施設の設備及び運営に関する基準は、厚生労働大臣が定める。

4　（略）

5　介護老人保健施設の開設者は、要介護者の人格を尊重するとともに、この法律又はこの法律に基づく命令を遵守し、要介護者のため忠実にその職務を遂行しなければならない。

（報告等）

第100条　都道府県知事……は、必要があると認めるときは、介護老人保健施設の開設者、介護老人保健施設の管理者若しくは医師その他の従業者（以下「介護老人保健施設の開設者等」という。）に対し報告若しくは診療録その他の帳簿書類の提出若しくは提示を命じ、介護老人保健施設の開設者等に対し出頭を求め、又は当該職員に、介護老人保健施設の開設者等に対して質問させ、若しくは介護老人保健施設に立ち入り、その設備若しくは診療録、帳簿書類その他の物件を検査させることができる。

2　第24条第3項の規定は前項の規定による質問又は立入検査について……準用する。

3　（略）

（設備の使用制限等）

第101条　都道府県知事は、介護老人保健施設が、第97条……第3項に規定する介護老人保健施設の設備及び運営に関する基準（設備に関する部分に限る。）に適合しなくなったときは、当該介護老人保健施設の開設者に対し、期間を定めて、その全部若しくは一部の使用を制限し、若しくは禁止し、又は期限を定めて、修繕若しくは改築を命ずることができる。

（業務運営の勧告、命令等）

第103条　都道府県知事は、介護老人保健施設が、その業務に従事する従業者の人員について第97条第2項の厚生労働省令で定める員数を満たしておらず、又は同条第3項に規定する介護老人保健施設の設備及び運営に関する基準（運営に関する部分に限る。以下この条において同じ。）に適合していないと認めるときは、当該介護老人保健施設の開設者に対し、期限を定めて、第97条第2項の厚生労働省令で定める員数の従業者を有し、又は同条第3項に規定する介護老人保健施設の設備及び運営に関する基準を遵守すべきことを勧告することができる。

2　都道府県知事は、前項の規定による勧告をした場合において、その勧告を受けた介護老人保健施設の開設者が、同項の期限内にこれに従わなかったときは、その旨を公表することができる。

3　都道府県知事は、第1項の規定による勧告を受けた介護老人保健施設の開設者が、正当な理由がなくてその勧告に係る措置をとらなかったときは、当該介護老人保健施設の開設者に対し、期限を定めて、その勧告に係る措置をとるべきことを命じ、又は期間を定めて、その業務の停止を命ずることができる。

4　都道府県知事は、前項の規定による命令をした場合においては、その旨を公示しなければならない。

5　（略）

（許可の取消し等）

第104条 都道府県知事は、次の各号のいずれかに該当する場合においては、当該介護老人保健施設に係る第94条第１項の許可を取り消し、又は期間を定めてその許可の全部若しくは一部の効力を停止することができる。

　一～八　（略）

　九　前各号に掲げる場合のほか、介護老人保健施設の開設者が、この法律その他国民の保健医療若しくは福祉に関する法律で政令で定めるもの又はこれらの法律に基づく命令若しくは処分に違反したとき。

　十～十二　（略）

２～３　（略）

第14章　罪則

第209条 次の各号のいずれかに該当する場合には、その違反行為をした者は、30万円以下の罰金に処する。

　一　（略）

　二　……第100条第１項……の規定による報告若しくは帳簿書類の提出若しくは提示をせず、若しくは虚偽の報告若しくは虚偽の帳簿書類の提出若しくは提示をし、又はこれらの規定による質問に対して答弁をせず、若しくは虚偽の答弁をし、若しくはこれらの規定による検査を拒み、妨げ、若しくは忌避したとき。

　三　（略）

○　介護老人保健施設の人員、施設及び設備並びに運営に関する基準（平成11年３月31日厚生省令第40号）（抜粋）

第２章　人員に関する基準

（従業者の員数）

第２条 介護保険法……第97条第２項の規定による介護老人保健施設に置くべき医師、看護師、介護支援専門員及び介護その他の業務に従事する従業者の員数は、次のとおりとする。

　一～二　（略）

　三　看護師若しくは准看護師（以下「看護職員」という。）又は介護職員（以下「看護・介護職員」という。）　常勤換算方法で、入所者の数が３又はその端数を増すごとに１以上（以下略）

　四～八　（略）

２　（略）

３　第１項の常勤換算方法は、当該従業者のそれぞれの勤務延時間数の総数を当該介護老人保健施設において常勤の従業者が勤務すべき時間数で除することにより常勤の従業者の員数に換算する方法をいう。

４〜７ （略）

第４章 運営に関する基準

（介護保健施設サービスの取扱方針）

第13条 １〜３ （略）

４ 介護老人保健施設は、介護保健施設サービスの提供に当たっては、当該入所者又は他の入所者等の生命又は身体を保護するため緊急やむを得ない場合を除き、身体的拘束その他入所者の行動を制限する行為（以下「身体的拘束等」という）を行ってはならない。

５〜６ （略）

○ Ｂ県行政手続条例（抜粋）

（行政指導の一般原則）

30条 行政指導にあっては、行政指導に携わる者は、当該県の機関の任務又は所掌事務の範囲を逸脱してはならないこと及び行政指導の内容が相手方の任意の協力によって実現されるものであることに留意しなければならない。

２ 行政指導に携わる者は、その相手方が行政指導に従わなかったことを理由として、不利益な取扱いをしてはならない。

３ 前項の規定は、公益の確保その他正当な理由がある場合において、県の機関が行政指導の事実その他必要な事項を公表することを妨げない。

（許認可等の権限に関連する行政指導）

32条 許認可等をする権限又は許認可等に基づく処分をする権限を有する県の機関が、当該権限を行使することができない場合又は行使する意思がない場合においてする行政指導にあっては、行政指導に携わる者は、当該権限を行使し得る旨を殊更に示すことにより相手方に当該行政指導に従うことを余儀なくさせるようなことをしてはならない。

（行政指導の方式）

33条 行政指導に携わる者は、その相手方に対して、当該行政指導の趣旨及び内容並びに責任者を明確に示さなければならない。

２〜３ （略）

23 勧告⇒公表という「仕組み」の争い方（その２）
──時間軸に沿った事案の整理

　さっそく、【問題３】について、「時間軸に沿った『仕組み』の解析」を実践し、医療法人社団ＡとＢ県との法律関係の変化について整理した図を

作成してみましょう。

```
┌─────────────────────────────────────────────────────────────────┐
│ 図10 【問題3】の事案の整理                                          │
│                                                                   │
│  医療法人社団A                          B県                        │
│              ←開設許可（法94条1項）                                │
│                    ⇩              通報を受ける（←元従業員）        │
│              ←立入検査（法100条）＝罰則で担保（法209条2号）         │
│                    ⇩              法令違反と判断                   │
│              ←勧告（法103条1項）                                   │
│  ★弁護士に相談    ⇩                                               │
│              ←公表（法103条2項）        ⇓                         │
│                                                                   │
│              ←措置命令・業務停止命令（法103条3項）                 │
│                    ⇩                                              │
│              ←開設許可取消し等（法104条1項9号）                    │
└─────────────────────────────────────────────────────────────────┘
```

　図10のうち、紛争のタイミングは、弁護士に相談した時点（★）です。これより先の、公表、措置命令・業務停止命令、開設許可取消しは、介護保険法に照らして予定される（仕組まれている）行為の流れです。

　【問題3】の設問1は、図10の公表を阻止するための訴訟類型選択（さらに仮の救済措置）について、複数の救済ルート（法的手段）を比較検討したうえで、「自分」[10] すなわち弁護士Cの指示に応じる弁護士Dの立場で、最も適切と考えるものを明らかにすることを問うています。行訴法上の問題点を中心に論じるよう指示されていますから、これに従います（民事訴訟法、民事保全法、あるいは、行審法について詳述する必要はないということです）。さらに、設問2も視野に収め、訴訟類型選択・救済のための法的手段の選択が、当該事案において本案の違法をどのように主張するかという問題とリンクすることにも、気を配りましょう。

　【問題3】を解くには、ある訴訟類型を選択した場合、仮の救済をどの

---

(10)　問題文には「自分」とありますが、答案を作成する自分自身のことではなく、設定された弁護士Dの立場であることに、特に留意しましょう。とりわけ、弁護士Dが、弁護士Cの指示の下にあることは、解答の「筋」を見定めるうえで常に意識する必要があります。

ように申し立て、本案でどのような主張をするか、判決や決定によりどのように紛争が解決するか、全体の見通しを立て、「筋」のよい答案構成ができるかがポイントです。訴訟類型選択が問われる問題は、訴訟の「入口」にのみ意識が行ってしまいがちなのですが、「出口」まで見通す力が問われていると考えてください[11]。

24 勧告⇒公表という「仕組み」の争い方（その３）
──救済方法の基本パターン

上記のように、「筋」を見通すためには、【問題３】に【資料１】として掲載されている「法律事務所の会議録」による「誘導」の趣旨をとらえることが必要です。その最後に、「勧告と公表の法的性格を分析したうえで」救済方法を検討することが示唆されていることからも、設問１は、勧告、公表それぞれの処分性の有無を検討して、行訴法を中心に救済方法選択の議論を展開すればよいことが読み取れます。

設問１では、「勧告⇒公表」という「法的仕組み」において、①取消訴訟＋執行停止、②差止訴訟＋仮の差止め、③公法上の確認訴訟＋仮処分、④民事差止訴訟＋仮処分、という４つの救済方法を、勧告、公表それぞれに関する処分性の解釈とリンクさせて比較検討します。さらに、設問２まで見通すなら、処分性を認めた場合には行手法の規律が問題になり、処分性を否定するとそうならない（行政指導であるとすれば行政手続条例の規律が問題になる）ことについて、「気付き」が必要です[12]。

以上を念頭に、改めて**図10**を見てください。行政調査⇒勧告⇒公表⇒不利益処分、という「法的仕組み」において、最初の行政調査（具体的には

---

[11] 大島義則先生は、訴訟選択・仮の救済選択⇒訴訟要件⇒本案⇒訴訟の終了、という４つのステップで行政紛争処理事案を検討するという「４段階検討プロセス」論を提示されています（伊藤＝大島＝橋本・技法11頁以下）。

[12] 本書では第３の技法として掲げた「規範の階層関係の解析」を意識すれば、すぐ気が付くポイントです。【問題３】では、県知事が介護保険法に基づく処分をする場合には行手法が適用されますが、県の職員が行政指導をした場合には、行手法の適用除外となるので、B県行政手続条例が適用されます。ちなみに、行政調査については、法令に基づくものについても行手法が規律していませんから、介護保険法に規定があればそれが適用され、加えて行政指導であればB県行政手続条例の規律が及ぶという整理になります。

立入検査）に処分性を認めるのは困難である一方、最後の不利益処分（具体的には措置命令・業務停止命令、開設許可取消し）には当然に処分性が認められます。そして、勧告、公表の処分性の有無については争いがあります。これを図示すると、次のようになります。

図11 【問題3】の紛争パターン

① 行政調査（処分性×）
　　　　⇩
② 勧告（処分性？）
　　　　⇩ ←紛争のタイミング★
③ 公表（処分性？）
　　　　⇩
④不利益処分（処分性○）
※事業全体が許可制の仕組みの下にある

---

25 勧告⇒公表という「仕組み」の争い方（その4）
──勧告の処分性（その1）

　それでは、【問題3】について、介護保険法に基づき、B県知事がAに対して行った勧告の処分性について検討しましょう。勧告に処分性が認められれば、救済方法選択としては、勧告の取消訴訟＋公表の執行停止（手続の続行の停止）、が素直です。さらに、勧告が処分であれば、不利益処分として、行手法に基づく規律違反（理由提示の不備、弁明の機会付与の欠如など、重大な手続法違反）を主張できます。

　そこで、介護保険法の定める「法的仕組み」を検討しましょう。同法94条1項の許可を得た者が同法103条1項の定める勧告に従わない場合、知事は同条2項に基づく公表ができること、さらに、知事は、相手方が「正当な理由」なく勧告に係る措置をとらなかった場合に、同条3項に基づく措置命令・業務停止命令ができることが定められています（これらの命令がされれば、同条4項により公示されます）。加えて、同法104条は、同法に基づく命令・処分に違反したとき等に、知事が同法94条1項の許可の取消し・効力停止ができる旨も定めます。

以上から、介護保険法は、同法103条１項の勧告に従わないことを、一定の要件裁量はあるものの、同法の定める不利益処分の「要件」として「仕組んで」いる、と解析できます。他方で、介護保険法103条３項・104条とも、知事が不利益処分をすることに関して、「……することができる」という規定振りであることから、知事には効果裁量（する・しないの裁量）が認められます。したがって、勧告に対する不服従が、論理必然的に不利益処分につながるとはいえません。しかし、介護保険法が、勧告に従わない場合に、そのことを「要件」として同法が定める不利益処分ができるという「仕組み」を規定していることは、明らかです。

　また、介護保険法は、介護老人保健施設の開設それ自体について同法による許可制を定めており、そのことを前提に施設開設者に行為義務を課し、その行為義務違反について勧告⇒不利益処分、という「仕組み」を設けていることも、確認しておきましょう。

26　勧告⇒公表という「仕組み」の争い方（その５）
――勧告の処分性（その２）

　以上を前提に、【問題３】における勧告について、処分性の有無を検討します。

　判例における処分性の定義との関係では、「権利義務を形成しまたはその範囲を確定することが法律上認められている」かという部分、すなわち、国民の法律上の地位に対する影響の評価が問題になると考えられます。一般的に、単に行政機関が法律的見解を表示するだけの行為であれば、上記の判例の定義（の一部）を充足せず、処分性は否定されます。本問における勧告について処分性を肯定するためには、根拠規範である介護保険法の「法的仕組み」に照らして、「権利義務を形成しまたはその範囲を確定することが法律上認められている」と解釈できることを論証しなければなりません。

　ここから先、いくつかのロジックの立て方があると思われますが、以下、医療法に基づく病院開設中止勧告の処分性を肯定した最高裁判決、すなわち、最判平成17・７・15民集59巻６号1661頁（判例ノート16-7・百選Ⅱ154）を軸に、解釈論を考えてみたいと思います。

ひとつの論じ方として、上記平成17年最判のロジックをそのまま借用することが考えられます。平成17年最判は、「勧告を受けた者に対し、これに従わない場合には、相当程度の確実性をもって、病院を開設しても保険医療機関の指定を受けることができなくなるという結果をもたらす」と述べています。【問題3】についても、介護保険法上、勧告に従わないことが、同法の定める不利益処分の処分要件とされており、勧告に従わない場合にそのことを理由（要件）として知事が同法に定められた不利益処分をすることができる「仕組み」となっています。ゆえに、勧告に従わない場合、相当程度の確実性をもって、極めて重大で、かつ事後的に回復の困難な損害をもたらす公表がなされ、さらに各種の不利益処分を受けることが法的に確定することから、上述した処分性判定の基準を満たす（直接国民の法的地位に変動をもたらすことが認められる）と解釈できるというロジックが考えられます。この場合、勧告書の中に不服従を公表する可能性につき明記されていること、公表されれば施設経営者に様々な悪影響が生じること等、問題文に記されている情報を汲み取り、実効的な権利利益救済の必要性の観点から勧告に処分性を認めることが合理的であるという趣旨を補強的に述べておきたいところです。

　別の論じ方として、平成17年最判と【問題3】との違いを意識するというアプローチも可能です。平成17年最判は、医療法上の勧告について、別の法律である健康保険法に基づく保健医療機関指定の拒否処分と関連付けた解釈がなされていました。他方、【問題3】では、介護保険法のみが問題となります。そのことを踏まえて、介護保険法上、勧告に従わない場合、そのことを直接の理由（処分要件の充足）として公表、さらには不利益処分がなされる「法的仕組み」になっており、それぞれ一定の裁量が認められているとしても、公表によってもたらされるマイナスの影響の大きさ、不利益処分がもたらす法的ないし事実上の不利益に照らして、勧告に従うことを余儀なくされることから、勧告につき「権利義務を形成しまたはその範囲を確定することが法律上認められている」と解釈可能であり、処分性の定義に当てはまると論じます。

27 勧告⇒公表という「仕組み」の争い方（その6）
——勧告の処分性（その3）

　勧告に処分性を認めるならば、それに続行する公表を阻止するために
は、勧告の取消訴訟（取消訴訟の出訴期間を徒過していれば無効確認訴訟にな
ります）を提起したうえで、手続の続行の停止ということで公表につき執
行停止を申し立てる、という救済ルートが想定されます。あとは、執行停
止の要件について、行訴法25条の条文を拾って当てはめます。

　次に、勧告の処分性を否定する解釈をとるとすれば、公法上の確認訴訟
（実質的当事者訴訟）を提起する（さらに、仮処分の申立てを行う）という救
済ルートが想定されます。本件勧告について、行政指導であると解釈し、
そのことを前提に、行政指導が違法であることを確認する、あるいは、勧
告に従う義務のないことの確認を求める、という救済ルートを想定するわ
けです。介護老人保健施設の開設につき介護保険法上の許可が「仕組まれ
て」いることから、介護老人保健施設を運営するという法律関係全体につ
いて、訴訟物が公法上の法律関係であると説明できます。仮の救済につい
ては、勧告の処分性を否定する際に「公権力性」を否定しておけば、行訴
法44条による仮処分の排除は問題にならないと解釈できますから、民事保
全法に基づき、公表されない仮の地位を定める仮処分によって公表を阻止
することになります。

　なお、私自身は、介護保険法の法的仕組みに照らして、本件勧告の処分
性は肯定できると考えますし、行訴法に基づく執行停止を利用することの
方が、公表の阻止という観点から合理的と考えます。さらに、勧告を処分
と解すれば行手法違反を争うことが可能になる一方、勧告を行政指導と解
釈すれば、B県行政手続条例違反に照らして違法であることを争うしかな
くなることも勘案しなければなりません。そうすると、【問題3】の事案
でことさらに実質的当事者訴訟という救済ルートを用いる合理性・必要性
は認められず、適切な法的手段であるとは判断できないと思われます。

　　　　　一歩先へ　確認の利益の判定
　【問題3】において、勧告・公表の処分性を否定したうえで、勧告に従う義務
　のないことの確認（あるいは、勧告に従わないことを理由として公表をされない

地位の確認）を求める実質的当事者訴訟（行訴法4条後段）により争うという立場をとる場合には、確認の利益を肯定する必要があります。

　確認の利益の有無を判定するためには、①即時確定の利益（紛争の成熟性）、②確認対象選択の適切性、③方法選択の適切性（補充性）がメルクマールとなります。①については、勧告に従わず公表に至った場合、Aは市民からの信用失墜、多数の利用者の喪失による経営難という重大な不利益を受け、Aの入所者も多大な健康リスク・経済的負担を被る、という差し迫った危険がある一方、これらの不利益・負担は国家賠償請求等の事後的救済方法では回復することが困難であることから、事前救済の方法による必要性が高く、紛争の成熟性が認められる、と説明できます。②については、勧告の無効確認を争うことと比べて、現時点でのAの法的義務（ないし法的地位）に引き付けた確認対象設定は適切であることを述べます。③については、勧告および公表の処分性が否定されるため（ここでの議論の大前提です）、勧告の取消訴訟および執行停止、公表の差止訴訟および仮の差止めという救済方法を用いることができず、それ以外に適切な救済方法もないため、補充性要件も満たす、と論じます。

　上記のように、確認の利益の解釈論に持ち込むと、具体的な紛争における原告を始めとする当事者の事情を正面から取り上げて論じることができます。これに対して、処分性の有無の解釈論では、根拠規範の解釈論により結論を導くことになり、裁判の当事者に係る具体的事情を正面から持ち込まないのが原則です。この違いについても、よく意識しましょう。

　なお、介護老人保険施設の運営については、介護保険法94条1項により許可制が定められおり、施設運営に関する法律関係は、公法上の法律関係であると解釈できます。したがって、訴訟物は公法上の法律関係であり、民事訴訟ではなく、行訴法4条後段の当事者訴訟が紛争の受け皿となります。

28　勧告⇒公表という「仕組み」の争い方（その7）
——公表の処分性

　さらに、公表の処分性についても考えておく必要があります。【問題3】において、公表に処分性を認めれば、公表の差止訴訟を提起し、公表につき仮の差止めを申し立てるという救済ルートが想定されます。

　この点、公表の法的性質について、事実上の不利益を発生させるにとどまらず、「権利義務を形成しまたはその範囲を確定する」効力を有すると解釈することは、必ずしも容易ではありません。公表の仕組みは、特定の相手方に対して法的な不利益を課すことを予定した制裁的なものではな

く、広く国民・住民に向けた情報提供と解釈されることが通常だからです[13]。他方で、【問題3】の紛争タイミングでは、公表につき処分性を認めなくても、勧告の取消訴訟において公表の執行停止を求めることにより、公表の阻止という原告の救済を合理的に図ることが可能です[14]。行訴法において、仮の差止めの要件は、執行停止の要件より重いものとされており、執行停止による救済が可能なケースで、仮の差止めという救済ルートを無理に開く意味は見出し難いのです。これらのことから、【問題3】において、公表を処分とし、その差止訴訟＋仮の差止めで争うという法的手段が適切であるとはいえません。

　最後に、勧告、公表の両方とも処分性を否定したうえで、公表につき民事差止訴訟を提起するという法的手段が考えられます。勧告は行政指導、公表は事実行為であると解釈するのであれば、Aの人格権侵害を捉えて公表の民事差止請求という救済ルートがありえます。しかし、【問題3】では、B県側の行為や対応が法令に照らして違法である、あるいは、行政手続上の違法があるということを主張して争うための手がかりが多数含まれている一方、公表の民事差止訴訟では、Aの名誉や営業上の利益の侵害といった事由を軸に争うことになります。したがって、【問題3】において、民事差止訴訟という法的手段が最善とは考えられません。

　ここまで、【問題3】の設問1について、検討を進めてきました。「時間軸に沿った『仕組み』の解析」により、介護保険法の「仕組み」を図10・図11のように「可視化」することが、解釈論を展開するうえで有効であることを実感していただければ幸いです。

---

(13)　国家賠償請求の事例ですが、東京高判平成15・5・21判時1835号77頁・判例ノート1−3が参考になります。

(14)　公表につき差止訴訟＋仮の差止めという救済ルートをとる場合、処分性を柔軟に解釈して公表につき処分性を認める必要がありますが、公表に処分性を認める立論をするのであれば、勧告についても処分性を認めるのが一貫した論理でしょう。したがって、勧告の取消訴訟を提起し、公表の執行停止を申し立てる救済ルートが並行的に可能となります。そうすると、差止訴訟の訴訟要件（補充性要件）をクリアするのが難しくなります。これをクリアするには、執行停止では救済することが困難な不利益があって、それを差止訴訟＋仮の差止めで救済するというロジックが必要ですが、【問題3】において、そのようなロジックを立てるのは容易でないと思われます。

29 勧告⇒公表という「仕組み」の争い方（その8）
　　——本案の主張（その1）

　以上の検討により、【問題3】の設問1について、勧告の処分性を認めて勧告の取消訴訟を提起し、手続の続行の停止として公表の執行停止を申し立てるのが最も適切な法的手段であるとの結論に至りました。次に、設問2について、簡単にコメントしておきます。

　設問2は、①調査、勧告のそれぞれについて実体上・手続上の違法事由を拾って論じること、②調査の瑕疵（違法事由）が勧告の瑕疵（違法事由）とどのように結び付くかについて論じること、を求めていると考えられます。①について起案する際には、調査、勧告のそれぞれの「ミクロのプロセス」について、「時間軸に沿った」事実関係の解析をすることが役立つと思います。例えば、本件調査について、通報の接受⇒施設への立入り⇒質問・報告の聴取⇒帳簿等の押収、という事実関係の「流れ」を把握すると、どこにどのような違法事由があるか考えやすくなります。②については、先ほどの**図11**を思い浮かべると、問題の所在はすぐに認識できると思います。

　本問における調査について、実体上の違法として主張できそうなものを拾うと、次のようになるでしょう。Ⓐ実地指導でなくいきなり法100条に基づく調査が行われた点が、平等原則違反、比例原則違反に該当する。Ⓑ調査における人員の把握方法が省令の基準（省令2条1項3号）に照らして誤っており、調査結果も誤っている。Ⓒ常時の身体的拘束がされているという調査結果が、省令の基準（省令13条4項）に照らして誤っている。これらのうち、ⒷⒸは、調査の瑕疵ではなく、勧告の違法事由に含めることもできます。

　次に、本問における調査について、手続上の違法として主張できそうなものは、次のようになります。Ⓐ身分証の提示なし（法100条2項が準用する24条3項）、Ⓑ帳簿書類の押収（法100条1項は、提出を命じるのみで、押収する根拠規範はない）、Ⓒ調査の趣旨等の説明拒否（これを違法とする明文の根拠等はないが、適正手続原理に照らして、望ましくないと主張）。これらのうち、Ⓐは問題なく違法ですし、Ⓑは、法律による行政の原理に照らして、根拠規範なしに相手方の意に反して押収することは、重大な違法事由

と評されるでしょう。ⓒは、違法とする明確な決め手はないのですが、原告側としては行政調査における適正手続原理の重要性や、比例原則に照らして、違法であると主張しておいてもよさそうです。

　そのうえで、調査が違法であることが、勧告の取消事由となるか、論じておく必要があります。調査について処分性を認めない以上、勧告の取消訴訟において調査の違法の主張が遮断されることはありませんので、公定力（遮断効）の例外としての違法性の承継の問題とはなりません。そこで、およそ行政処分は行政調査に基づいて収集された情報を基礎になされるものであり、行政調査を含む行政過程全体における適正手続の重要性に鑑み、【問題3】の事案のように行政調査に重大な違法がある場合には、そこで収集された情報に基づいてなされた本件勧告もまた違法として取り消されるべきである、等の説明をしておく必要があります。

　さらに、【問題3】では、原告側は、調査によって収集された情報それ自体が誤っていることを主張すべきです。

30　勧告⇒公表という「仕組み」の争い方（その9）
──本案の主張（その2）

　最後に、【問題3】の設問2のうち、勧告の違法事由（取消事由）について確認しておきましょう。

　まずは、手続上の違法についてです。設問1において、勧告の処分性を肯定しましたから、本件勧告には行手法が適用されます。すると、不利益処分ということになり、理由の提示が必要ですが、問題文には「勧告の基礎となる事実は示されていなかった」とあるので、明らかに行手法14条1項違反と考えられます。さらに、不利益処分なのですから、事前手続として弁明の機会の付与が必要ですが、全く履践されていませんから、行手法との関係では極めて重大な瑕疵があることになります。問題文の【資料1】には、勧告が「唐突に出された点が不満」等の記述があり、ヒントになります。あとは、上記のような手続的瑕疵が、勧告それ自体の取消事由になりうることについて、自分なりに論証すればOKです。

　実体上の違法については、まず、調査に関する検討でも取り上げたように、勧告の基礎となる事実の点で、①看護師の数、②身体的拘束の評価、

について事実認定に誤りがあることを主張することになるでしょう。実際に起案するのであれば、問題文に記載されている基準（省令）の条文を丁寧に引用します。原告側としては、明らかな事実誤認に基づく処分であるということで、実体法上の違法に関する主張は一応尽きると思われます。なお、さらにもうひと押しということで、調査手続に重大な瑕疵があることが考慮されていない（考慮不尽）とか、勧告をすることが比例原則違反であるといった違法事由を書くことが考えられるでしょう。

31　勧告⇒公表という「仕組み」の争い方（その10）
──東京都条例を素材に（その1）

以上、平成20年の司法試験問題を素材とした【問題3】を検討してみました。

本章の最後に、勧告⇒公表という「仕組み」の争い方に関して、もうひとつ例題を検討してみたいと思います。東京都消費生活条例をベースとしていますが、問題用に加工していますので、問題文ではＹ県消費生活条例としました。これは、勧告⇒公表という部分では上記の【問題3】と同じであっても、個別法の「仕組み」が異なると訴訟類型選択に関する解釈論も変わることを実感していただくために用意した例題です[15]。勧告⇒公表というパターンではなく、あくまで個別法について「時間軸に沿った『法的仕組み』の解析」をすることが重要なことを体得していただければ幸いです。

---

[15]　平成30年度の予備試験問題を参照していただくと、ほぼ類似の「Ｙ県消費生活条例」が素材となっており、同問題は、公表に処分性を認めて仮の差止めを容認した東京地決平成29・2・3（判例集未登載。マンション販売の勧誘行為の事例で、特定商取引法の適用除外である一方、宅地建物取引業法での規律が難しいケース）を想起させます。しかし、平成30年予備試験問題は、浄水器の販売に係る不適正な勧誘行為があったという設例になっており、条例（自主条例）ではなく、特定商取引法が適用されるべきケースに、国法が適用されない場合を想定して制定されている自主条例を適用して営業規制をするという、行政実務上は甚だ不自然・不可解な解釈が求められています。「試験」として割り切るべしということであったとしても、実定法の構造からかけ離れた設例を用いることについて、「出題趣旨」等での説明が必要であると考えます（この点についての私の見解として、橋本博之「法曹養成制度雑感」日本エネルギー法研究所月報256号（2019）1頁以下）。

【問題4】

　不動産業を営むAは、NTTの電話帳を使って片端から電話をかけ、投資用マンションの営業活動を行っていたが、営業の電話が早朝・深夜に及んでいたため、B県消費生活条例25条1項2号違反であるとして、B県知事より勧告を受けた。これに対し、Aは、この程度は通常の営業活動であると思量してさらに営業活動を続けたところ、B県の職員から、同条例50条による公表を行うという連絡を受けた。通常、消費生活条例違反で公表されると、ローン会社から取引停止の扱いを受けるため、Aが営業を行うことは著しく困難となる。

〔設問〕

　Aは、自分の営業活動は条例違反とはとうていならない一方、公表されると自身の経済活動に大きな打撃を受けるため、公表を阻止したいと考えている。公表を阻止する法的手段としてどのようなものがあるか、検討せよ。

【資料　B県消費生活条例】

25条　知事は、事業者が消費者との間で行う取引に関して、次のいずれかに該当する行為を、不適正な取引として規則で定めることができる。
　一　（略）
　二　消費者の自発的意思を待つことなく執拗に説得し、電気通信手段を介して一方的に広告宣伝等を送信することにより消費者に迷惑を覚えさせ、消費者の取引に関する知識若しくは判断力の低下に乗じ、契約の締結を勧誘し、又はこれらにより消費者の十分な意思形成のないまま契約を締結させること。
　三〜九　（略）
2　事業者は、消費者と取引を行うに当たり、前項の規定により定められた不適正な取引行為を行ってはならない。
48条　知事は……第25条2項の規定に違反をしている事業者があるときは、その者に対し、当該違反をしている事項を是正するよう勧告することができる。
50条　知事は、事業者が……第48条の規定による勧告に従わないときは、その旨を公表することができる。

　【問題4】も、勧告⇒公表という「仕組み」の中で、勧告を受けたがこれに従う意思のない事業者が公表を事前に阻止するにはどうするか、とい

う訴訟類型選択・救済方法選択の問題です。【問題3】とどこが異なるのか、考えてみてください。

32 勧告⇒公表という「仕組み」の争い方（その11）
──東京都条例を素材に（その2）

　【問題4】における条例の「仕組み」は、大まかにいえば、通常の私人間の経済活動の中で、知事が条例25条2項違反と認定する事業者があると判断すれば、是正につき勧告し（48条）、勧告に従わなければ公表する（50条）、というものです。勧告について、その実効性確保の手段として公表のみが仕組まれており、勧告に従わないことを処分要件とする不利益処分は規定されていません。B県条例は、事業者に対して具体的で明確な行為規制を課すのではなく、知事が一定の契約類型に相当する悪質な取引行為を発見した場合には、勧告⇒公表という措置で対応する、という「仕組み」と考えられます。

　これに対して、【問題3】における介護保険法の「仕組み」は、勧告に従わない場合にそのことを要件として公表や不利益処分ができるというものでした。さらに、介護老人保健施設の設置それ自体が同法の許可に基づくものであることも、【問題4】の条例とは全く異なります。

　【問題4】では、B県条例の勧告は、それに従わないことが不利益処分の要件とはされておらず、勧告の実効性は公表により担保されているのみです。そこから、普通に考えれば、勧告により相手方の法的地位を変動させるとまではいえず、勧告は事実行為（行政指導）であって処分性はない、と考えられます。もっとも、条例自体が公表によって実効性を担保していることを捉え、個別具体的な法的効果を有するとして勧告の処分性を認める解釈論も可能です。問題文にはありませんが、勧告について、理由の提示や弁明の機会の付与といった行政手続が条例によって規定されている、あるいは、勧告を通知する書面に知事に対する審査請求が可能なことにつき教示されている、等々の事情があれば、処分性を認める方向で解釈する手がかりとなりえます。

　これらのことから、【問題4】については、①勧告の処分性を否定したうえで、公表についてAの人格権侵害を根拠とした民事差止訴訟を提起す

る、②勧告の処分性を認めたうえで、勧告の取消訴訟を提起し、手続の続行の停止を求める執行停止を申し立てて公表の執行停止を争う、という訴訟類型選択が想定されます。

　読者の方々から、勧告の処分性を否定した場合、勧告に従う義務のないことを確認する確認訴訟（実質的当事者訴訟）を使うのではないか？　という疑問が聞こえてきそうです。私としては、【問題4】の場合、B県条例は、事業者に対して具体的な行為規制を課すものではないし、勧告・公表ともに処分性を否定して事実行為と解するのであれば、訴訟物が公法上の法律関係であると解釈することはできず、民事差止訴訟によって救済を求めるのが普通であろうと思っています。すなわち、【問題3】のように、施設開設それ自体が法律に基づく許可制に服しているわけではなく、B県条例は、通常の民間の経済活動・取引行為の中で、悪質なものがあれば知事が勧告⇒公表するという「法的仕組み」なのですから、【問題4】について、勧告の処分性を否定した場合に、公法上の法律関係と解釈することは困難です。

　さらに、読者の方々からは、公表について処分性を認めたうえで、抗告訴訟としての差止訴訟を提起し、仮の差止めを申し立てるという救済ルートはどうか？　という指摘があるかもしれません。処分性を柔軟に解釈する立場をとれば、このような訴訟類型選択も考えられます。しかし、【問題4】に書かれている情報のみからは、民事差止訴訟で適切に争うことができると考えられる以上、原告の救済の必要性を考慮してもなお、公表に処分性を認める解釈を無理に導く意味は少ないでしょう。

一歩先へ　**公表の差止訴訟を認める答案例**

　公表に処分性を認める場合、①公表の根拠規範の法的仕組みに照らして、公表が、特定の者の法的地位を具体的に変動させる（特定の者に法的不利益を課す）と解釈できる、②公表について、権力的事実行為として継続的性質を持つと解され、抗告訴訟により国民が公権力性を排除して権利利益の救済を図る必要性がある、という2つのロジックが考えられます。前者は、行訴法3条2項にいう「行政庁の処分」に該当するという論じ方であり、後者は、同項にいう「その他公権力の行使に当たる行為」に該当するという論じ方です。以下、【問題4】を念頭に、上記①のロジックによりつつ公表に処分性を肯定し、差止訴訟を適法とする「筋」での答案例を記載しておきます。参考にしてみてください。

本件公表は、それが実施されると、公表対象者の社会的信用の重大な喪失と取引会社からの融資の停止を直ちにもたらす一方、本件勧告の実効性を確保する法的仕組みとして条例に根拠規定が置かれている。ゆえに、条例50条の規定する公表は、単なる事実行為としての県民一般への情報提供行為ではなく、勧告の相手方がこれに従うという実効性確保を趣旨としており、公表の結果、公表対象者の事業経営が困難になることは、条例が予定している法的地位の変動と解することができる。さらに、公表によりひとたび事業者に関する社会的信用が失われると、現在の高度情報化社会の実態にかんがみ、事後的にこれを回復することは著しく困難であり、これを事前に差止めることによる救済の必要性は極めて高い。ゆえに、本件公表は、勧告に従わない公表対象者の法的地位を一方的に変動させるものとして抗告訴訟の対象となる行政処分と解した上で、本件公表の差止訴訟を提起し、仮の差止めの申立てをすることが、当事者の実効的な権利救済を図るという観点から合理的であるということができる。

　本件事実関係の下で、Ｘが本件勧告に従わない以上、本件公表がされる蓋然性は認められ、本件公表によりＸに重大な損害が生じるおそれがあることも明らかである。また、本件勧告は行政指導に過ぎず、抗告訴訟の対象となる処分性を有すると解することはできないため、本件公表の差止訴訟の他に実効的な救済方法があるとは考えられない。ゆえに、本件公表の差止めを求める訴訟上の手段として、本件公表の差止訴訟を提起の上で仮の差止めを申立てることが適切と考える。

第3章

行為要件・行為内容の解析

Ⅰ 行政法令の構造

1 行政法令の規範構造

　第3章では、「行為要件・行為内容の解析」の技法について、解説します。

　「行為要件・行為内容の解析」とは、行政法の事例問題を検討する際、個別法（通常、問題に「関係法令」、「参照条文」等として添付されています）について、行政機関の「行為要件（行政処分の場合は処分要件）」と「行為内容（行政処分の場合は処分内容）」に分析して読み解く、という含意です。私は、そのような「頭の働かせ方」が、具体的な問題・課題に対処する応用力・現場思考能力を高めるために、極めて重要であると考えます。その理由は、個別法の多くが、行政機関の行為・活動のあり方を規律するという意味での行為規範という構造を有するからです。

　民事実体法は、要件⇒効果という基本構造をもっています。これに対して、行政法の領域における法規範は、ある行政機関が、法令を読んで立法者意思を理解し、どのような場合にどのような決定をするか規律することを本質とします。個別法は、誰が、どのような場合に、何をするかを定めるのであり、その規律内容は、「主語＋行為要件＋行為内容」に分析可能です。したがって、「行為要件・行為内容の解析」をすることにより、個別法が規定する（立法者が仕組んでいる）「法的仕組み」の把握が容易になるのです。行政法令については、要件・効果といっても、民事法のように、裁判所によって要件事実が認定されると、判決等により法的効果が生じる、という裁判規範とは異なることがポイントです。

　行政法上の論点では、行政法令が定める要件を満たした場合に、行政主体と国民との関係で生じる法的効果（法的地位の変動）を明らかにするため、さらにもう1段階の解釈操作が必要になることがあります。そのような行政法特有の解釈操作を行う前提としても、個別法を「主語＋行為要件＋行為内容」という構造で捉えることが、大いに役立ちます。

2 条文モデルによる説明（その1）

　それでは、法令について「行為要件・行為内容の解析」を行うとはどのような作業か、条文モデルを使って具体的に説明してみましょう。たとえば、次のような条文を仮定します。

条文モデルA

A条1項　○○を行おうとする者は、行政機関Xの許可を受けなければならない。

　　2項　行政機関Xは、前項の許可の申請が次の各号に適合していると認めるときでなければ、同項の許可をしてはならない。

　　一　…………

　　二　…………

　　三　…………

　上記の条文モデルでは、A条1項の主語は国民側であって、行政機関ではありません。しかし、行政法令が行政機関の行為規範であることを踏まえて、行政機関を主語に読み替えると、上記A条は、「行政機関Xは、○○を行おうとする者から許可の申請があった場合に、その申請がA条2項各号の定める要件に合致していると認められるとき、申請者に対してA条1項の定める許可をする」、という内容となります。A条において、Xにとっての「行為要件」は、①申請が適法なこと、②申請の際に必要な行政手続が履践されること、③申請の内容がA条2項各号を満たすと認定判断されること、と読み取ることができます。

　Xは、上記①②③が満たされた場合に許可をするのですが、①②③がすべて満たされた場合にも不許可とする裁量判断（効果裁量）が認められるか否かについては、A条の明文からは断定できません。さらに、上記①②③の要件の少なくともひとつが満たされない場合、許可をする・しないに係る裁量判断（効果裁量）が認められるか否かについても、A条からは一義的に読み取れません。これらの点を解明するためには、個々の条文（処分の直接の根拠規定）のみならず、当該法律の目的規定（通常は第1条）をはじめとする法令全体を検討し、問題となっている法制度の趣旨（上記であればA条の定める許可制度の趣旨）を踏まえて、効果裁量の有無や幅を画

定する必要があります。当該法律・Ａ条の定める許可制度が、いかなる目的により、どのような権利利益を規制・制約する趣旨か、明らかにした上で、Ａ条の定める行政決定の性質を解析します。

3　条文モデルによる説明（その２）

もうひとつ、条文モデルＢを提示してみましょう。

条文モデルＢ

Ｂ条１項　○○を使用しようとする者は、行政機関Ｙの許可を受けなければならない。

　　２項　行政機関Ｙは、○○の使用が、次の各号の一に該当する場合に、同項の許可をすることができる。

　　一　…………

　　二　…………

　　三　前各号に掲げる場合のほか、行政機関Ｙが特に必要と認めるとき

条文モデルのＡ条とＢ条を比べてみると、Ａ条２項とＢ条２項とでは、条文の規定振りが異なります。Ｂ条２項は、Ｙが同項１号から３号のうち「どれかひとつ」に該当すると認定判断できれば、許可をすることが「できる」と定めます。また、Ｂ条２項３号は、Ｙ自身が「特に必要」と判断しさえすれば、許可をするための行為要件を満たすという趣旨を規定しています。要件該当性について、事実認定により客観的・一義的に決まるのではなく、認定をするＹに判断の余地が認められることは明らかです。

以上から、Ａ条とＢ条を対比すると、Ｙが許可をする際の「行為要件」に関する規律（立法者による縛り）について、Ｂ条がより緩やかであることが読み取れます。すなわち、立法者は、Ｂ条における「行為要件」について、行政機関による裁量判断の余地をＡ条よりも広く認めているのです。加えて、Ｂ条からは、Ｂ条２項各号のうちのひとつを充足するにもかかわらず、Ｙが不許可とする効果裁量（する・しないに関する効果裁量）が認められることも読み取れます。Ｂ条２項本文の末尾が、「許可をすることができる」としているからです。このように、Ａ条とＢ条について、

「行為要件・行為内容の解析」を行うことを通して、裁量の広狭を読み取ることが可能になります。

●ポイント● 行政財産の目的外使用不許可と効果裁量

　上記の説明を念頭に、公立学校施設の目的外使用許可につき学校管理者の裁量を肯定した最判平成18・2・7民集60巻2号401頁（判例ノート6-9・百選Ⅰ70）を検討してみましょう。地方公共団体の設置する公立学校は、地方自治法244条にいう「公の施設」として設けられるものですが、最高裁は、「公の施設」を構成する物的要素としての学校施設は、同法238条4項にいう「行政財産」である、と述べて解釈論を展開します。ここから、公立学校施設をその目的（学校教育の目的）以外に使用するためには、管理者（行政庁）の許可を得る必要があり、行政財産の目的外使用を不許可とする行政処分について、裁判所による裁量統制が行われたのが、上記の判例です。事件当時、地方自治法238条の4第4項（現在の第7項）は、次のように定めていました。

○　地方自治法
第238条の4　1～3　（略）
　4　行政財産は、その用途又は目的を妨げない限度においてその使用を許可することができる。
　5～6　（略）

　上記の条文から、「行為要件」について、当該行政財産の用途・目的を妨げない限度と認定判断できるか、という部分で要件裁量が認められますし、「行為内容」については、①当該行政財産の目的・用途を妨げると認定判断される場合には許可しないよう覊束される一方、②当該行政財産の用途・目的を妨げないと認定判断される場合には許可をする・しないにつき効果裁量が認められる、と読み取れます。
　加えて、関連する法令の条文（事件当時のもの）として、以下があります。

○　学校施設の確保に関する政令
第3条　学校施設は、学校が学校教育の目的に使用する場合を除く外、使用してはならない。但し、左の各号の一に該当する場合は、この限りでない。
　一　（略）
　二　管理者又は学校の長の同意を得て使用する場合
　2　管理者又は学校の長は、前項第2号の同意を与えるには、他の法令の規定に従わなければならない。

○　学校教育法
第85条　学校教育上支障のない限り、……学校の施設を社会教育その他公共のた

めに、利用させることができる。

　最高裁は、上記の法令に加え、学校施設の公物としての性質（一般公衆の共同使用に供することを主たる目的とする道路や公民館等の施設とは異なり、本来学校教育の目的に使用すべきものとして設置され、それ以外の目的に使用することを基本的に制限されていること。学校施設令１条・３条）から、①学校教育上支障があれば不許可に羈束される、②学校教育上の支障がない場合も許可に羈束されるのでなく、合理的な裁量判断により不許可とすることができる、③学校教育上の支障は物理的支障に限らず、現在の具体的支障にも限られない、④管理者の裁量判断は諸般の事情を総合考慮してされる、⑤裁判所は、裁量について、判断要素の選択・判断過程の合理性に欠くところがないか審査する、と述べます。

　以上要するに、最高裁は、学校施設の目的外使用不許可処分について、要件裁量・効果裁量をともに肯定しつつ、裁量判断の性質が諸般の事情の総合考慮であることに着目し、判断過程統制手法（社会通念に照らした統制と「併用」されています）を用いて一定程度審査密度を確保した司法審査を行うことを述べています。さらに、最高裁は、本件不許可処分がされるに至った「考慮事項」を具体的に検討し、Ⓐ重視すべきでない考慮要素を重視、Ⓑ考慮した事項に対する評価が明らかに合理性を欠く、Ⓒ当然考慮すべき事項を十分考慮しない、との評価を加えたうえで、「社会通念に照らし著しく妥当性を欠いたもの」であり、裁量権の逸脱・濫用が認められるとの結論に至っています。

　引用した個別法の条文から「処分要件」を押さえたうえで、行政財産の目的外使用許可処分に行政裁量を認める判例のロジックをしっかりと読み取ってください。

──一歩先へ──　「公の施設」か「行政財産」か？

　上記の平成18年最判は、地方自治法の定める行政財産に係る目的外使用不許可処分の裁量審査を論点とします。一般に、国有・公有の財産のうち、国・地方公共団体が公用または公共の用に供するものが「行政財産」であり（国有財産法３条２項、地方自治法238条４項）、行政財産については、「その用途又は目的を妨げない限度」で、その使用・収益を許可する法的仕組みが定められています（国有財産法18条６項、地方自治法238条の４第７項）。上記最判は、目的外使用不許可につき処分性が認められることを前提に、処分庁に一定の裁量を認めたうえで、判断過程審査手法による裁量権行使の逸脱・濫用の審査を行っています。

　他方で、地方自治法は、地方公共団体が住民の福祉を増進する目的をもってその利用に供するために設置した施設を「公の施設」と規定し（地方自治法244条１項）、正当な理由がない限り、住民が公の施設を利用することを拒んではならないこと（同条２項）、住民が公の施設を利用することについて、不当な差別的取扱いをしてはならないこと（同条３項）という規律を定めています。憲法を学習すると、この「公の施設」である会館等で住民が集会等を開催しようと使用許

可申請をしたところ、管理者により不許可処分がされたことを争う紛争事案が取り上げられます（最判平成7・3・7民集49巻3号687頁、最判平成8・3・15民集50巻3号549頁）。そして、「公の施設」について、その設置目的に沿った住民の利用を拒否する処分が争われるケースでは、憲法21条1項の解釈も踏まえつつ、地方自治法244条2項が定める「正当な理由」、あるいは、「公の施設」を設置・管理するために定められた条例（同法244条の2第1項）の処分要件は相当程度厳格に解釈されています。そこでは、行政裁量を安易に認めるのではなく、判例が定立した判断基準を用いた判断代置的司法審査が行われます。

　このように、行政財産の目的外使用不許可処分と、公の施設の（設置目的での）使用の不許可処分では、裁判で争う場合の判断枠組みが大きく異なります。一方、平成18年最判の事案を念頭に置くと、公立学校の「物的施設」は行政財産であり、それを構成要素とする学校は公の施設と観念されるため、両者は截然と区別されるものでないことが理解されます。判例によるなら、当該施設の設置目的内での（住民の）使用の許否に係る処分か、供用の目的外での使用の許否に係る処分かで、解釈枠組みが区別されると考えることができますが、公物について公共用物と公用物との区別が相対的であることとも併せて、当該公物（財産）の法的性質、その使用関係の性質決定の両面で、繊細な法令解釈が必要になります。最近の重要判例（最判令和5・2・21民集77巻2号273頁）も出ていますので、ぜひ検討してみてください。

II 行政裁量の所在

4 裁量の所在 (ステージ論)

さらに、個別法の「仕組み解釈」において、「行為要件・行為内容の解析」の技法をどのように用いるのか、具体的な論点との関係で説明を進めます。まず、行政裁量の問題に焦点を合わせて、詳しく検討しましょう。

行政裁量については、裁量の所在（ステージ）という観点から、次のような整理がなされます（塩野・行政法Ⅰ138頁・櫻井＝橋本・行政法105頁）。

図1　裁量の所在が問題となるステージ

①事実認定

②行為要件の解釈と認定事実への当てはめ

③手続の選択

④行為の選択

　・行為内容の選択（どの行為をするかの決定）

　・する・しないの選択（その行為をする・しないの決定）

⑤時の選択

行政裁量とその司法統制という論点は、要するに、行政決定が合理的といえるか判定する解釈作業です。「合理的」かどうかは、行政側が従うべき行為規範を導き出し、それに照らして「ズレ」があるか、具体的事案から手がかりを拾って（裁判官が）判断します。そして、**図1**に整理したステージ論は、塩野先生の表現を借りると、「どこに裁量があるかを探求する」ものです。そして、ある行政の行為について、その行為を規律している法規範を、「主語＋行為要件＋行為内容」の構造として読み解くことにより、「行為要件」として①②③が、「行為内容」として④⑤が、具体的にどのように規律されているのか解析できます。この作業を経て、「どこに裁量があるか」解明できます。

すなわち、法令により、ある行政機関について、①どのような事実が認

められ⇒②どのような要件を考慮して⇒③どのような手続を踏んだうえで⇒⑤どのタイミングで⇒④何をすることができる・できない、という「仕組み」が定められているはずです[1]。それらの解明を出発点に、裁量の司法統制を論じるのが、**図1**に掲げたステージ論というわけです。

5　具体例の提示

　上記4で説明した内容を、具体的な法律を使って説明しましょう。

　例として、消費者行政の領域から、特定商取引に関する法律（以下の説明では、適宜、「特商法」と略します）における行政処分（業務停止命令）の規定を取り上げます。以下、特商法3条（訪問販売における氏名等の明示）違反について、同法8条1項に基づき業務停止命令がされる場合を念頭に、条文を引用します。

○　特定商取引に関する法律
（目的）
第1条　この法律は、特定商取引（訪問販売、通信販売及び電話勧誘販売に係る取引、連鎖販売取引、特定継続的役務提供に係る取引、業務提供誘引販売取引並びに訪問購入に係る取引をいう。以下同じ。）を公正にし、及び購入者等が受けることのある損害の防止を図ることにより、購入者等の利益を保護し、あわせて商品等の流通及び役務の提供を適正かつ円滑にし、もつて国民経済の健全な発展に寄与することを目的とする。
（定義）
第2条　この章……において「訪問販売」とは、次に掲げるものをいう。
一　販売業者又は役務の提供の事業を営む者（以下「役務提供事業者」という。）が営業所、代理店その他の主務省令で定める場所（以下「営業所等」という。）以外の場所において、売買契約の申込みを受け、若しくは売買契約を締結して行う商品若しくは特定権利の販売又は役務を有償で提供する契約（以下「役務提供契約」という。）の申込みを受け、若しくは役務提供契約を締結して行う役務の提供
二　（略）

---

[1]　対司法権との関係での行政裁量は、根拠規範の定める処分要件（不確定概念）の解釈それ自体ではなく、「意味内容が確定された」処分要件に、行政機関がした「認定事実をあてはめる段階」において認められます（巽智彦・百選Ⅰ145頁）。処分要件に着眼しつつ裁量のステージ論をイメージすると、このような理論的背景も捉えやすくなります。

2〜4　（略）

（訪問販売における氏名等の明示）

第3条　販売業者又は役務提供事業者は、訪問販売をしようとするときは、その勧誘に先立つて、その相手方に対し、販売業者又は役務提供事業者の氏名又は名称、売買契約又は役務提供契約の締結について勧誘をする目的である旨及び当該勧誘に係る商品若しくは権利又は役務の種類を明らかにしなければならない。

（指示等）

第7条　主務大臣は、販売業者又は役務提供事業者が第3条……の規定に違反し、又は次に掲げる行為をした場合において、訪問販売に係る取引の公正及び購入者又は役務の提供を受ける者の利益が害されるおそれがあると認めるときは、その販売業者又は役務提供事業者に対し、当該違反又は当該行為の是正のための措置、購入者又は役務の提供を受ける者の利益の保護を図るための措置その他の必要な措置をとるべきことを指示することができる。

一〜五　（略）

2　（略）

（業務の停止等）

第8条　主務大臣は、<u>販売業者若しくは役務提供事業者が第3条……の規定に違反し若しくは前条第一項各号に掲げる行為をした場合において訪問販売に係る取引の公正及び購入者若しくは役務の提供を受ける者の利益が著しく害されるおそれがあると認めるとき、又は販売業者若しくは役務提供事業者が同項の規定による指示に従わないときは、その販売業者又は役務提供事業者に対し、2年以内の期間を限り、訪問販売に関する業務の全部又は一部を停止すべきことを命ずることができる。</u>（以下略）

2　（略）

3　主務大臣は、前二項の規定による命令をしたときは、その旨を公表しなければならない。

6　「主語」となる行政機関

　それでは、特商法8条1項の定める業務停止命令について、上記に抜粋した条文を手掛かりに、「主語＋行為要件＋行為内容」を読み解いていきたいと思います。

　まず、主語ですが、特商法8条1項の冒頭には、「主務大臣」と定められています。では、「主務大臣」とは具体的に何を指すのでしょうか？上記には引用しませんでしたが、同法67条1項各号が詳細に定めます。また、同法68条は、「この法律に規定する主務大臣の権限に属する事務の一

部は、政令で定めるところにより、都道府県知事が行うこととすることができる」と定めます。したがって、政令（施行令）を調査すると、「主務大臣」という「主語」が、どのような場合に「都道府県知事」に置き換わるのか、具体的に知ることができます。また、同法69条1項は、「この法律により主務大臣の権限に属する事項は、政令で定めるところにより、地方支分部局の長に行わせることができる」と規定しています。「主務大臣」という「主語」が、実際には当該官庁の「地方支分部局の長」に置き換えられます。

7　「行為要件」の解析

次に、「行為要件」を解析しましょう。

上に掲げた特商法8条1項において、「行為要件」は、＿＿＿＿＿に規定されています。同法3条違反があったケースで、主務大臣の「行為要件」は、①「販売業者若しくは役務提供事業者が第3条……の規定に違反し……た場合において訪問販売に係る取引の公正及び購入者若しくは役務の提供を受ける者の利益が著しく害されるおそれがあると認めるとき」と、②「販売業者若しくは役務提供事業者が同項の規定による指示に従わないとき」という2つに分れます。

上記①では、主務大臣が、販売業者・役務提供事業者が特商法3条違反をしており、かつ、「訪問販売に係る取引の公正及び購入者若しくは役務の提供を受ける者の利益が著しく害されるおそれがあると認めるとき」、という「行為要件」が読み取れます。同法3条違反の行為があったか否かは、裁判官が事実を認定して法解釈を行えば認定判断できると考えられますが、「利益が著しく害されるおそれがあると認める」か否かは、「著しく」、「おそれがある」、「認める」という要件該当性について、処分権者に一定の判断の余地があることがわかります。

上記②において、「同項」とは特商法7条1項を指しますから、同法7条1項を参照すると、主務大臣が同法3条違反があると認め、さらに、「利益が害されるおそれがあると認めるとき」に、指示することができる、と規定されています。同法8条1項では、この指示に従わないことが、もうひとつの「行為要件」になっています。指示に従ったか否かは客観的事

実に基づいて認定判断できますが、指示をする段階では主務大臣に一定の判断の余地（要件裁量）があります。したがって、上記①と同様、同条8条1項の業務停止命令に関する「行為要件」は、主務大臣に一定の要件裁量があることが前提になっています。

　加えて、「行為要件」を明らかにするためには、適宜、同法2条の定義規定を参照する必要があることも、注意しましょう。

8　「行為内容」の解析

　さらに、「行為内容」の解析を行います。

　「行為内容」については、特商法8条1項の＿＿＿＿＿の部分に規定されています。すなわち、上記7で解析した「行為要件」を満たす場合に、主務大臣は、その販売業者・役務提供事業者に対し、2年以内の期間を限り、訪問販売に関する業務の全部または一部を停止すべきことを命ずることができる、とされています。「命ずることができる」という規定振りである一方、いかなる量定の業務停止命令をどのようなケースで発動するかという具体的な基準は定められていません。さらに、主務大臣は、特商法の趣旨に照らして諸般の事情を総合考慮し、専門技術的な見地から判断して決定をすると考えられます。これらから、「行為要件」を満たしたとしても、主務大臣には、業務停止命令をする・しないという点で効果裁量が認められることがわかります。さらに、主務大臣が業務停止命令をすると判断した場合に、期間については2年以内、内容については訪問販売に関する業務の全部または一部の停止、という範囲の効果裁量が定められています。

9　裁量の所在の探求——まとめ

　このように、ある行政の行為の根拠規範に当たる条文を「主語＋行為要件＋行為内容」というかたちに読み解いて行けば、要件裁量・効果裁量についてどのように規定されているか、相当程度明らかにできます。

　なお、上記の特商法の例では、業務停止命令に関する行政手続のあり方は、行手法によって規律されます（通常は「弁明の機会の付与」の手続とな

ります）。したがって、行政手続の問題は、行手法の定める不利益処分手続の解釈問題となります。時の選択については、法令上特に規定はありませんから（「直ちに」とか「速やかに」等の規定はありません）、特商法の趣旨全体を踏まえて合理的に解釈することになります。

　以上に加えて、要件裁量・効果裁量について具体的な解釈をする場合には、特商法１条の定める「目的」を参酌することも重要です。同法８条１項に基づく業務停止命令の制度趣旨は、単に事業者が過去に違法行為（同法３条違反）をしたことに対する制裁という趣旨ではなく、同法１条の定める「目的」に照らして、同法３条違反をした事業者について、①特定商取引の公正・購入者等の損害の防止を図ることにより購入者等の利益を保護すること、②商品等の流通・役務の提供を適正かつ円滑にすること、③国民経済の健全な発展に寄与すること、という観点から２年以内の範囲で訪問販売に係る業務を停止させるという趣旨と解釈されます。先ほど、業務停止命令の法的仕組みについて、同法８条１項を中心とする「主語＋行為要件＋行為内容」の分析をしましたが、そこで明らかになった主務大臣（処分権者）の要件裁量・効果裁量に関する解釈論を展開する際には、上記の制度趣旨を正しく踏まえることが必要です。

　以上のように、個別法の規定から、ある「法的仕組み」について「主語＋行為要件＋行為内容」を読み取ることにより、行政裁量が行政機関の意思決定プロセスのどの段階に、どのようなかたちで認められるか、明らかにできます。上記の条文解析を前提に、たとえば、訪問販売の際に氏名等を提示しなかったとして同法７条１項に基づく指示を受けた事業者が、指示内容に不満でこれに従わないと決意した場合、今後予測される営業停止命令を事前に差し止めるために、どのような法的手段を用い、どのような主張をすべきか[2]、等の事例問題をどのように解くべきか、シミュレーションしてみるとよいでしょう。

---

[2]　救済方法としては、特商法７条１項に基づく指示について処分性があると解釈したうえで（指示に対する不服従が、業務停止命令等の不利益処分の要件として法定されていることに注意してください）、指示の取消訴訟を提起し、手続の続行の停止を求める執行停止申立てをするというのが最も普通です。

Ⅲ 行政裁量の司法統制

10　司法審査密度の判定（その1）

　ここまで、「裁量の所在」の探求に関する法令解釈の技術を解説してきました。

　次に問題となるのは、行政裁量（裁量権の行使）について、その逸脱・濫用により違法といえるのか、という点です。そこでは、個別法の「仕組み解釈」から、行政裁量の司法審査に関する審査密度の高低を判別する必要があります。

　そこへ進む前提として、行政庁の裁量権行使に関する審査密度について、裁量統制手法との関連で、以下のように整理されることを確認しておきましょう。

図2　裁量統制の手法と審査密度

			＜裁量の幅＞	＜審査密度＞
①判断代置審査	＝	実体的判断代置	狭い	高い
②中程度の審査	＝	判断過程審査	⇕	⇕
③最小限度の審査	＝	社会観念審査	広い	低い

　上記の**図2**に関して、特に②と③の整理の仕方やその線引きについては、様々な議論があります[3]。したがって、**図2**は、解釈問題を一刀両断に解決する便利な道具とまではいえませんが、解釈論を進めるための一応の「ものさし」にはなります。個別法を解釈し、裁量が狭ければ①、裁量が広い（司法審査の密度を高められない）と解釈する根拠があるならば③、何らかの解釈論上の根拠により司法審査の密度を高めることが要請されるのであれば②、というのが、一応の「目安」です。

11　司法審査密度の判定（その2）

　次に、裁量の有無、あるいは裁量の広狭（審査密度の高低）の幅を判別するには、どのような解釈技法が有効でしょうか？　私なりに、次の3点を指摘しておきます。

図3　裁量の有無・幅を判定する手掛かり

　①行為要件・行為内容に関する条文の「規定振り」

　②政策的判断・専門技術的判断・総合衡量による判断という要素

　③国民の権利利益（自由と財産）に対する規制・侵害（の有無・程度）
　　という要素

　上記①の「規定振り」とは、学問的にきちんと定義された用語法ではありません。①は、処分要件が「概括的、抽象的」である、「○○しなければならない」と定められている、「遅滞なく」処分すると書いてある等の、条文の書き方・体裁の問題にとどまらず、個別法ないし個々の「法的仕組み」の「制度趣旨」を踏まえた解釈技術まで視野に入れたものと考えてください。条文は解釈論の起点であり、行政裁量論においても条文の「規定振り」が重要な手がかりになります。他方、①のみに頼るのではなく、上記②③と総合的に検討するよう心がけてください。

---

(3)　**図2**②の判断過程審査とは、Ⓐ裁量判断の前提となる裁量基準の合理性の審査と、実際の裁量基準の適用過程に過誤・欠落等がないか審査する方法、Ⓑ裁量判断における考慮事項を抽出したうえで、他事考慮（考慮すべきでない事項の考慮）、考慮不尽（考慮すべき事項を十分考慮しない）、考慮した事項に対する評価の明らかな合理性欠如、等の下位規範を当てはめて審査する方法をいいます。**図2**③の社会通念（観念）審査とは、裁量権行使について、「全く事実の基礎を欠くか又は社会通念に照らして著しく妥当性を欠く」という基準により、最小限の逸脱・濫用に係る審査を行うものです。図2②によった場合に、上記のような審査方法により司法審査の密度が高まる一方、判断代置には至らないため、中程度の審査と呼ばれます。しかし、実際の判例では、②と③を「併用」するもの、②を形式的に用いて審査密度が高くないものなどがあり、図式とは必ずしも一致しません。②についても、単純に考慮要素を抽出する審査方法（形式的方法）と、裁判所が考慮要素に「重み付け」をしてさらに審査密度を高めた審査方法（実質的方法）とが区別されるという議論もあります。このことは、行政裁量論において、図式的整理ではなく、個別法令の法的仕組みを細密に分析した「仕組み解釈」が必要なことを、強く示唆しています。以上の点については、橋本・仕組み解釈145頁以下を参照してください。

上記②は裁量を広げる（＝司法審査密度を低下させる）方向に働く要素であり、③は裁量を狭める（＝司法審査密度を高める）方向に働く要素であるということは、行政裁量論の最も基本的な考え方です。ある行政の行為（行政決定）について、根拠規範となる法令について「行為要件」および「行為内容」を解析し、さらに、当該行為や当該法令の「制度趣旨」を踏まえた解釈作業をした結果、②ないし③の要素が抽出できるならば、裁量について上記のような方向性の見極めが可能になります。

　上記②を用いた解釈手法が判例法理として確立していることは、マクリーン事件（最大判昭和53・10・4民集32巻7号1223頁。判例ノート6-1・百選Ⅰ73）、伊方原発訴訟（最判平成4・10・29民集46巻7号1174頁。判例ノート6-2・百選Ⅰ74）、小田急高架訴訟（最判平成18・11・2民集60巻9号3249頁。判例ノート9-1・百選Ⅰ72）の各最高裁判決が示唆するところです。また、上記③の解釈手法は、古典的学説である美濃部達吉説を淵源としつつ、現在まで裁量論の基本となっているものです[4]。国民の自由や財産・権利利益を規制・制約する「法的仕組み」について、裁量の幅は広くない（司法審査の密度を高める必要がある）と考えられますし、情報公開法の不開示事由のように、国民の請求権（開示請求権）を縮減する要件について、安易に行政裁量を認めることはできません。行政裁量は、法制度の趣旨・目的に照らして合理的な限度で許される一方、国民の権利利益の侵害については法令による縛りと裁判的統制が不可欠であるため、国民の権利利益にとって侵害的に作用する行政活動については、一定レベルの司法統制が要請されるという基本的な思考枠組みがあるのです。

12　応用問題（その1）——問題の提示

　それでは、ここまでの説明を前提に、少し応用的な問題にチャレンジしてみましょう。

　下記【問題1】は、東京高判平成22・9・15判タ1359号111頁の事案を

---

(4)　塩野・行政法Ⅰ140頁。美濃部説（いわゆる美濃部3原則）については、美濃部達吉『行政裁判法』（千倉書房・1929）152頁以下に詳しく記載されています。古典的な自由主義者としての美濃部理論が、読みやすく、明快な文章により記されていますから、関心のある方は、図書館等で一読されるとよいと思います。

アレンジしています（参照条文は事件当時のもの）。【問題１】を解くために
は、実務レベルに近い「仕組み解釈」の技術が必要ですが[5]、まずは、
「行為要件・行為内容の解析」を実践しましょう。

【問題１】

次の文章および参照条文を読み、下記の問いに答えよ。

　Ｘは、Ａ県Ｂ市の風光明媚な海岸（漁港区域に含まれている国有地で
あるが、私人の所有する高級別荘が点在している）の土地および水面上
に、マリーナの付属する別荘建物（木造２階建て）をＣ社から取得し
た。同別荘については、過去20年間にわたり、Ｃ社に対する漁港漁場
整備法39条に基づく占用許可が、１年更新で継続的になされてきた。
　Ｘは、本件漁港区域に係る漁港管理者であるＡ県知事に対し、新たに
１年を期間とする新規の占用許可を求めて申請した。Ａ県当局は、本
件海岸において新たに私的別荘がつくられることを認めないという方
針の下、別荘の所有者がＸに変更されたことをとらえ、Ｘからの上記
申請につき不許可処分とした。Ｘはこれに納得がいかず、Ａ県を相手
に、本件不許可処分につき行政事件訴訟を提起してその取消しを求め
た。
　なお、漁港管理者であるＡ県知事は、漁港漁場整備法39条に基づく
占用許可申請に係る許可基準として、「新規占用に係る占用許可処分
である場合には、公共空地等が国有財産であることを踏まえ、例外的
な取扱いで制限的な運用により許可する必要があることから、永久ま
たは半永久工作物（公共施設であるものを除く。）の建設または改良を
目的とするものでないこと」という定めを置いてこれを申請窓口とな
る漁港事務所に備え付けていた。Ｘに対する本件不許可処分を通知す
る書面には、「本件申請は、新たな申請人からのものであるので、県
許可基準の新規占用に係る占用許可申請である場合に該当し、公共施

---

(5)　高裁判決は、本件占用不許可処分につき裁量権の逸脱・濫用はないと判断していま
　すが、原審である横浜地判平成21・９・30判タ1359号117頁は、本件占用不許可処分
　につき裁量権の逸脱・濫用があり違法として取り消す判断をしています。なお、高裁
　判決の解釈論は、私が裁判所に提出した鑑定意見書の内容が一部採用されています。

設であるもの以外の永久又は半永久工作物にかかる占用を認める余地はないから、本件申請は認めることができない」という理由が付記されていた。

〔設問〕
　上記の事例において、A県側から相談を受けた弁護士の立場で、予想されるXの主張を考慮しつつ、本件占用不許可処分が適法であることを論じよ。なお、本件処分に係る審査基準（裁量基準）の合理性につき、論じる必要はない[6]。また、Xによる取消訴訟の訴訟要件はすべて満たされていることを前提とする。

【参照条文】
○　漁港漁場整備法

（目的）
第1条　この法律は、水産業の健全な発展及びこれによる水産物の供給の安定を図るため、環境との調和に配慮しつつ、漁港漁場整備事業を総合的かつ計画的に推進し、及び漁港の維持管理を適正にし、もって国民生活の安定及び国民経済の発展に寄与し、あわせて豊かで住みよい漁村の振興に資することを目的とする。

（漁港の意義）
第2条　この法律で「漁港」とは、天然又は人工の漁業根拠地となる水域及び陸域並びに施設の総合体であって、第6条第1項から第4項までの規定により指定されたものをいう。

（漁港の保全）
第39条　漁港の区域内の水域又は公共空地において、工作物の建設若しくは改良（水面又は土地の占用を伴うものを除く。）、土砂の採取、土地の掘削若しくは盛土、汚水の放流若しくは汚物の放棄又は水面若しくは土地の一部の占用（公有水面の埋立てによる場合を除く。）をしようとする者は、漁港管理者の許可を受けなければならない。ただし、特定漁港漁場整備事業計画若しくは漁港管理規程によってする行為又は農林水産省令で定める軽易な行為については、この限りでない。
2　漁港管理者は、前項の許可の申請に係る行為が特定漁港漁場整備事業の施行又は漁港の利用を著しく阻害し、その他漁港の保全に著しく支障を与えるものでない限り、同項の許可をしなければならない。

---

(6)　本件は、法律を根拠とする申請に対する処分を争う紛争事例であり、審査基準（行手法5条1項）の合理性も争点となり得ます。

3　漁港管理者は、第1項の許可に漁港の保全上必要な条件を付することができる。

4〜8　（略）

13　応用問題（その2）──係争処分の根拠条文の分析

【問題1】で争点となるのは、漁港管理者であるA県知事が、漁港漁場整備法39条に基づいて行った占用不許可処分（Xの申請に対する申請拒否処分）についての取消事由の有無です。そこで、同法39条2項について、「主語＋行為要件＋行為内容」を読み取ると、次のようになります。

図4　漁港漁場整備法39条2項の解析

● 主語＝漁港管理者

● 行為要件（処分要件）＝申請に係る行為について、①特定漁港漁場整備事業の施行または漁港の利用を著しく阻害する、②漁港の保全に著しく支障を与える、と認定判断できないこと。

● 行為内容（処分内容）＝①ないし②が認定判断できない限り、申請につき許可しなければならない。

漁港漁場整備法39条2項は、一定の要件を満たす場合を除き、許可しなければならないという「規定振り」になっています。X側としては、**図4**の行為要件①②に該当すると認めるに足りる事情はなく、そうである以上、漁港管理者であるA県知事は、Xからの申請を認容すべきであり、本件不許可処分は、法の解釈を誤った違法なもの、あるいは、A県知事の裁量権の範囲を逸脱・濫用した違法なものであると主張して、その取消しを求めることが考えられます。

14　応用問題（その3）──裁量の有無の検討

ここで、A県知事による本件不許可処分について、裁量を問題にすることなく端的に違法（法令違反＝処分要件不充足）と解釈するか、裁量権の存在を前提にその逸脱・濫用により違法と解釈するか、という問題があることがわかります。X側は、端的な処分要件不充足、裁量権の逸脱・濫用という両面から攻めてくるでしょうから、A県側としては、双方について反

論を考えておく必要があるのは当然です。しかしながら、A県側に立って問いに答えることを想定するなら、A県知事の側に裁量があると解釈できれば有利なこともまた明らかです。そこで、漁港漁場整備法39条に基づく知事の許可・不許可の判断について、行政裁量を認める方向での解釈ができないか、検討してみましょう。

　上記のような観点から漁港漁場整備法39条の「法的仕組み」を見ると、以下の2点が指摘できます。第1に、同条の定める占用許可制度は、自由使用が原則である公共用物につき特定者に排他的占用権を付与するという講学上の「特許」的な制度であり、本来的に裁量権が認められるはずです。そうであれば、法の定める制度の本質に照らし、公物管理者が占用許可をする際の行政裁量がゼロであるとは、考え難いでしょう。第2に、同条3項において、本件占用許可に附款を附すことができる旨定められていることが挙げられます。一般論として、行政処分（行政行為）の附款は、当該処分について裁量が認められることを前提に附すことができると考えられますから、個別法において附款が「仕組まれて」いる場合、本体の行政処分には一定の裁量が認められるという立法者意思が読み取れます（同趣旨の民集登載判例もあります[7]）。以上から、個別法（ここでは漁港漁場整備法）が特別の規律をしているとはいえ、本件占用許可について、知事の効果裁量を完全に否定することまではできない、というロジックが立つのではないでしょうか。

15　応用問題（その4）──X側の主張

　上記13・14のように考えを進めるなら、本件取消訴訟において、X側は、①本件事案において、図4に示した2つの処分要件を満たさないこと、②仮に①が認められないとしても、本件不許可処分には、効果裁量の面で裁量権の逸脱・濫用があり違法なこと、を主張すると予想されます。これを、【問題1】の事案に則してもう少し具体化すると、次のようになると思われます。

---

(7)　最判昭和57・4・23民集36巻4号727頁（判例ノート6-4・百選I 120）は、法令上、
　　認定に条件を附することができることをもって、当該認定につき合理的な行政裁量行
　　使を許容するという解釈の手がかりのひとつとしています。

まず、処分要件について、Xの主張は次のようになると想定できます。本件別荘は、過去20年にわたって同所に存在し続けているところ、これまで漁港の利用を阻害する、あるいは漁港の保全に支障を与えることはなく、その後の事情の変化も認められない。漁港漁場整備法39条2項は、不許可とする要件について、いずれも「著しく」阻害する、ないし「著しく」支障を与えるものでない限り、と規定しているところ、本件において、これらの要件が満たされていないことは明らかである。

　次に、本件処分に係る県知事の裁量権の逸脱・濫用に関して、Xの主張は次のようなものが想定されるでしょう。①A県側は、本件申請を新規の申請として不許可処分としているが、本件別荘の態様および利用方法については何らの変更もないことから、実質的には過去20年にわたって毎年更新されてきた占用許可について、重ねて更新を求めるものにすぎないと解すべきである。②本件別荘の所在する漁港区域には、同種の別荘が複数存在しているが、それらが漁港の利用や保全に支障を与えたと認められる事情はないうえ、同種別荘については許可が更新され続けているにもかかわらず、本件別荘についてのみ不許可処分とすることは、たまたま本件別荘について所有者が変更したという事情をことさらに重視したものである（平等原則違反とも言いうる）。③A県側は、本件別荘が「永久または半永久工作物」であることを理由に不許可処分をしているが、本件別荘については、漁港漁場整備法の趣旨に照らして撤去等をする必要が生じた場合には容易に撤去等をすることが可能な木造2階建ての建造物であり、そもそも「永久または半永久工作物」には該当しない。④上記のように、本件不許可処分には、本来考慮すべき事情を十分に考慮しておらず、社会通念に照らして著しく妥当性を欠いているため、裁量権の逸脱・濫用があり違法である。

　なお、行政法の起案における「鉄板」の技法として、係争処分の違法を論じる際、「手続の違法」と「実体の違法」の両面から検討するということがあります。【問題1】でも、X側は、行手法上の審査基準、あるいは理由提示に着目した「手続の違法」を主張することが考えられますが、ここでの説明は割愛します。

16 応用問題（その5）――A県側の主張

【問題1】は、取消訴訟の被告であるA県側に立って、上記15で検討したXの主張に反論することを求めています。

まず、漁港漁場整備法39条2項の規定する処分要件に該当することについて、漁港区域に私人の別荘が存在することそれ自体が、当然にこれらの要件に該当する旨を述べることになるでしょう。これは、問題文から得られる情報の中で、A県側として可能な限り有利な主張を心掛けることに尽きます。

次は、漁港漁場整備法39条の解釈論において、漁港管理者（知事）に一定の裁量が認められているというロジックが立てられるか、という部分です。A県側としては、同条の文理上、処分要件を満たす場合について漁港管理者の効果裁量は狭く見えるけれども、そうではないという理屈を考え出す必要があります。

第1の方向性は、漁港区域の占用許可は公共用物の排他的占用許可の一類型であり、講学上の特許的性格は失われず、漁港管理者には占用許可をする・しないという部分で一定の裁量が認められる、というロジックです。本件占用許可の制度趣旨・制度本質論から、個別法の文言を補正するのです。仮に裁量が認められないと、本来は国民一般の自由使用が認められるべき漁港区域について、所有権等の権原を何ら有しない特定人による排他独占的先占を許すことになり、占用許可制度の趣旨に照らして不合理であるという補強説明も必要です。そのうえで、A県側として、新規の別荘については占用許可をしないこと、木造2階建ての本件建物を「永久または半永久工作物」と判断したこと等は、法の定める占用許可制度の趣旨に照らして合理的であり、裁量権の範囲内であると主張します。

第2の方向性は、本件占用許可申請は、漁港漁場整備法1条が定めている「水産業の健全な発展及びこれによる水産物の供給の安定を図る」という法目的とは無関係の事案であることに着目し、別荘使用のための占用許可は国有財産法に基づく行政財産の目的外使用許可の「法的仕組み」に立ち返るべきである、というロジックです。問題文の中には、本件漁港区域は、国有財産である（あるいは、国有地である）という手がかりがあります。漁港漁場整備法による占用許可制度は、そもそも別荘使用のための占

用許可を規律するものではなく、別荘使用のための占用許可は国有財産法に基づく行政財産の使用許可制度に立ち返るのが合理的であり、行政財産の使用許可につき処分庁に広い裁量が認められることから、本件でも海岸管理者に一定の裁量が認められるのは当然であるとするのです。

一歩先へ　法令違反と裁量権逸脱・濫用

　裁判で行政処分の違法が争われる場合、実体の違法について、①法令違反（処分要件不充足）により違法、②裁量権の逸脱・濫用が認められ違法、のどちらの法律構成をとるべきか、選択が必要になります。

　上記②は、裁量権の存在を前提として、その逸脱・濫用につき司法統制を行うものです。これに対し、上記①は、行政裁量が狭い、あるいは認められないために法令違反と解釈する場合と、裁量権の有無とは別次元で（裁量権が認められる場合であっても）、当該事実関係に照らして端的に法令違反と解釈する場合とがあります。また、①②の使い分けは、時として微妙な問題となります。たとえば、法定された行為要件とは異なる事実に基づいて行政処分がなされた場合に、Ⓐ法定要件を満たしていない処分であるから端的に違法と解釈するのか、Ⓑ根拠規範の解釈上考慮すべきでない事項を考慮してなされた処分であるから他事考慮による裁量権逸脱・濫用があり違法と解釈するのか、疑問に思われる方は多いと思います。また、理論的に見ても、裁量権逸脱・濫用の判断は、法の解釈を通じて導き出される「法の基準」に基づくとされており（塩野・行政法Ⅰ151頁）、行政裁量を規律する「法」に違背するという観点から①と②は連続的なもの、と言わざるをえません。しかし、学生として答案を作成するとなれば、①②の区別につき的確に判断しなければなりません。

　私のアドヴァイスは、根拠規範たる個別法について「行為要件・行為内容の解析」を行ったうえで、上記①で書けるかどうかまず判断してしまう、ということです。上記①、すなわち、端的に法令違反・処分要件違反により違法という解釈が使えるのであればそれを使う、それが難しいと感じられる場合（個別法の解釈上、裁量が認められる場合など）に、上記②、すなわち、裁量統制の解釈論に持ち込むというイメージをもつことです[8]。

　根拠規範たる法令につき裁量が狭いと解釈すべきケース（国民の権利利益を消極目的により強く制約するケースなど）であれば、まずは上記①を使う方向で考えます。客観的な事実認定と法の解釈により、法定された「行為要件」違反ない

---

(8)　行政処分の取消訴訟であれば、訴訟物は処分の「違法性一般」であり、当事者は、攻撃防御を尽くす必要があるので、処分の違法と考えられることはできる限り主張すべきと考えられます。その場合、原告（国民）の側としては、実体の違法であれば、まずは処分要件不充足の主張の可能性を検討し、行政側の裁量権を認めざるを得ないのであれば、裁量権行使の逸脱・濫用を主張してゆく、という「頭の使い方」になるでしょう。私のいう「イメージ」とは、このような取消訴訟の構造に即したものです。

し不充足（すなわち法定要件違反）と判断できるのであれば、やはり①が使えます。法により義務付けられた手続が正しく履践されていない、あるいは、法の一般原理に違反する、等の認定判断が可能なケースにおいても、①で書けると思います。原告（国民）側と行政側の主張・反論形式の問いであれば、行政側の反論として裁量権の肯定を出しておいて、国民側からの再反論として裁量権行使の逸脱・濫用の論証を展開するという方法もあります。

―歩先へ　　法定外の「行為要件」に基づく処分

　行政法の事例問題の基本パターンとして、根拠規範たる個別法において規定されていない「行為要件」に基づいて処分がなされた場合の違法性を問う、というものがあります。法定外の事由に基づく処分の適法性、という論点です。

　最高裁判例としては、根拠規範である法律および省令（施行規則）では「行為要件」とされていない法定外事由によって申請拒否処分（毒物及び劇物の輸入業登録拒否処分）をすることが適法か否かが争われたストロングライフ事件（最判昭和56・2・26民集35巻1号117頁。判例ノート5-3・百選I 57）が有名です。最高裁は、根拠法および省令が業者の設備面のみを登録要件としていること、製品の人体への危害防止等については別の法令が規制していること等を述べたうえで、申請拒否処分につき根拠法の趣旨に反するため違法と解釈しました。個別法の定める仕組み（登録制度）が、輸出入の自由という国民の憲法上の権利・自由を規制・制約する趣旨で有ることに照らし、法令の定める処分要件を厳格に解釈する「技法」を明確に読み取ることができます。

　これとは異なるパターンとして、法令レベルでは「行為要件」とされていない環境配慮要件や、法令レベルでは要求されていない合意形成のための手続が、自主条例や行政規則というかたちで定められており、このような法定外の要件・手続をクリアしていないことを理由に申請拒否処分等がなされ、その適法性が争われるというものが見られます。具体例としては、本章の【問題2】、第4章の【問題1】および【問題2】を参照してください。

Ⅳ 第三者の原告適格

17 第三者の原告適格（その1）──問題の所在

　「行為要件・行為内容の解析」という技法が有効に機能する論点として、取消訴訟等における第三者の原告適格が挙げられます。すなわち、取消訴訟等において、処分の相手方以外の者の原告適格の有無を判定する際に、取消しが争われている行政処分の根拠法令・関係法令についての「行為要件・行為内容の解析」は、重要な役割を果たします。

　行訴法9条1項は、取消訴訟の原告適格の有無を、「当該処分又は裁決の取消しを求めるにつき法律上の利益を有する者」という文言によって画しています。不利益処分の名あて人や、許認可等の申請を拒否された者であれば、その処分の取消しによって当該処分により侵害されていた自己の権利利益は当然に回復しますから、「法律上の利益を有する者」として原告適格が認められるのは明らかです。問題は、他者に対する行政処分により何らかの不利益を被ったと考える第三者、すなわち、処分の相手方以外の第三者の原告適格です。同様の問題状況は、行訴法3条に規定された抗告訴訟のうち、取消訴訟のみでなく、無効等確認訴訟、非申請型義務付け訴訟、差止訴訟等でも問題となります。

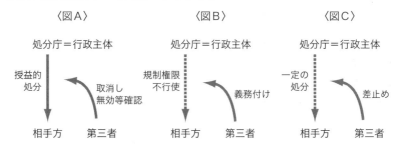

●ポイント● 「処分の相手方に準ずる者」の原告適格

　行訴法9条2項は、「処分又は裁決の相手方以外の者」の原告適格について、

解釈枠組み（裁判所による義務的考慮事項）を定めます。しかし、形式的には処分の相手方以外の第三者に当たる者であっても、処分の相手方（名あて人）と実質的に同視しうる者、あるいは、処分の相手方に準ずる者として、行訴法9条2項を適用することなく原告適格の有無を解釈するケースが存在します。

判例としては、行政不服申立てに係る事例として第二次納税義務者に主たる課税処分につき不服申立適格を認めた最判平成18・1・19民集60巻1号65頁（百選Ⅱ129）があり、取消訴訟では、滞納者と他の者との共有に係る不動産につき滞納者の持分が差し押さえられたケースで、他の共有者に当該差押処分の取消訴訟を提起する原告適格を認めた最判平成25・7・12判時2203号22頁が知られています。さらに、教科書検定において出版社が不合格処分となった場合の執筆者（最判昭和57・4・8民集36巻4号594頁）など、処分・裁決の相手方に準じる者として原告適格が判定される一連の判例があります。上記の平成25年最判は、「処分の名宛人以外の者が処分の法的効果による権利の制限を受ける場合には、その者は……当該処分により自己の権利を侵害され又は必然的に侵害されるおそれのある者として、当該処分の取消しを求めるにつき法律上の利益を有する者に当た」ると述べています（伊藤＝大島＝橋本・技法56頁）。

その他、個別法の解釈によって処分の相手方に準ずる者と解釈する様々な事例があり（参照、宇賀・概説Ⅱ201頁以下）、仕組み解釈という観点からも興味深い論点となっています。

18　第三者の原告適格（その2）──法律の保護する利益説の構造

それでは、上記のような第三者の原告適格の解釈論において、「行為要件・行為内容の解析」がなぜ役立つのでしょうか。

原告適格の有無は、判例が採用している「法律上保護された利益説」に立てば、取消しが求められている行政処分の根拠法令の解釈によって判定されます[9]。当該処分の根拠法令たる行政法令（関係法令を視野に収めた「仕組み解釈」が必要なことは後述します）が、原告の「個々人の個別的利益」を保護する趣旨で行政権を規律している（行政権の行使に制約を課している）と解釈できれば、それは「法律上保護された利益」とされます[10]。

---

(9)　主婦連ジュース訴訟の最高裁判決は、「法律上保護された利益とは、行政法規が私人等権利主体の個人的利益を保護することを目的として行政権の行使に制約を課していることにより保障されている利益であって、それは、行政法規が他の目的、特に公益の実現を目的として行政権の行使に制約を課している結果たまたま一定の者が受けることとなる反射的利益とは区別される」と説示します。最判昭和53・3・14民集32巻2号211頁（判例ノート14-3・百選Ⅱ128）。

そして、上記の解釈方法は、行政機関（処分庁）が当該処分をする際に、原告の被侵害利益が処分要件（考慮事項）とされているか否かが「鍵」となります[11]。

このように、行政法令から「行為要件」を解析するという「行政法思考」は、判例と同様の立場をとるのであれば、第三者の原告適格の解釈技術の核心であることが示唆されます。

19　第三者の原告適格（その3）── 3段階のテスト

取消訴訟において、処分の相手方以外の原告適格の有無は、原告が主張する被侵害利益が行訴法9条1項にいう「法律上の利益」であるか否かによって判定されます。確立した判例法理によれば、原告適格は、「当該処分を定めた行政法規が、不特定多数者の具体的利益を専ら一般的公益の中に吸収解消させるにとどめず、それが帰属する個々人の個別的利益としてもこれを保護すべきものとする趣旨を含むと解される場合」に肯定されます。

さらに、第三者の原告適格の解釈について、有力な学説は、次のような3段階の判定という整理をしています[12]。

図5　第三者の原告適格に関する3段階の判定

①不利益要件　＝事実上何らかの不利益を受けていること
②保護範囲要件＝処分の根拠規定の保護する利益であること
③個別保護要件＝個々人の個別的利益として保護されていること

図5では、①②③の要件がすべて充足して原告適格が認められます。①は事実の評価の問題ですが、②③は処分の根拠法令の解釈問題です。ま

---

(10)　それに対して、少数有力説である「法的保護に値する利益説」は、前注のように解釈できなくても、ある行政処分により何らかの不利益（事実上の不利益）を受ける者について、裁判上保護に値すると解釈することによって原告適格を認める余地があるとするのです。

(11)　処分要件説と呼ばれています。橋本・仕組み解釈125頁以下。

(12)　小早川光郎『行政法講義下Ⅲ』（弘文堂・2007）256頁以下。この点について、山本・探究432頁。

た、③は②の中に包摂されるという関係にあります（判例の規範は、個々人の個別的利益として「も」と表現します）。そうすると、原告適格の有無を判断する決め手は、行政法令の解釈によって②と③をどうやって線引きするのか、すなわち、係争処分の根拠規範により保護される利益が、単なる「公益」にとどまるのか、「公益かつ私益」といえるか（「個々人の個別的利益」として「切り出す」ことができるか）の判定ということになります。原告適格の有無を判定において、結論を導く当てはめの中心は、この「切り出し」の解釈技術です。

20　第三者の原告適格（その４）──個別保護要件の「切り出し」

そこで、根拠規範である行政法令から処分要件（本書でいう「行為要件」）を抽出し、**図5**を念頭に判例の規範を具体的に当てはめて結論を導くためには、さらに補助的なメルクマールが必要になります。たとえば、次のようなものが考えられます。

図6　個別保護要件（図5③）に関する補助的メルクマール
- Ⓐ　利益の性質：生命・身体・健康、財産権、良好な生活環境、良好な風俗環境、手続的参加利益、学問研究上の利益など
- Ⓑ　利益が侵害される強度・具体性・蓋然性

図6は、取消訴訟の原告の被侵害利益が、行政処分の根拠法令・関係法令から行為要件（処分の要件・考慮要素）に含まれると解釈可能であるとして（**図5**②をクリア）、そこから先、**図5**③をクリアできるか判断するためのメルクマールを示しています。**図5**②の保護範囲に入っている法的利益から、**図5**③と解釈可能な個人的利益を「切り出す」ためのメルクマールということになります。

図6Ⓐは、取消しを求められている処分について、根拠法令・関係法令の定める行為要件を解析した結果、たとえば人の生命・身体・健康を保護するという要素がそこに含まれていると解釈できるなら、当該被侵害利益の「性質上」一般的公益に吸収解消させることは困難であり、個々人の個別的利益としても保護されていると解される、というロジックとして具体

化されます。財産権の場合は、根拠法令の法的仕組み、趣旨・目的を細密に検討し、**図5**③をクリアできる要素があるか検討することになります。良好な生活環境、風俗環境であれば、**図5**③をクリアするためのハードルはさらに高められ、原告適格を肯定するためにはより緻密で説得力のある「仕組み解釈」が求められます[13]。小田急高架訴訟大法廷判決（最大判平成17・12・7民集59巻10号2645頁・判例ノート17-11・百選Ⅱ159）は、「健康又は生活環境に係る著しい被害を受けないという具体的利益」をもって、「一般的公益の中に吸収解消させることが困難」と解釈し、**図5**③をクリアさせています。

　図6Ⓑは、行政法令の解釈技術というよりも、個別事案における事実関係の評価という要素が強いものです。具体的な事実関係に照らして、係争処分から生じる影響が反復・継続する度合いや、不利益それ自体の強度についての認定判断をポイントに、「個々人の個別的利益」として保護されていると論証できるか、検討します[14]。

21　第三者の原告適格（その5）
——行訴法9条2項の構造と「仕組み解釈」

　平成16年の行訴法改正では、原告適格の実質的な拡大を趣旨とする9条2項が新設されました。これは、第三者の原告適格に関する判例法理の到達点から、第三者の原告適格を判定する際の解釈方法を明文化したものです。その構造を、**図7**にまとめておきしょう。

---

[13]　サテライト大阪事件の最高裁判決（最判平成21・10・15民集63巻8号1711頁・判例ノート17-12・百選Ⅱ161）の調査官解説では、原告の被侵害利益について、①周辺住民の生命・身体の安全等、②周辺住民の健康ないし生活環境、③②に当たらない日常生活ないし社会・経済上の不利益、④③にも当たらない程度の不利益、に分けて、根拠法規の「仕組み解釈」の精度と原告適格判定との相関関係を整理しています（清野正彦・法曹時報62巻11号216頁以下）。この点について、伊藤＝大島＝橋本・技法114頁以下を参照。

[14]　たとえば、嫌忌施設の設置を許可する処分を争う場合、嫌忌施設に距離的により近く、長い時間反復・継続してその影響を受けるということがあれば、当該嫌忌施設から生じる騒音・振動等による健康・生活環境への侵害が累積加重してその程度が大きくなり、原告適格を肯定する方向に傾く、というロジックです。民事法で問題となる「受忍限度論」と類似の解釈技術が用いられているということも可能です。

```
┌─────────────────────────────────────────────────────────────┐
│ 図7  行訴法9条2項(処分の相手方以外の原告適格の判定)            │
│  ①処分・裁決の根拠法令の文言のみによることなく判断             │
│  ②処分・裁決の根拠法令の趣旨・目的を考慮                       │
│    └目的を共通にする関係法令の趣旨・目的をも参酌                │
│  ③処分において考慮されるべき利益の内容・性質を考慮             │
│    └処分・裁決が違法にされた場合の侵害利益の内容・性質、        │
│    これが害される態様・程度をも勘案                           │
└─────────────────────────────────────────────────────────────┘
```

　上記**図7**を参照すると、行訴法9条2項は、それ自体が、個別法に関する「仕組み解釈」の方法を条文化していることに気付きます。

　図7②は、原告の主張する被侵害利益が、根拠法令の処分要件(処分の際の考慮事項)に含まれるかを解釈する際、根拠法令の趣旨・目的を十分に考慮せよということと、さらに、根拠法令と目的を共通にする関係法令まで視野に収めた解釈をすることを求めています。根拠法令から行為要件を解析することは、「行為要件・行為内容の解析」そのものですし、関係法令をたどる解釈手法も、根拠法令が定める行為要件との関連性を丁寧に追ってゆくという点で、同じ技法が必要です。

　図7③は、違法な行政処分がなされてしまった場合を仮定し、その結果として原告らにどのような法益侵害が生じるかを視野に収めた解釈を求めています。ここでも、根拠法令および関係法令の全体を通して、取消しが争われている行政処分の「行為要件・行為内容の解析」による「法的仕組み」の解明が必要なことは明らかです。

　このように、行訴法9条2項は、本書の「行政法思考」と相似性が高いことがわかります。この条文は、もんじゅ訴訟判決(最判平成4・9・22民集46巻6号571頁・判例ノート17-4・百選Ⅱ156)に代表される判例法理の到達点を集約しており、判例法理をベースに裁判所が法解釈をする際の規範を文章化したのですから、法令解釈における「頭の働かせ方」の一端が示されているのは、いわば当然です。他方で、行訴法9条2項の新設から既に20年を経過した現在、上記のような「頭の働かせ方」の結果として国民の権利利益の実効的救済の確保という立法趣旨に沿う原告適格の拡大がどこまで実現したのか検証する必要があるとともに、それが不十分であるとすれば、「頭の働かせ方」それ自体のステップアップを議論すべき時期

に至っていると考えられます[15]。

　このように、第三者の原告適格という論点は、本書の提示する「行政法思考」を活用した個別法の「仕組み解釈」の技術を総合的に学ぶうえで、最も適した素材ということになります。以下、この原告適格を中心とした総合的事例問題を取り上げて、本章のしめくくりとしたいと思います。

---

[15]　最判令和5・5・9裁判所 HP に記されている宇賀意見を参照。

Ｖ　総合問題

22　総合問題の検討（その１）——問題の提示

　以下に掲げた【問題２】は、平成21年司法試験問題をベースに、「行政法思考」を活用して「仕組み解釈」の技術を習得するという観点から、【資料３　関係法令】を中心に加工したものです。

【問題２】

　建設会社Ａは、Ｂ県Ｃ市内に所在するＡ所有地（以下「本件土地」という）において、地上９階建（住戸100戸）の鉄筋コンクリート造、135台収容の地下駐車場を備えるマンション（以下「本件建築物」という）の建築を計画した。本件建築物は、高さ30m、延べ面積２万1643m²である。

　Ａは、平成20年７月23日、本件土地の周辺住民からの申出に基づき、本件建築物の建築計画に関する説明会を開催した。周辺住民らは、同年９月26日、Ｂ県建築主事Ｅ（Ｃ市には建築主事が置かれていない）に対し、周辺住民らとＡとの協議が整うまで、Ａに対し、本件建築物に係る建築計画について建築基準法６条１項に基づく確認をしないこと、また、同計画については、建築基準法等に違反している疑いがあり、周辺住民の反対も強いので、公聴会を開催することを求める申入れをした。

　その後、Ａと周辺住民らの間で何度か協議が行われたが、話合いはまとまらなかった。同年12月12日、Ａは、Ｅに対し、建築基準法６条１項により建築確認の申請を行った。Ｅは、公聴会を開催することなく、Ａに対し、平成21年１月８日付けで建築確認（以下「本件確認」という）をした。

　本件土地の周辺住民であるＦ、Ｇ、Ｈ、Ｉの４名（以下「Ｆら」という）は、訴訟の提起を決意し、Ｂ県建築審査会に対する審査請求を適法に経由したうえで、同年４月14日、弁護士Ｊの事務所を訪問して、

同事務所に所属する弁護士Ｋと面談した。これを受けて、同月下旬、本件に関し、弁護士Ｊと弁護士Ｋが会議を行った。

　【資料１　法律事務所の会議録】を読んだうえで、弁護士Ｋの立場に立って、弁護士Ｊの指示に応じ、設問に答えなさい。

　なお、本件土地等の位置関係は【資料２　説明図】に示してあり、また、建築基準法、Ｂ県建築安全条例、Ｂ県中高層建築物の建築に係る紛争の予防と調整に関する条例（以下「本件紛争予防条例」という）の抜粋は、【資料３　関係法令】に掲げてあるので、適宜参照しなさい。

〔設問〕

　１．Ｆらが本件建築物の建築を阻止するために考えられる法的手段（訴訟とそれに伴う仮の救済措置）を挙げたうえで、それを用いる場合の行訴法上の問題点を中心に論じなさい。

　２．考えうる本件確認の違法事由について詳細に検討し、当該違法事由の主張が認められうるかを論じなさい。また、原告Ｆがいかなる違法事由を主張できるかを論じなさい。

【資料１　法律事務所の会議録】

Ｊ：本日はＦらの案件について基本的な処理方針を議論したいと思います。Ｆらは、本件建築物が違法であると主張しているようですが、その理由はどのようなものですか。

Ｋ：本件土地は、幅員６ｍの道路（以下「本件道路」という）に約30ｍにわたって接しているのですが、Ｆらは、本件のような大きなマンションを建築する場合、この程度の道路では道路幅が不十分だと主張しています。また、本件道路が公道に接する部分に遮断機が設置されているため、遮断機が下りた状態では車の通行が不可能であり、遮断機を上げた状態でも実際に車が通行できる道路幅は３ｍ弱しかないそうです。さらに、Ａの説明では、遮断機の横にインターホンが設置されており、非常時には遮断機の設置者であるＬ神社に連絡して遮断機を上げることができるそうですが、Ｆらは、常に連絡が取れて遮断機を上げることができるか心配であると話しています。つまり、火災時などに消防車等が進入することが困難で、防災上問題があると述べています。

Ｊ：どうして、道路に遮断機が設置されているのですか。

Ｋ：本件道路は、Ｌ神社の参道で、いわゆる位置指定道路（建築基準法42条１項５号）

に当たります。Ｌ神社では、参道への違法駐車を防ぐため、本件道路が公道に接する部分に遮断機を設置しているとのことです。

Ｊ：なるほど。まず本件土地について、幅員がどれだけの道路に、どれだけの長さが接していなければならないか調べてください。そのうえで、本件道路との関係で、本件建築物の建築に違法な点がないかを検討してください。

Ｋ：わかりました。このほか、本件建築物の地下駐車場出入口から約10mのところに、市立図書館（以下「本件図書館」という）に設置されている児童室（以下「本件児童室」という）の専用出入口があります。Ｆらは、地下駐車場の収容台数が135台とかなり大規模なものなので、本件児童室を利用する児童の安全性に問題がある、と主張しています。

Ｊ：本件児童室は一体どのようなものですか。

Ｋ：本件図書館内にあって、児童関係の図書を１ヶ所に集め、児童専用の座席が用意されています。本件児童室には、本件図書館の出入口とは別に、先ほど触れた専用出入口が設けられています。本件児童室内には、児童用トイレがあり、また、幼児の遊び場コーナーがあるなど、児童の利用しやすい設備が整っています。本件児童室は、本件図書館の１階部分の床面積の約３割を占めています。

Ｊ：なるほど。本件児童室との関係で、本件建築物の建築に違法な点がないかを検討してください。Ｆらの主張はそれだけですか。

Ｋ：Ａは、本件建築物の建築について説明会を開催したのですが、情報の開示が不十分で、住民に質問の機会を与えず、一方的に終了を宣言するなど、形ばかりのものだったそうです。

Ｊ：そもそもＡには説明会の開催義務があるのですか。

Ｋ：本件紛争予防条例には、説明会の開催についての規定があり、Ｆらは、Ａの行為は条例違反に当たると主張しております。

Ｊ：そうですか。本件において当該条例違反が認められるか、仮に認められるとして、それが本件確認との関係でどのような意味をもつのか、それぞれについて検討してください。

Ｋ：わかりました。最後になりますが、Ｆらは、本件確認を行う際には、公聴会を開催する必要があったにもかかわらず、建築主事Ｅはこれを行っていない、という点も強調しておりました。

Ｊ：それでは、以上のＦらの主張について、その当否も含めて検討しておいてください。次に、訴訟手段についてですが、本件建築物の建築を阻止するためには、どのような方法が考えられるか検討してください。建築基準法９条１項に基づく措置命令をめぐる行政訴訟も考えられますが、これについては今回は検討の対象からはずしてください。また、検査済証の交付を争っても建築の阻止には役立ちませんから、これも除外してください。

K：了解しました。それでは、本件確認を争う手段を検討してみます。

J：本件確認が処分に当たることは疑いありませんし、審査請求も既に行われています。出訴期間も現時点では問題ないようですね。訴訟を提起するとして、Fらは本件建築物とどのような関係にあるのですか。

K：Fは、本件土地から10mの地点にあるマンションの一室に居住しています。Gは、Fの居住するマンションの所有者ですが、そこには住んでおりません。したがって、FとGは、本件建築物から至近距離に居住するか、建築物を所有しているといえます。

J：HとIはどうですか。

K：Hは、小学2年生で、本件児童室に毎週通っており、Iはその父親です。2人は、本件土地から500m離れたマンションに住んでいます。

J：そうですか。全員が訴訟を提起する資格があるのか、ここは今回の案件で特に重要だと思いますので、個別具体的に丁寧に検討してください。

K：はい、わかりました。

J：訴訟を適法に提起できるとして、自らの法律上の利益との関係で、本案においていかなる違法事由を主張できるのでしょうか。まず、Fについて検討してみてください。

K：わかりました。

J：建築工事の進捗状況はどうですか。

K：急ピッチで進められており、この調子でいくと、あまり遠くない時期に完成に至りそうです。

J：Fらが望んでいるのは建築を阻止することですし、本件建築物が完成してしまうと訴訟手続上不利になる可能性もありますね。本件建築物が完成した場合、どのような法的問題が生じるかを整理したうえで、訴訟係属中の工事の進行を止めるための法的手段について、それが認容される見込みがあるかどうかも含めて検討してください。

【資料2　説明図】

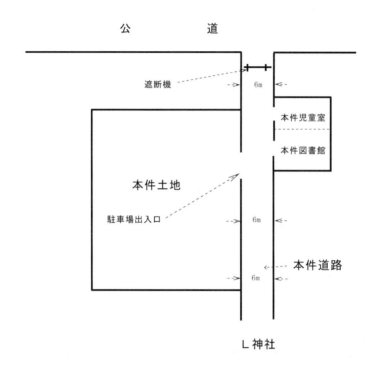

公　　道

遮断機　---→　6m　←-

本件児童室

本件図書館

本件土地

駐車場出入口　--→　6m　←-

本件道路　←--- 6m　←-

L神社

【資料3　関係法令】

○　建築基準法

（目的）
第1条　この法律は、建築物の敷地、構造、設備及び用途に関する最低の基準を定め
　　て、国民の生命、健康及び財産の保護を図り、もって公共の福祉の増進に資すること
　　を目的とする。

（用語の定義）
第2条　この法律において次の各号に掲げる用語の意義は、それぞれ当該各号に定める
　　ところによる。
　　一～九　（略）
　　九の二　耐火建築物　次に掲げる基準に適合する建築物をいう。
　　　イ　その主要構造部が（1）又は（2）のいずれかに該当すること。

（1）　耐火構造であること。

（2）　（略）

ロ　（略）

九の三〜三十五　（略）

（建築物の建築等に関する申請及び確認）

第6条　建築主は、……建築物を建築しようとする場合においては、当該工事に着手する前に、その計画が建築基準関係規定（この法律並びにこれに基づく命令及び条例の規定（以下「建築基準法令の規定」という。）その他建築物の敷地、構造又は建築設備に関する法律並びにこれに基づく命令及び条例の規定で政令で定めるものをいう。以下同じ。）に適合するものであることについて、確認の申請書を提出して建築主事の確認を受け、確認済証の交付を受けなければならない。（以下略）

一〜四　（略）

2〜3　（略）

4　建築主事は、第1項の申請書を受理した場合においては、……申請に係る建築物の計画が建築基準関係規定に適合するかどうかを審査し、審査の結果に基づいて建築基準関係規定に適合することを確認したときは、当該申請者に確認済証を交付しなければならない。

5〜15　（略）

（建築物に関する完了検査）

第7条　建築主は、第6条第1項の規定による工事を完了したときは、国土交通省令で定めるところにより、建築主事の検査を申請しなければならない。

2〜3　（略）

4　建築主事が第1項の規定による申請を受理した場合においては、建築主事又はその委任を受けた当該市町村若しくは都道府県の職員（以下この章において「建築主事等」という。）は、その申請を受理した日から7日以内に、当該工事に係る建築物及びその敷地が建築基準関係規定に適合しているかどうかを検査しなければならない。

5　建築主事等は、前項の規定による検査をした場合において、当該建築物及びその敷地が建築基準関係規定に適合していることを認めたときは、国土交通省令で定めるところにより、当該建築物の建築主に対して検査済証を交付しなければならない。

（違反建築物に対する措置）

第9条　特定行政庁は、建築基準法令の規定又はこの法律の規定に基づく許可に付した条件に違反した建築物又は建築物の敷地については、当該建築物の建築主、当該建築物に関する工事の請負人（請負工事の下請人を含む。）若しくは現場管理者又は当該建築物若しくは建築物の敷地の所有者、管理者若しくは占有者に対して、当該工事の施工の停止を命じ、又は、相当の猶予期限を付けて、当該建築物の除却、移転、改築、増築、修繕、模様替、使用禁止、使用制限その他これらの規定又は条件に対する

違反を是正するために必要な措置をとることを命ずることができる。

2～15　（略）

（大規模の建築物の主要構造部）

第21条　高さが13メートル……を超える建築物（……）は、第2条第9号の2イに掲げる基準に適合するものとしなければならない。ただし、構造方法、主要構造部の防火の措置その他の事項について防火上必要な政令で定める技術的基準に適合する建築物（……）は、この限りでない。

2　延べ面積が3000平方メートルを超える建築物（……）は、第2条第9号の2イに掲げる基準に適合するものとしなければならない。

（道路の定義）

第42条　この章の規定において「道路」とは、次の各号の一に該当する幅員4メートル……以上のもの……をいう。

　一　道路法……による道路

　二～四　（略）

　五　土地を建築物の敷地として利用するため、道路法、……によらないで築造する政令で定める基準に適合する道で、これを築造しようとする者が特定行政庁からその位置の指定を受けたもの

2～6　（略）

（敷地等と道路との関係）

第43条　建築物の敷地は、道路（……）に2メートル以上接しなければならない。（以下略）

2　地方公共団体は、……延べ面積（……）が1000平方メートルを超える建築物の敷地が接しなければならない道路の幅員、その敷地が道路に接する部分の長さその他その敷地又は建築物と道路との関係についてこれらの建築物の用途又は規模の特殊性により、前項の規定によっては避難又は通行の安全の目的を充分に達し難いと認める場合においては、条例で、必要な制限を付加することができる。

○　B県建築安全条例（抜粋）

（趣旨）

1条　建築基準法（以下「法」という。）……第43条第2項による建築物の敷地及び建築物と道路との関係についての制限の付加……については、この条例の定めるところによる。

（建築物の敷地と道路との関係）

4条　延べ面積……が1000平方メートルを超える建築物の敷地は、その延べ面積に応じて、次の表に掲げる長さ以上道路に接しなければならない。

延べ面積	長さ
3000 平方メートルを超えるもの	10 メートル

2　延べ面積が3000平方メートルを超え、かつ、建築物の高さが15メートルを超える建築物の敷地に対する前項の規定の適用については、同項中「道路」とあるのは、「幅員6メートル以上の道路」とする。

（敷地から道路への自動車の出入口）

27条　自動車車庫等の用途に供する建築物の敷地には、自動車の出入口を次に掲げる道路のいずれかに面して設けてはならない。ただし、交通の安全上支障がない場合は、第5号を除き、この限りでない。

　一～三　（略）

　四　児童公園、小学校、幼稚園、盲学校、ろう学校、養護学校、児童福祉施設、老人ホームその他これらに類するものの出入口から20メートル以内の道路

　五　前各号に掲げるもののほか、知事が交通上支障があると認めて指定した道路

○　B県中高層建築物の建築に係る紛争の予防と調整に関する条例（抜粋）

（目的）

1条　この条例は、中高層建築物の建築に係る計画の事前公開並びに紛争のあっせん及び調停に関し必要な事項を定めることにより、良好な近隣関係を保持し、もって地域における健全な生活環境の維持及び向上に資することを目的とする。

（定義）

2条　この条例において、次の各号に掲げる用語の意義は、それぞれ当該各号に定めるところによる。

　一　中高層建築物　高さが10メートルを超える建築物……をいう。

　二　紛争　中高層建築物の建築に伴って生ずる日照、通風及び採光の阻害、風害、電波障害等並びに工事中の騒音、振動等の周辺の生活環境に及ぼす影響に関する近隣関係住民と建築主との間の紛争をいう。

　三　建築主　中高層建築物に関する工事の請負契約の注文者又は請負契約によらないで自らその工事をする者をいう。

　四　近隣関係住民　次のイ又はロに掲げる者をいう。

　　イ　中高層建築物の敷地境界線からその高さの2倍の水平距離の範囲内にある土地又は建築物に関して権利を有する者及び当該範囲内に居住する者

　　ロ　中高層建築物による電波障害の影響を著しく受けると認められる者

（説明会の開催等）

6条　建築主は、中高層建築物を建築しようとする場合において、近隣関係住民からの申出があったときは、建築に係る計画の内容について、説明会等の方法により、近隣関係住民に説明しなければならない。

2　知事は、必要があると認めるときは、建築主に対し、前項の規定により行った説明
　会等の内容について報告を求めることができる。

23　総合問題の検討（その2）——アウトラインの把握

　【問題2】には、2つの設問があります。順番に、何が問われているか、概略を検討しておきましょう。

　設問1は、周辺住民Fらがマンション建設を阻止するための救済方法選択（仮の救済手段を含む訴訟類型選択）を問うています。さらに、【資料1】において、検査済証交付（建築基準法7条5項）および是正命令（同法9条1項）をめぐる行政訴訟は検討から除外することとされ、建築確認（同法6条1項）を争う手段を検討するよう指示されています。また、設問1の文章から、専ら行訴法を検討することが読み取れますから、民事差止訴訟などを検討する必要はありません。

　以上から、設問1は、建築確認の取消訴訟を提起し、執行停止を申し立てることを念頭に論じます。そのことを裏付けるように、設問2は、本件建築確認の違法事由の検討が求められています。設問2の文章からは、建築確認の違法事由について、与えられた条文と事実関係に照らして詳細に検討し、さらに、その違法事由が裁判において認められるかという点に目配りすべきことが読み取れます。

　以上から、建築確認について、問題に付された個別法を読み解いて、「行為要件・行為内容の解析」をすることが役立つと思われます。その際、関連する事実関係を念頭に置くことは言うまでもありません。

　加えて、「規範の階層関係の解析」および「制度趣旨に照らした考察」も大いに役立ちます。【問題2】に添付された関係法令は、法律（建築基準法）、委任条例（B県建築安全条例。建築基準法43条2項の委任による条例）、自主条例（B県紛争予防条例。建築基準法の委任はなく、自主条例と解される）の3つですが、それぞれの法的位置付けを明確に意識しないと、設問に正しく答えることはできません。また、個々の法規範の趣旨・目的、個々の「法的仕組み」の制度趣旨を視野に収めた解釈も必要です。これらを「総動員」して解答を考えます。

24 総合問題の検討（その3）──設問1の検討（その1・概観）

　設問1では、本件建築確認の取消訴訟を提起することを想定して、行訴法上の論点を考察することが求められています。【資料1】において、処分性、審査請求前置、出訴期間について問題はないとされていますから、取消訴訟の訴訟要件として、原告適格および狭義の訴えの利益を取り上げることになるでしょう。原告適格については、行訴法9条1項・2項から問題解決のための規範を示し、添付された関係法令を正しく解釈したうえで、問題文に登場するF・G・H・Iの4名それぞれについて、事実関係を当てはめて結論を導き出す必要があります。さらに、マンションが完成した場合（裁判手続上は建築基準法7条5項に基づいて交付された検査済証が証拠として提出された場合）において、狭義の訴えの利益が失われることを論じておく必要があります。

　また、【問題2】では、マンション建設を阻止するための仮の救済手段として、取消しを求めている建築確認の効力の停止を求める執行停止（行訴法25条2項）を使うことになると思われます。執行停止の対象については、建築確認⇒実際の建築工事⇒検査済証交付とプロセスが進むため、「処分の執行」の停止、あるいは、「手続の続行」の停止を思い浮かべてしまう方がおられるかもしれません。しかし、【問題2】の紛争事例において、建築確認の法的内容を実現するための執行行為や、建築確認に続行する手続は法的に仕組まれておらず（建築確認には、確認を受けた者が建築工事を適法にすることができるという効力のみが存します）、本問では本件確認行為の「効力の停止」を求めることになります。いずれにしても、執行停止の要件を定めた行訴法25条をよく検討し、それが認容される見込みについて自説をしっかりと示すことが求められると思います。

25 総合問題の検討（その4）
　　──設問1の検討（その2・原告適格）

　原告適格を論じるため、建築確認に関する「処分要件」を検討しましょう。

　建築確認の直接の根拠規範は、建築基準法6条1項・4項です。この2

つの条文を読むと、建築主事が建築確認をする要件として、建築基準関係規定に適合することが規定されていることが読み取れます。さらに、問題となる建築基準関係規定を拾ってゆくと、同法21条および43条に行きつくでしょう。法21条⇒2条9号の2、とたどれば、①建築物の耐火性、すなわち、火災を防ぐものであることが要件であることがわかります。また、法43条2項⇒委任条例（B県安全条例）、とたどれば、②本件建物敷地について、幅員6m以上の道路に、10m以上接していることが要件であること、③自動車の出入口は、児童公園等の出入口から20m以内の道路に面して原則として設置できないことも読み取れます。

このように、係争処分の直接の根拠規範である条文から出発し、委任関係にある下位法令を含めて、順に処分要件を追跡する作業は、原告適格判定の基本的な「技法」です。そのうえで、最後に、根拠規範である法律の趣旨・目的にさかのぼり、「個々人の個別的利益としても保護された利益」と解釈できるか、検討すればOKです。

本問に則していえば、上記の「処分要件」の①②から、建築基準法は、同法および委任条例の規定を通して、建築確認につき、当該建物に火災等が発生した場合に、隣接する建築物等に延焼する危険を抑制することを趣旨・目的にしている、と解釈できます。①については、当該建物を耐火構造にする規制の趣旨・目的の中に、隣接する建築物等への延焼等を防ぐことが含まれると解釈できますし、②については、接道要件が厳格化される趣旨・目的として、火災等の際の消火活動のための車両の通行、避難の便宜等が含まれていることを指摘できるでしょう。さらに、建築基準法は、建築確認に係る建物の周辺に居住する者の生命・身体の保護のみならず、建築物の敷地、構造等に関する最低の基準を定めて国民の財産の保護を図ることをも目的としていること（建築基準法1条）から、火災等が発生した場合に延焼等による被害が直接に及ぶことが想定される範囲の住民の生命・身体の安全はもちろん、財産としての近隣建築物についても、単に一般的公益に吸収解消されない、個々人の個別的利益としても保護している、と解釈できます。ここまでくると、設問1において、近隣居住者であるF、近隣マンションの所有者であるGについて、原告適格を認めるためのロジックは十分に立てられるでしょう。

なお、Aの所有地と、F・Gのマンションとの距離は10mです。原告適

格の解釈論は、上記のような原告の被侵害利益に係る性質論をクリアした後、原告適格の有無に関する具体的な線引きをする必要があります。本問では、火災等の際に延焼等の被害が直接に及ぶことが想定される範囲ということになりますが、予定される建物の高さが30mですから、少なくとも30m以内であればその範囲に含まれるとの説明が可能でしょう。なお、B県紛争予防条例の2条4号イにおいて、「近隣関係住民」として高さの2倍のエリア（本問では60m以内）が定義されており、これで線引きすることを考えた方があるかもしれませんが、同条例は「良好な近隣関係の保持」や「健全な生活環境の維持及び向上」を制度趣旨としていることから、火災等の延焼の被害が直接に及ぶことが想定される範囲の線引きとして適切とは考え難いでしょう。

　次に、上記の「処分要件」③が問題となります。本問との関係では、図書館の児童室が、B県安全条例27条4号の「その他これらに類するもの」と解釈できるかが、第1の論点です。これは、人によって当てはめによる結論が分かれると考えられます。同号に含まれると解釈した場合には、このような要件が設けられている趣旨は、児童等を交通事故による生命・身体の危険から守るためであるとして、Hの原告適格は肯定できそうです。児童の生命・身体の危険が保護法益ですから、「その性質上、一般的公益に吸収解消されず、個々人の個別的利益としても保護されている」と解釈することは十分可能です。その場合でも、Hの父親であるIは、単に事実上の不利益の侵害を主張しているにすぎないとして、原告適格を否定するのが普通の考え方でしょう。

　最後に、B県紛争予防条例の扱いを検討する必要があります。これは、建築基準法との委任関係はなく、自主条例ということになります。そうすると、建築確認の根拠規範である建築基準法との関係で、行訴法9条2項にいう「関係法令」に当たるか否かについて、解釈する必要があります。自主条例の趣旨は上述したとおりですが、そのことと、建築基準法の趣旨である建築物等の最低の基準を定めることとの関係性（目的を共通にすること）について、自分なりの説明をすることになるでしょう。仮に「関係法令」に当たると解釈した場合には、F・Gに原告適格を認めるための補強的根拠として、60m以内の住民・建物所有者として説明会開催の申出ができることを述べます（2条4号イ・6条1項）。しかしながら、いずれに

しても、B県紛争予防条例は、本問において原告適格判定の決定打にはならず、原告適格を肯定する場合の補強的な要素にとどまると考えられます。

26　総合問題の検討（その5）
──設問1の検討（その3・狭義の訴えの利益）

【問題2】では、建築確認の取消訴訟を提起した後、建築工事が進捗して建物が完成した場合の訴えの利益について、論じておく必要があると考えられます。この点については、建物完成（検査済証の交付）時点で、建築確認の取消しを求める訴えの利益が消滅することを述べることになります。

そして、本来であれば、損害賠償請求訴訟を関連請求として併合提起しておく（あるいは訴えの変更をする）とか、是正措置命令の義務付け訴訟を検討するということになりますが、【問題2】では、これらの論点について検討対象からはずすことが指示されています。そうすると、本問において、建物完成により訴えの利益が消滅するというポイントは、訴えの利益消滅による訴え却下を避けるために執行停止を申し立てる必要がある、という限りで触れておくことになるでしょう。

27　総合問題の検討（その6）
──設問1の検討（その4・執行停止）

上述したように、本件取消訴訟を適法に提起できたとしても、建物が完成し、完了検査済証が交付された時点で、訴えは却下されてしまいます。別に損害賠償請求等が可能であるとしても、本件建築物の建設を阻止するという観点から、仮の救済として執行停止を申し立てる必要があります。

執行停止は、上記24で説明したように、本問では処分の効力の停止を申し立てることになります。あとは、行訴法25条が定める執行停止の要件について、本問のケースへの当てはめを論じていきます。

まず、行訴法25条2項の定める「重大な損害」要件が問題になります。ここは、平成16年の行訴法改正で、「回復困難な損害」から緩和された部

分であり、同条3項には解釈指針も新設されています。これらの法改正は、単に金銭賠償による損害回復の可否や、処分の「法的仕組み」が当然に予定している損害か否かという定性的な判断ではなく、具体的な事案に応じてきめ細やかな利益衡量と、係争処分の「法的仕組み」に関する精密な解釈を求めることを立法趣旨としています。本問でも、そのことを念頭に置くことが必要です。

本問では、Fについては、火災等の延焼等による生命・身体の安全への侵害が「損害」に当たり、Gについても、マンションという重要な財産が火災等の延焼等によって失われることが「損害」に当たります。また、Hについても、交通事故により死傷することが「損害」ということになります。これらの「損害」は、その性質・程度に照らして、事後的救済にはなじまない「重大な」ものであると論じることができます。生命・身体の危険については、事後的な金銭賠償による回復は、社会通念上著しく不適切であるということも言えます。さらに、本問で執行停止を求めている建築確認の効力は、その性質上、上記のような生命・身体等の安全との関係で、絶対的に停止できないものとは解し難いことにも、ぜひ触れておきたいところです。

行訴法25条2項のもうひとつの要件である「緊急の必要」については、建築工事が急ピッチで進み、このままでは訴えの利益が喪失するという事情を述べればよいと思います。

さらに、行訴法25条4項の定める2つの消極要件について、論じる必要があります。「公共の福祉に重大な影響を与えるおそれ」という消極要件については、本件建築確認の対象となっているマンションはFらに重大な損害を与える一方、同マンションの建設につき一私人たるAによる経済活動を超えた公共性が特に認められるものではなく、建設途上の同マンションにつき建築行為を止めることが「公共の福祉に重大な影響を与える」とは到底言えない、と論じることができるでしょう。「本案について理由がないとみえる」という消極要件については、本件建築確認が違法であることについては設問2において詳細に論じるとおりである、としておけば十分です。

28　総合問題の検討（その7）
——設問2の検討（その1・実体的違法）

　設問2は、「考えうる本件確認の違法事由」の「詳細」な検討を求めています。この点、建築確認に関する「行為要件」を押えることにより、「行為要件」との間でズレがないか、検討することによってほぼ解答することができると思います。

　まず、実体的違法（実体法上の違法）から検討しましょう。

　第1に、建築確認の処分要件について、建築基準法6条⇒同43条⇒委任条例4条、とたどって、本件土地が幅員6m以上の道路に接していなければならない、という部分が問題になります。問題文からは、本件土地が接する道路は、幅員6mであるものの、①公道と接する部分にゲートがあり、遮断機が下りていれば車は侵入できない、②遮断機が上がっている場合でも、侵入可能な幅員は3m弱である、③遮断機を上げる操作は、常時可能とは限らない、④以上①②③から、火災時等に消防車等の侵入が困難で、防災上問題がある、という事柄を読み取ることができます。他方、法43条および委任条例4条において、大規模な建設物の敷地に接するべき道路の幅員が拡げられているのは、火災等の際の避難を確保し、緊急車両等の通行の安全を担保するという制度趣旨を踏まえたものと解することができるでしょう。そうすると、本件土地は、実質的に、委任条例4条1項による接道要件を満たしておらず、違法であると論じることができます。

　第2に、法6条⇒同43条⇒委任条例27条とたどり、本件土地の駐車場入口が、本件児童室の専用出入口と10mしか離れていないことが問題となります。この点については、まず、上記25で論じたように、本件児童室が、委任条例27条4号に該当することについて論証しておく必要があります。ここを肯定すれば、事実に照らして、委任条例27条の要件を満たしておらず違法であると判定できます。

　以上の2点は、いずれも、法令の定める処分要件を満たしていないのですから、法令違反として違法ということになります（裁量問題ではありません）。また、Fは、行訴法10条1項により、自己の法律上の利益に関係のない違法を主張することはできません。上記第1の点は、本件建物の近隣住民であるF自身の生命・身体の安全に対する危険にかかわっており、

Fは当然に主張することができますが、上記第2の点については、児童室に通う児童の交通事故等による危険にかかわる違法事由であり、Fは行訴法10条1項の主張制限により主張できないと考えられます。

29 総合問題の検討（その8）
——設問2の検討（その2・手続的違法）

　最後に、設問2について、手続的違法（手続法上の違法）を検討します。

　第1に、Eが公聴会を行わなかった点について、論じておく必要があるでしょう。本件は、国の法令に基づく処分が問題となっていますから、行手法の申請に対する処分に関する規定が適用されます。また、本件の事実関係によれば、Eが行手法10条に基づく公聴会の開催をするよう努めなければならない場合に該当するとの解釈が可能とも思われます。しかし、努力義務規定に反して公聴会を開催しなかったことが直ちに行手法違反であるとまではいえず、いずれにしても、行手法違反により違法とはいえないと考えられます。

　第2に、Aによる説明会が、その内容・方法等の点で形式的であり、不十分であった点について、論じる必要があります。この説明会は、自主条例（紛争予防条例）6条1項に基づくもので、同条例2条と併せて読むと、本件の事実関係において、Aには同条例に基づく説明会の開催義務があったものと解されます。この点、Aの行った説明会が、同条例の趣旨に照らして違法であると解釈する余地はあると思われます。

　しかしながら、設問2は、本件確認（すなわち建築確認）の違法事由を検討せよというものです。仮に上記条例違反が認められるとしても、本件条例は建築確認の根拠法である建築基準法との委任関係はなく、本件条例の規律事項が、建築確認の行為要件（処分要件）とされていると解釈することはできません。したがって、上記条例違反は、ストレートに建築確認の違法事由になることはありません。仮に、建築確認につき行政裁量が認められるなら、自主条例に基づく説明会が不備であることを十分に考慮していないとして考慮不尽を問題にする可能性があるのですが、建築基準法6条の解釈として、そのような解釈も無理であると考えられます。

　以上から、本件建築確認について、手続的違法の主張をすることは困難

であり、当然、Ｆも手続的違法は主張できないという結論になるでしょう。

第4章

規範の階層関係の解析

I 法的規範の多元性

1 規範の階層関係とは？

本章では、「規範の階層関係の解析」の技法について、説明します。

たとえば、ある法律を根拠規範とする許可制度について、「仕組み解釈」を実践するとします。最初に、同法について、その目的規定（通常は第1条）をチェックし、次に、問題となっている許可制度と関連する用語・概念の定義規定を確認します。そのうえで、同法において、当該許可制度につき「主語＋行為要件＋行為内容」がどのように規律されているかを解析します。これらの作業により、当該許可制度を定める同法が、国民のいかなる権利利益を規制・制約する趣旨なのか、具体的に何を考慮して行為の禁止を解除する規範内容となっているか、解析できます。

しかし、法律それ自体を検討するだけでは、当該許可制度の趣旨・目的を明らかにし、その「法的仕組み」を十分に解明することはできません。まず、ある法制度の直接の根拠となる法律のみならず、その法律の委任を受けて制定された下位法令の精査が必要です。上記の例でいえば、同法施行令（政令）、同法施行規則（府省令）、同法施行条例（委任条例）等を探索することになるでしょう。さらに、当該「法的仕組み」に関わる行政規則を視野に収める必要があります。同法の定める許可制度を規律するため、訓令・通達、裁量基準、要綱、行政指導指針、ガイドラインなどが定められていれば、適宜、それらを参照します。

加えて、別の法律、あるいは自主条例まで参酌する必要があるケースが考えられます。法律Aが規律する法制度と、法律Bが規律する法制度が、相互に関連して「ひとつのメカニズム」として仕組まれているのであれば、法律Bおよびその下位法令、関連する行政規則まで丁寧に拾い上げて、解釈論を展開しなければなりません。あるいは、法律Aと法律Bが、類似するけれども異なる「法的仕組み」を定めているケースでは、両者のどこまでが同じでどこからが異なるか、比較対照も必要です。

「仕組み解釈」とは、上記のような様々な法的規範を統合的に読み解き、

そこで定められた「仕組み」の趣旨目的や意味内容を解明する作業です。次元の異なる規範の関係を正しく解釈するための行政法特有のテクニックが存在し、その習得は解釈論の優劣に直結します。本章で扱う「規範の階層関係の解析」とは、多元的・多層的に存在する法的規範のそれぞれについて、法的相互関係・法的位置付けを意識的に把握することが、精緻な「仕組み解釈」をするために不可欠であることを含意しています。

2 行政基準論・行政立法論との関係

行政法の事例問題には、多くの場合、法律のみならず、施行令、施行規則、各種の条例、様々な名称の行政規則の条文が添付されています。これら多様なレベルの法的規範について、それぞれの相互関係や、各々の法的性質を把握することができれば、正解にたどりつく道筋が開けます。

上記の事柄は、行政法の教科書では、「行政基準」あるいは「行政立法」の箇所に説明があります。しかし、この論点は教科書全体の最初の方に出てくるため、実践的・応用的な事例問題における解釈技術と頭の中でつながらない傾向があるようです。さらに、法規命令については「法律による委任の限界」、行政規則については「法的効果の外部化現象」、という重要論点がありますから、一般的な学習者は、個別法の「仕組み解釈」の技術それ自体として行政基準論を扱うという意識が薄くなりがちです[1]。

そこで、本書では、「規範の階層関係の解析」を、「仕組み解釈」の技法として提示し、学習者に注意喚起することにしました。

3 「規範の階層関係」の基本パターン

行政法の事例問題では、行政活動に起因する法的紛争が素材とされるのが一般的です。そうすると、紛争の焦点となる行政活動の根拠規範たる「法律」の規定を解釈するというのが、必然的な流れです。本章で問題と

---

[1] 司法試験の「採点実感」では、「行政法の基礎を理解していない」例として、法律・条例に委任規定がないのに委任命令（法規命令）と解釈している答案、法律・条例の委任に基づいて制定された施行規則を行政規則と解釈している答案、裁量が認められないのに裁量基準と扱っている答案等が指摘されています。

しているのは、根拠規範たる「法律」以外の、様々な形式で存在している一群の法的規範を、どのように解釈論に取り込むのかという部分です[2]。

「仕組み解釈」の技術という観点から、行政法における法的規範のあり方は、基本的には次の3つのパターンに分かれます。

第1に、法律と委任関係にある下位法令の「かたまり」です。法律の委任を受けた政令、省令、あるいは委任条例がそこに含まれ、遡っていくと委任元である法律にたどりつくことができる、ひとかたまりの規範群を形成します。

第2に、根拠規範たる法律とともに当該行政活動を規律しているけれども、法律の委任を受けておらず、法規性をもたない行政規則です。解釈基準たる通達、裁量基準に当たる処分基準や審査基準、要綱、通知、ガイドライン等がこれに相当し、問題となっている「法的仕組み」のあり方を細かく、かつ、柔軟に規律しています。

第3に、第1の「かたまり」とは異なるけれども、問題となっている行政活動と連動する別の「かたまり」を作っている法令群です。

「仕組み解釈」を行う際に、手がかりとなる法的規範について、上記の3つのパターンに整理してみることは、「規範の階層関係の解析」の第一歩です。まずは手許にある行政法事例問題について、そこに掲載されている各種の規定のそれぞれが上記3つのパターンのどれに相当するのか、検討してみるとよいと思います。法規命令・行政規則のどちらに当たるのか、条例であれば自主条例・委任条例のどちらか、問題となっている行政活動（行政の行為）の根拠法令・関係法令のどちらか等について、上記の3パターンを意識して検討します。

4　自主条例・委任条例の区別

上述したように、「規範の階層関係の解析」の技法が必要な解釈問題として、自主条例と委任条例の区別が挙げられます。

たとえば、ある条例が法律の委任に基づく委任条例であれば、その条例

---

[2]　自主条例としての条例は、憲法に定められた自主立法であり、ここでの「法律」と同等に扱うことができます。

に基づいて地方公共団体の機関がする行政処分は、（国レベルの）法令に基づく処分として行手法の規律が及びます。そうではなく、自主条例であれば、その条例に基づく行政処分につき行手法は適用除外となり、行政手続条例により規律されることになります（以上について、行手法3条3項）。

　また、処分の相手方でない第三者の原告適格を解釈する際にも、自主条例と委任条例の区別を意識しなければならないことがしばしば生じます。委任条例であれば、係争処分の根拠規範である法律の下位法令と位置付けられますから、その委任条例は係争処分の「根拠法令」として「法律上の利益」の有無を解釈します。他方、自主条例であれば、係争処分の根拠規範である法律との関係では、「関係法令」と解釈できるか否かを検討し、「関係法令」と解釈可能であれば、その趣旨・目的を「法律上の利益」の有無の解釈に取り込むことができます（行訴法9条2項）。

　委任条例と自主条例については、その区別自体について理論上の問題があり、加えて、地方分権の進展（いわゆる「枠組み法」であれば、条例が法の「枠の範囲」にあるかが問題となります）は問題状況をさらに複雑にしています[3]。したがって、条例（地方自治法にいう規則も含む）の法的位置付けについては、必ずしも一刀両断に「正解」を導くことができない、とも考えられます。いずれにしても、行政法の事例問題において条例が素材になる場合には、その法的性質を常に意識することが求められます。

---

[3]　塩野・行政法Ⅲ207頁以下。

Ⅱ 行政基準の諸相

5 法規命令と委任規定（その1）

　「規範の階層関係の解析」を正しく行うためには、まず、個々の条文において、下位の規範に委任をすることを定めた規定（委任規定）に着目する必要があります。委任規定を追っていけば、法律⇒施行令⇒施行規則⇒委任条例、という法令（法律＋法規命令）のかたまりが明らかになりますから、それら全体が「法的仕組み」として何を規定しているか、読み取ることができます。逆に、委任規定を追うことができなければ、法規性のない行政規則か、下位法令ではない関係法令ということになるでしょう。

　委任規定が用いられる典型として、ある行政活動の「行為要件」が、法律の委任を受けた下位法令によって具体化されるというパターンがあります。これは、第3章Ⅴの総合問題において、建築基準法⇒B県建築安全条例（委任条例）というかたちで表れていました。

　以下では、行政契約の規律に関する具体例として、地方公共団体による随意契約の可否を規律している地方自治法および同法施行令の規定を紹介します。

○　地方自治法
（契約の締結）
第234条　売買、貸借、請負その他の契約は、一般競争入札、指名競争入札、随意契約又はせり売りの方法により締結するものとする。
2　前項の指名競争入札、随意契約又はせり売りは、政令で定める場合に該当するときに限り、これによることができる。
3〜6　（略）

○　地方自治法施行令
（随意契約）
第167条の2　地方自治法第234条第2項の規定により随意契約によることができる場合は、次に掲げる場合とする。

一　（略）

　二　不動産の買入れ又は借入れ、普通地方公共団体が必要とする物品の製造、修理、加工又は納入に使用させるため必要な物品の売払いその他の契約でその性質又は目的が競争入札に適しないものをするとき。

　三～九　（略）

2～4　（略）

　上記の例では、法律（地方自治法）レベルで、一般競争入札が原則であり、指名競争入札、随意契約等は例外であるということのみが定められています。そして、原則と例外の具体的線引きは、政令（地方自治法施行令）レベルに委任されています。この線引きについて解釈論を展開するためには、政令の条文を読まなければなりません。

　たとえば、随意契約の可否については、地方自治法234条2項の委任を受けた同法施行令167条の2を解釈することになります。同条2号は、随意契約によることができる場合の要件として、「その性質又は目的が競争入札に適しないものをするとき」と規定していますから、何をもって「その性質又は目的が競争入札に適しない」と判断できるのかが問題になります。この点について、最判昭和62・3・20民集41巻2号189頁（判例ノート7-1）は、価格の有利性のみでなく、個別の契約ごとに「契約の種類、内容、性質、目的等諸般の事情を考慮」し、「地方公共団体の契約担当者の合理的な裁量判断」によるとしています。

　関連して、「仕組み解釈」の技術という観点から、1点指摘しておきましょう。上記昭和62年最判の解釈論を正確に理解するためには、国について随意契約による場合の要件を規律している会計法29条の3第4項および「予算決算及び会計令」（以下「予決令」といいます）99条と、上に掲げた地方自治法234条2項および同法施行令167条の2の規定振りを比較対照する必要があります。会計法29条の3第4項は、随意契約できる場合について、「契約の性質又は目的が競争を許さない場合、緊急の必要により競争に付することができない場合及び競争に付することが不利と認められる場合においては、政令の定めるところにより、随意契約によるものとする」、と規定し、予決令99条は、随意契約できる場合を限定列挙しています。このことを踏まえて、「地方自治法と同法施行令」、「会計法と予決令」という2種類の「法的仕組み」を比較すると、「地方自治法と同法施行令」の

パッケージは、「会計法と予決令」のパッケージより、立法者による縛りが緩やかになっています。ゆえに、地方公共団体が随意契約を選択するという局面で、「地方自治法と同法施行令」の解釈として、契約担当者に一定の裁量が認められるという方向性を導くことができるのです。

●ポイント●　指名競争入札と裁量

　地方公共団体による指名競争入札において、「指名」方法に関する裁量統制が論点となったケースとして、最判平成18・10・26判時1953号122頁（判例ノート7-2・百選I 91）があります。この判決では、ある村が発注する公共工事の指名競争入札において、特定業者が「指名外し」とされたことが損害賠償請求として争われ、指名回避措置に関する裁量権の逸脱・濫用の有無が論点となり、考慮事項に着目した判断過程統制手法が用いられました。

　上記の事案では、地方自治法234条、その委任を受けて定められた同法施行令に加えて、「公共工事の入札及び契約の適正化の促進に関する法律」の規定を視野に収めないと、地方公共団体による指名競争入札の法的仕組みは解明できません。さらに、村は、公共工事の指名競争入札の実施や、指名業者の資格審査、指名停止等の措置を行うため、各種の「要綱」や「基準」を定めており、これらの「要綱」や「基準」を精査しないと、村における指名競争入札の「仕組み」や、指名回避措置の際の「考慮事項」について解釈することはできません。地方自治法と同法施行令にとどまらず、別の法律、さらには当該地方公共団体における各種の法的規範を調査、検討する必要があるのです。

6　法規命令と委任規定（その2）

　次に、建築紛争と関連した行政指導の限界という論点に関連して登場する車両制限令（政令）を素材に、「規範の階層関係の解析」という「行政法思考」を活用した「仕組み解釈」のあり方を説明しましょう。以下、道路法と車両制限令の関係条文を引用します。説明の便宜上、車両の幅に関する規制に関する部分のみを拾っています。マンションの建設工事の際、本来は道路との関係で車両の大きさ（ここでは幅）の限度を超える大型車両を通行させる必要があり、地元自治体に通行認定（車両制限令12条）を申請するというケースを念頭に、以下に掲げる、道路法と車両制限令の条文を検討してください。

○　道路法

第47条　道路の構造を保全し、又は交通の危険を防止するため、道路との関係において必要とされる車両（……）の幅……の最高限度は、政令で定める。

2　車両でその幅……が前項の政令で定める最高限度をこえるものは、道路を通行させてはならない。

3　（略）

4　前3項に規定するもののほか、道路の構造を保全し、又は交通の危険を防止するため、道路との関係において必要とされる車両についての制限に関する基準は、政令で定める。

第47条の2　道路管理者は、車両の構造又は車両に積載する貨物が特殊であるためやむを得ないと認めるときは、前条第2項の規定……による禁止……にかかわらず、当該車両を通行させようとする者の申請に基づいて、通行経路、通行時間等について……必要な条件を附して、同条第1項の政令で定める最高限度……をこえる車両の通行を許可することができる。

2～7　（略）

第101条　次の各号のいずれかに該当する者は、6月以下の懲役又は30万円以下の罰金に処する。

一～四　（略）

五　第47条第2項の規定に違反し、又は同条第1項の政令で定める最高限度を超える車両の通行に関し第47条の2第1項の規定により道路管理者が付した条件に違反して車両を通行させている者に対する……道路管理者の命令（……）に違反した者

六～七　（略）

第102条　次の各号のいずれかに該当する者は、100万円以下の罰金に処する。

一　第47条第2項の規定に違反し、又は同条第1項の政令で定める最高限度を超える車両の通行に関し第47条の2第1項の規定により道路管理者が付した条件に違反して車両を通行させた者

二～五　（略）

第103条　……第47条第4項の規定による政令で定める基準を超える車両を通行させている者に対する第47条の3第1項の規定による道路管理者の命令に違反した者は、50万円以下の罰金に処する。第71条第5項の規定による道路監理員の命令に違反した者についても、同様とする。

○　車両制限令

（車両の幅等の最高限度）

第3条　法第47条第1項の車両の幅……の最高限度は、次のとおりとする。

一　幅　2.5メートル

二〜五　（略）

2〜4　（略）

（車両についての制限の基準）

第4条　法第47条第4項の車両についての制限に関する基準は、次条から第12条までに定めるとおりとする。

（幅の制限）

第5条　市街地を形成している区域（以下「市街地区域」という。）内の道路で、道路管理者が自動車の交通量がきわめて少ないと認めて指定したもの又は一方通行とされているものを通行する車両の幅は、当該道路の車道の幅員……から0.5メートルを減じたものをこえないものでなければならない。

2　市街地区域内の道路で前項に規定するもの以外のものを通行する車両の幅は、当該道路の車道の幅員から0.5メートルを減じたものの2分の1をこえないものでなければならない。

3　（略）

（特殊な車両の特例）

第12条　幅……が第3条に規定する最高限度をこえず、かつ、第5条から第7条までに規定する基準に適合しない車両で、当該車両を通行させようとする者の申請により、道路管理者がその基準に適合しないことが車両の構造又は車両に積載する貨物が特殊であるためやむを得ないと認定したものは、当該認定に係る事項については、第5条から第7条までに規定する基準に適合するものとみなす。ただし、道路管理者が運転経路又は運転時間の指定等道路の構造の保全又は交通の安全を図るため必要な条件を附したときは、当該条件に従って通行する場合に限る。

　上記の条文は、最判昭和57・4・23民集36巻4号727頁（判例ノート6-4・百選Ⅰ120）で正面から問題となりました。この判決の事案は、マンションの建築をめぐって近隣住民の反対運動が生じたという状況下で、建築業者が車両制限令12条に基づく特殊車両通行認定を適法に申請したにもかかわらず、道路管理者である地方公共団体が、近隣住民との話し合い等につき行政指導を行っていることを理由に、認定を長期間留保したというものです。建築業者の側は、2度にわたって行政不服申立てを提起して不作為を争い、やっと認定を得たのですが、認定申請に対する不作為が違法であるとして国家賠償請求訴訟を提起します。そこで、同条の定める認定の法的性質を解明することが必要となったのです。

　車両制限令12条の規定する認定の「法的仕組み」を正しく解釈するためには、車両制限令（政令）の委任元である道路法に遡ることが不可欠で

す。そして、車両制限令12条⇒5条⇒4条と条文を拾ってゆくと、車両制限令12条は、道路法47条4項の委任を受けた政令であることがわかります。そこで、同法47条4項と47条の2第1項の「法的仕組み」を対比・検討してみましょう。

　道路法47条1項は、道路を通行できる車両の幅を規制し（具体的な数値は車両制限令に委任）、同条2項は、1項を根拠とする最高限度を超えた車両の通行を禁止しています。そして、道路法47条の2第1項は、この通行禁止を例外的に解除するための通行許可制度を定めています。

　他方、車両制限令12条に基づく通行認定制度は、本来は通行可能な最高限度を超えた車両について、基準に適合したものとみなして、通行できるようにしています。これは、一見すると道路法47条の2第1項と同じですが、車両制限令12条は道路法47条4項を受けた規定であり、道路法47条の2第1項が定める通行許可制度（一般的禁止の解除としての許可制度）と同一と解釈することはできません。なぜなら、同一の「法的仕組み」を、同じ法律の中で書き分けて規定するのは、不合理だからです。

　加えて、道路法101条～103条の罰則規定を見ると、道路法47条4項に基づく規制については、違反行為を直接罰する仕組みになっていませんが（103条を参照）、47条の2第1項に基づく規制の違反行為については、直接罰する規定が置かれています（102条1号）。このことも、上記2つの「法的仕組み」を同一のものと解釈できない根拠になります。

　以上から、車両制限令12条に基づく通行認定制度は、道路法47条の2第1項の定める通行許可制度とは法的性質が異なるものと解釈できます。このことを踏まえて、上記の昭和57年最判は、通行認定制度について、「基本的には裁量の余地のない確認的行為」としたうえで、車両制限令12条ただし書において条件を附することができる旨定められていること等を勘案しつつ、住民と業者の間で実力による衝突を回避するという要素を重視し、認定の留保に関して一定範囲での「時の裁量」を認めました。ここでは、委任立法について、委任元の法律に遡って「法的仕組み」を解明するという解釈技術が使われています。また、法律が別の制度として「書き分け」ている場合、それらの「法的仕組み」は、それぞれ固有の制度趣旨を有する別物と解釈するべきであるという「仕組み解釈」の技術が用いられていることにも、十分に留意してください。

7 行政規則の取扱い

次に、行政規則について、「仕組み解釈」におけるポイントを整理しておきます。

委任命令以外の法的規範の多くは、法規性を有さない行政規則に分類されます。行政実務上は、通達、要綱、ガイドライン等の名称をもち、講学上は、解釈基準、裁量基準、給付基準、行政指導指針等ということになります。行手法に即するならば、審査基準（2条8号ロ）、処分基準（2条8号ハ）、行政指導指針（2条8号ニ）がこれに相当します。告示のように、法的形式にかかわらず、委任命令であるか否かが解釈問題になるものもあります。いずれにしても、行政規則に相当する法的規範は極めて多様なかたちで存在することに注意が必要です。

「仕組み解釈」を行う際、行政規則を正しく取り扱うコツは、法規性を有さない（法規命令とは同視できない）一方、実質的に行政機関による法令解釈の指針・手がかりとして重要な機能を果たしているという、行政規則の本質に立ち返って考えることにあります。行政規則は、一定の「外部性」を有することが判例・学説により確立しており、行政機関による法令解釈のあり方を示す重要な手がかりとして「仕組み解釈」に活かすことができます。他方で、「法律による行政の原理」に照らし、法律の委任を受けた法規命令とそうでない行政規則の区別がないがしろになるような解釈論はとれません。行政規則を「仕組み解釈」に活かすためには、法規性がないことを正しく踏まえた解釈論上の工夫が必要です。

たとえば、行政裁量について、考慮事項に着目した判断過程統制手法を使おうという場合には、行政機関が決定をする際の考慮事項を抽出する局面で、行政規則は重要な手がかりになります。通達や裁量基準から、行政機関が何をどのように考慮して法令解釈を行うのかを導き出すことができれば、他事考慮や考慮不尽について正しく論じることができます。

さらに、行政規則である解釈基準（通達など）、裁量基準（審査基準、処分基準など）からはずれた行政決定がなされた場合に、自己拘束原理、平等原則、信義則等を介在させて、それらの行政規則を司法審査の準則として機能させることも、行政法解釈の技術として極めて重要です。また、第三者の原告適格の解釈が問題になる局面であれば、行政庁が処分をする際

の考慮事項に含まれるか、あるいは、個々人の個別的利益として保護されている利益として「切り出す」ことが可能か等を解釈する場合に、行政規則を参照することができます。

8　裁量基準と司法審査（その１）

　行政規則の中でも、「仕組み解釈」との関係で特に重要なのが、裁量基準です。

　裁量基準は、行政主体内部での法的効果しか持たない（法規性のない）行政規則です。判例も、裁量基準について、「本来、行政庁の処分の妥当性を確保するためのものであるから、処分が右準則に違背して行われたとしても、原則として当不当の問題を生ずるにとどまり、当然に違法となるものではない」と述べています（最大判昭和53・10・４民集32巻７号1223頁。判例ノート６−１・百選Ｉ73）。しかし、実際には、裁判所が行政裁量の司法審査をするにあたり、行政機関が策定する裁量基準が重要な役割を果たすケースが増えています。

　裁量基準が合理的であれば、その裁量基準に則して行われた行政処分も原則として適法であるとされ、租税事件や原発訴訟において、裁量基準の合理性の有無が裁量審査の中心的な争点とされることがあります（最判平成10・７・16判時1652号52頁、判例ノート６−12。最判平成４・10・29民集46巻７号1174頁、判例ノート６−２・百選Ｉ74）。より一般的に、裁量基準と異なる取扱いをすることは特段の事情がない限り裁量権の逸脱・濫用に当たるという趣旨を述べた判例もあります（最判平成27・３・３民集69巻２号143頁。判例ノート18−７・百選Ⅱ167）。この平成27年最判は、裁量基準（具体的には、不利益処分の処分基準）について、行政の自己拘束原理を踏まえ、特段の事情が認められない限り、処分庁は裁量基準に羈束されると言い切っています。さらに、裁量基準は、平等原則違反・比例原則違反を導く手がかりになりますし、裁量基準の違背が動機の不当性を推認させることもあり得ます。行手法により、申請に対する処分における審査基準、不利益処分における処分基準というかたちで、裁量基準が法制度化されたことも、裁量統制における裁量基準の重要性を高めています。

　他方で、裁量基準が合理的（不合理とはいえない）と判断され、その

裁量基準に従う行政処分がなされたケースであっても、行政機関の側には、法令上の処分要件に照らして個別に審査をする義務（個別審査義務）があることにも留意すべきです。この点に関するリーディングケースが、最判平成11・7・19判時1688号123頁（判例ノート6-13、百選I71）です。

上記の平成11年最判は、タクシーの事業者が運賃の値上げの認可申請をしたのに対して、その申請が裁量基準で定められていた原価計算方式と異なることを理由にした申請拒否処分の違法が争われたケースです。事件当時の道路運送法9条2項は、認可の要件のひとつとして、「能率的な経営の下における適正な原価を償い、かつ、適正な利潤を含むもの」と定めていました（同項1号）。さらに、認可申請の審査基準として定められた通達（裁量基準と解されます）は、法9条2項1号の適合性を判定する基準として、同一地域同一運賃を前提とする平均原価方式が定められていました。法9条2項1号の定める処分要件の適合性は、個別の事業者ごとに判断するのではなく、地域の事業者全体の平均値による（その結果、同一地域のタクシー運賃は同一になる）、という裁量基準が定められていたのです。

最高裁は、上記の事案について、法の定める要件に適合するか否かの判断につき裁量の余地を認め、裁量基準も合理的であると解釈しました。他方、法令に則したかたちで裁量基準と異なる計算方式により申請がされた場合、行政庁は、当該申請について法律の定める要件に適合しているか否かを「個別に審査判断すべきである」とも述べています。すなわち、裁量基準が合理的で適法であるとしても、法令が予定している事項を明らかにした申請がされた以上は、その申請につき個別の審査判断をする必要があることになります。

9 裁量基準と司法審査（その2）

裁量処分について、裁量基準が定められている場合、その処分の司法審査（裁量統制）のあり方は、次の図のように場合分けすることができます。

図　4つの場合分け

裁量基準	内容＝合理的	内容＝合理的でない
裁量基準に則した決定	①	②
裁量基準と異なる決定	③	④

　図の①は、裁量基準に従って裁量処分がなされ、かつ、裁量基準は合理的と判断される場合です。この場合、合理的な裁量基準に従った裁量処分は、特段の事情が認められない限り、適法と考えられます。ゆえに、裁量権行使に逸脱・濫用があり違法と主張するためには、裁量基準が適用される判断過程に何らかの不合理がないか（判断過程に過誤、欠落がないか）追試的に検証するのがデフォルトと考えられます。さらに、裁量基準の内容を含む各種の手がかり（理由の提示の内容、認定される事実関係等）から考慮事項を抽出して判断過程統制手法を用いる、あるいは、比例原則違反、平等原則違反、信義則違反などの裁量統制基準を適用する方法などが用いられないか、検討することになるでしょう。

　これらに加えて、①の場合には、裁量基準を個別事案に当てはめる判断について、個別事情を考慮することなく一律・機械的なものとなっていることを争う方法が考えられます。これが、上述した平成11年最判のいう「個別事項考慮義務」違反の主張となります。

　図②は、裁量基準に従って裁量処分がなされ、かつ、その裁量基準が合理性を欠く場合です。不合理な裁量処分に即した処分ですから、原則として、裁量権の逸脱・濫用が認められ違法になると判断されます。このケースでは、裁量基準が合理性を欠くことをどのように争うかが、問題の中心になります[4]。

　図③は、裁量基準に従わない裁量処分がなされ、かつ、その裁量基準は合理的と判断される場合です。このパターンでは、行政の自己拘束原理に

照らし、特段の事情がない限り、処分庁は裁量基準に覊束されるという平成27年最判の示す法理が問題となります。さらに、同判決にも言及があるように、裁量基準と異なる取扱いをすることが、裁量権行使の適正かつ平等な取扱いの要請、裁量基準の内容に係る相手方の信頼の保護等に照らして、特段の事情があるといえるか、検討が必要です。行政側が自ら個別審査を行ったケースであれば、合理的な裁量基準を考慮しないことが考慮不尽である、あるいは、裁量基準とは異なる事項を考慮したことが他事考慮である等の争い方も想定されるでしょう。

　図④は、裁量基準に従わない裁量処分がなされ、かつ、その裁量基準が合理性を欠く場合です。定型的には想定し難いパターンですので、なぜそのような事態が生じたのか、具体的な事案に即した考察が求められると考えられます。

----

(4)　裁量基準の合理性の検証方法について、大島義則先生は、①裁量処分の根拠法規の趣旨・目的を特定したうえで裁量基準がその趣旨・目的と合理的関連性があるか、②趣旨・目的に照らして過剰規制であって比例原則違反でないか、③合理的根拠のない差別的取扱いであって平等原則違反がないか、等を検証し、併せて当該裁量基準の立法趣旨の審査を行うことを提示されています。大島義則『行政法ガールⅡ』（法律文化社・2020）53頁。

Ⅲ 原告適格論への応用

10 原告適格論と「規範の階層性」（その1）
──根拠法令と関係法令

　「規範の階層関係の解析」という「行政法思考」の有用性が典型的に表れるのは、原告適格に関する解釈論です。

　第3章で説明したように、行政処分の相手方でない第三者について、当該処分の取消訴訟における原告適格の有無を判定するためには、当該処分の根拠規範たる行政法令について「行為要件」（処分要件ないし考慮事項）を抽出して検討することがポイントになります。その際、「行為要件」を抽出するために、根拠法律のみならず、施行令、施行規則、委任条例などの下位法令、行政規則としての裁量基準（通達等の形式によることもあります）等を探索することになります。

　ここで、改めて行訴法9条2項を参照しましょう。あわせて、第3章21の図7も見てください。図7の①②において、「根拠法令」と「関係法令」という文言が使い分けられています。「根拠法令」とは、原告が取消しを求めている行政処分の根拠法と、その委任立法である下位法令（委任条例を含みます）の全体を指します。これに対して、「関係法令」とは、それとは別の法律およびその下位法令のうち、「根拠法令」と「目的を共通にする」ものを意味します。「根拠法令」と「関係法令」をしっかりと区別して行訴法9条2項の解釈・当てはめをするためには、「規範の階層関係の解析」という「行政法思考」が不可欠です。

一歩先へ　裁判実務上の見解
　裁判実務における行訴法の解釈運用のあり方を示す基本的文献として、司法研修所編『行政事件訴訟の一般的問題に関する実務的研究（改訂版）』（法曹会・2000）があります。同書93頁以下には、係争処分の根拠規範たる法律が、具体的処分要件の定めを下位法令に委任している場合、それらの規定を含めた「法律上保護された利益」該当性の解釈が必要であることに言及したうえで、「行政法規

の委任に基づかない政令、省令、条例等の規定や、運用通達に個人の法益を個別具体的に保護する……ように見受けられる規定」があった場合、それらをどのように原告適格の解釈に取り込むべきかについて、以下のように記述されています。

（法律の委任によらない）「条例による規制が……法律によって許容された範囲における規制を加えるものであるならば、その規定をもって、個人の法益が個別具体的に保護されているものと認め得る……。また、法律の委任に基づかない政令、省令については、これによって、国民の権利利益を左右することはできないものの、これらの規定が、処分の運用方針や運用の実態、行政庁の法解釈を示す場合も少なくない。その意味において、根拠法規による規制の目的を解釈する上で、これらの規定を参考にすることができる……」。

上記は、この問題に関する裁判実務上の見解を端的に示すものとして、重要な意味をもっています。

11 原告適格論と「規範の階層性」（その2）
——裁量基準と原告適格（その1・問題の提示）

それでは、具体的な問題を素材に検討してみましょう。

以下に掲げる【問題1】は、東京地判平成22・4・16判時2079号25頁をもとに作成したものです。【問題1】の論点は、墓地経営許可処分について、周辺住民が取消訴訟を提起した場合の原告適格です。許可に係る具体的基準（許可要件）を定める条例の法的位置付けによく注意しつつ、各自、検討してください。

【問題1】

東京都の特別区であるN区の保健所長は、宗教法人Aに対して、墓地、埋葬等に関する法律10条1項に基づく墓地経営許可処分を行った。これに対し、本件墓地からの距離が約10mの地域に居住するXは、N区を被告として、本件処分の取消訴訟を提起しようと考えている。Xの原告適格は認められるか、以下に掲げた法律および条例の参照条文に基づいて検討しなさい。なお、墓地経営許可に関するN区長の権限は、保健所長に委任されている。

【資料】

○　墓地、埋葬等に関する法律

第１条　この法律は、墓地、納骨堂又は火葬場の管理及び埋葬等が、国民の宗教的感情に適合し、且つ公衆衛生その他公共の福祉の見地から、支障なく行われることを目的とする。

第２条　１〜４　（略）

5　この法律で「墓地」とは、墳墓を設けるために、墓地として都道府県知事（市又は特別区にあっては、市長又は区長。以下同じ。）の許可を受けた区域をいう。

6〜7　（略）

第10条　墓地、納骨堂又は火葬場を経営しようとする者は、都道府県知事の許可を受けなければならない。

2　（略）

○　N区墓地等の構造設備及び管理の基準等に関する条例

（趣旨）

第１条　この条例は、……墓地、埋葬等に関する法律（……）第10条の規定による経営の許可等……に係る墓地、納骨堂又は火葬場（以下「墓地等」という。）の構造設備及び管理の基準並びに事前手続その他必要な事項を定めるものとする。

（墓地の設置場所）

第６条　墓地の設置場所は、次に定めるところによらなければならない。

　一　（略）

　二　河川、海又は湖沼から墓地までの距離は、おおむね20メートル以上であること。

　三　住宅、学校、保育所、病院、事務所、店舗等及びこれらの敷地（……）から墓地までの距離は、おおむね100メートル以上であること。

　四　高燥で、かつ、飲料水を汚染するおそれのない土地であること。

2　（略）

（墓地の構造設備基準）

第７条　墓地の構造設備は、次に掲げる基準に適合しなければならない。

　一〜二　（略）

　三　雨水又は汚水が滞留しないように適当な排水路を設け、下水道又は河川等に適切に排水すること。

　四　ごみ集積設備、給水設備、便所……を設けること。（以下略）

　五　（略）

2　（略）

（管理者の講ずべき措置）

第12条　墓地等の管理者は、次に定める措置を講じなければならない。

一〜二　（略）

三　墓地等を常に清潔に保つこと。

四　（略）

（標識の設置等）

第16条　……許可を受けて墓地等を経営しようとする者……は、当該許可の申請に先立って、墓地等の建設等の計画について、当該墓地等の建設予定地に隣接する土地（……）又はその土地の上の建築物の所有者及び使用者（以下「隣接住民等」という。）への周知を図るため、規則で定めるところにより、当該建設予定地の見やすい場所に標識を設置し、その旨を区長に届け出なければならない。

2　（略）

（説明会の開催等）

第17条　申請予定者は、当該許可の申請に先立って、説明会を開催する等の措置を講ずることにより、当該墓地等の建設等の計画について、規則で定めるところにより、隣接住民等に説明し、その経過の概要等を知事に報告しなければならない。

2　区長は、申請予定者が、前項の規定による説明を行わないときは、当該説明を行うべきことを指導することができる。

（事前協議の指導）

第18条　区長は、隣接住民等から、第16条の標識を設置した日以後規則で定める期間内に、当該墓地等の建設等の計画について、次に掲げる意見の申出があった場合において、正当な理由があると認めるときは、当該墓地等に係る申請予定者に対し、隣接住民等との協議を行うよう指導することができる。

一　公衆衛生その他公共の福祉の観点から考慮すべき意見

二　墓地等の構造設備と周辺環境との調和に対する意見

三　（略）

2　申請予定者は、規則で定めるところにより、前項の規定による指導に基づき実施した隣接住民等との協議の結果を区長に報告しなければならない。

12　原告適格論と「規範の階層性」（その3）
──裁量基準と原告適格（その2・関係法令の判別）

【問題1】は、墓地、埋葬等に関する法律（以下、「墓埋法」という）10条1項に基づく墓地経営許可処分について、近隣住民が取消しを求める訴えの原告適格を有するか、というものです。なお、上記の許可権限は、墓埋法2条5項かっこ書により、特別区の区長が有します。

そこで、係争処分の根拠条文の検討から始めたいところですが、墓埋法

10条1項は極めてシンプルな条文で、許可処分をする際の処分要件・考慮事項は何も書かれていません。墓埋法の目的規定である1条を見ると、「国民の宗教的感情」と「公衆衛生その他公共の福祉」が保護法益であることが定められていますが、これだけでは抽象的で、どのような利益の侵害について法が保護している「宗教的感情」ないし「公衆衛生」に含まれると解釈可能か、手がかりが少なすぎます。

したがって、墓埋法のみを解釈して、近隣住民が本件墓地の設置により「公衆衛生」上の不利益を被るという論陣を張ったとしても、裁判所からは、それは単に「一般的公益の中に吸収解消」される利益にすぎないとされ、原告適格を否定する却下判決を言い渡されてしまうことが予測されます。

そこで、【問題1】では、N区墓地等の構造設備及び管理の基準等に関する条例（以下、「N区条例」という）に着目することになります。N区条例は、墓地経営許可に関する具体的な審査基準を定めていますから、許可処分の処分要件・考慮事項を読み取ることが可能です。それでは、N区条例と墓埋法はどのような関係にあるのでしょうか。ここで考えられる解釈について、以下の3つの可能性があります。

第1に、N区条例が墓埋法の委任を受けて許可の基準を具体化する委任条例と解釈できるのであれば、原告適格の解釈においては、正面から「下位法令」として扱うことになります。しかし、墓埋法に条例等への委任を定めた規定はなく、委任の趣旨を導き出す手がかりも見つかりません。墓埋法10条1項が許可要件を一切定めていないことをもって、同法が全体として黙示の委任を認めている等の技巧的解釈をすれば委任条例とする可能性も指摘されますが、墓埋法10条1項の許可要件を下位法令に委任する明文の規定がないこと、許可要件は国民の営業の自由の規制にかかわるもので、法律の授権なしに白紙委任的に委任条例が認められると解釈するのは適切ではないことから、私としては無理筋と判断します。

第2に、N区条例について、墓埋法10条1項の許可に係る区長の裁量基準等を具体化した独自条例とする解釈が考えられます。これによるなら、N区条例が処分の根拠法令である墓埋法と「目的を共通にする関係法令」（行訴法9条2項）であるか否かを解釈し、「関係法令」であれば原告適格の解釈に取り込めることになります。N区条例は、墓埋法10条1項に基づ

く区長の裁量判断に係る裁量基準（行手法上は審査基準）であり、裁量基準を条例の形式で定めた自主条例である、という解釈は、私としては十分に可能であると判断します。しかしながら、最判令和5・5・9裁判所HPの法廷意見は、同種の紛争事例における大阪市の規則について、墓埋法10条1項に基づく許可の「根拠となる法令」と解釈し、「関係法令」との解釈を否定しました。なお、同判決の宇賀意見では、墓埋法10条1項の許可要件を定める条例・規則を「関係法令」と述べており、この第2の解釈論に依拠したものと推察されます。

　第3に、N区条例について、墓埋法10条1項が処分要件を特に規定していないのは、同法の目的に従った具体的な処分要件を、都道府県、市、特別区の条例・規則により補完することを許容する趣旨によるものであり、「根拠となる法令」として原告適格の解釈に取り込む（N区条例の定める許可要件の趣旨・目的を考慮する。行訴法9条2項）、という解釈論が想定されます。これは、上述した令和5年最判によって採用された立場です。令和5年最判は、墓埋法10条1項に係る処分庁の許否の判断について、「法の目的に従った都道府県知事の広範な裁量に委ね、地域の特性に応じた自主的な処理を図る趣旨」と述べています。法が処分要件を「開かれた」かたちで定めており、処分庁の裁量が肯定される以上、法の趣旨・目的に沿った具体的な基準を条例・規則で定めることは当然に許容され、委任条例と解釈できなくても係争処分の「根拠となる法令」として行訴法9条2項の解釈に取り込む、という法理を示したと評価できるでしょう。

13　原告適格論と「規範の階層性」（その4）
──裁量基準と原告適格（その3・原告適格の有無）

　N区条例が「根拠となる法令」であると論証できれば、あとは、処分要件を定めるN区条例の趣旨・目的を含め、墓埋法の趣旨・目的を考慮した解釈論を展開することになります。

　具体的には、N区条例の条文から、区長が墓地営業許可をする際に、当該墓地の近隣住民の「公衆衛生」上の利益（衛生環境の悪化による悪影響を被らないという利益）と具体性をもってかかわる処分要件（考慮事項）として定められているものを拾ってゆきます。N区条例の6条・7条・12条の

箇所は、区長が許可をする際に、近隣住民が「公衆衛生」上の具体的な不利益を受けないことを考慮事項とすべきと解釈する手掛かりになります。【問題1】の「元ネタ」である東京地判は、N区条例のこれらの処分要件から、墓地周辺地域の飲料水の汚染等の衛生環境の悪化を防止することを目的とする、という趣旨を読み取っています。

　さらに、N区条例の16条・17条・18条の箇所は、墓地経営許可の申請予定者が、申請に際して行わなければならない事前手続を定める中で、近隣住民等が手続的に関与できること（公衆衛生面での意見を申し述べることを含む）を定めています。これらの条文も、N区条例が墓地周辺地域の衛生環境悪化防止を目的とするという解釈を補強する手掛かりになります。

　以上から、墓地経営許可の「根拠となる法令」であるN区条例は、墓地周辺地域の生活環境の悪化防止を趣旨としており、このことを考慮するなら、墓地経営許可を規定する墓埋法は、墓地経営許可に伴う周辺地域の衛生環境の悪化により、近隣住民に健康または生活環境の被害が発生することを防止することを趣旨・目的としている、と解釈できます。

　さらに、墓埋法10条1項の許可に係る基準等を定めるN区条例6条・7条に規定に違反して墓地経営許可がなされた場合には、周辺地域において飲料水汚染を始めとする衛生環境の悪化が具体的に生じるおそれが認められます。そして、当該墓地から一定範囲内に居住する者は、上記のような衛生環境の悪化により、健康または生活環境への悪影響を直接的に被ることとなり、その程度は、墓地に近接して生活を続けることにより著しいものに至ることが考えられます。このような、墓地近隣住民の受ける被害の内容、性質、程度等に照らして、上記の具体的利益は、一般的公益に吸収解消することが困難であると解されます。したがって、墓埋法10条1項は、墓地周辺の居住者が健康または生活環境に著しい被害を受けないという具体的利益を、個々人の個別的利益としても保護していると解釈できます。

　上記が、行訴法9条2項の構造に照らした原告適格の解釈ということになります。ここから、墓地の周辺住民のうち、違法な墓地経営に起因する飲料水汚染等の衛生環境の悪化により健康または生活環境に著しい被害を受けるおそれのある者について、許可の取消しを求める法律上の利益が認められます。

最後に、上記の解釈論を、Xについて当てはめます。Xは、本件許可に係る墓地から10mの距離に居住しており、N区条例6条1項3号が原則的な墓地と住宅等との距離制限を100m以上としていることに照らして、上記の法律上の利益が認められる者に該当することは明らかである、と解釈できます。ゆえに、本件原告は、本件許可の取消しを求める原告適格を有する、という結論に至ります

Ⅳ 総合問題

14　問題の提示

　ここまでの総仕上げとして、総合問題を検討してみましょう。下記の【問題2】は、平成23年の司法試験問題を元に、若干のアレンジを加えたものです。資料として、法律のみではなく、省令である施行規則、いくつかの通達の条文が添付されています。さらに、条例（自主条例ということになります）の制定をする場合の問題点を指摘させる設題も含まれています。「規範の階層関係の解析」を意識しながら、考えを進めてください。

【問題2】

　社団法人Aは、モーターボート競走の勝舟投票券の場外発売場（以下「本件施設」という）をP市Q地に設置する計画を立て、平成22年に、モーターボート競走法（以下「法」という）第5条第1項により国土交通大臣の許可（以下「本件許可」という）を受けた。Aは、本件許可の申請書を国土交通大臣に提出する際に、国土交通省の関係部局が発出した通達（「場外発売場の設置等の運用について」および「場外発売場の設置等の許可の取扱いについて」）に従い、Q地の所在する地区の自治会Rの同意書（以下「本件同意書」という）を添付した。本件許可がなされた直後に、Q地の近隣に大学Sを設置している学校法人X1、自治会Rの構成員でありQ地の近隣に居住している X2は、国に対し、本件許可の取消しを求める訴え（以下「本件訴訟」という）を提起した。本件訴訟が提起されたため、Aは、本件施設の工事に未だ着手していない。

　Aの計画によれば、本件施設は、敷地面積約3万m²、建物の延べ床面積約1万m²で、舟券投票所、映像設備、観覧スペース、食堂、売店等から構成され、700台を収容する駐車場が設置される。本件施設が場外発売場として営業を行うのは、1年間に350日であり、そのうち300日はナイターが開催される。本件施設の開場は午前10時であ

り、ナイターが開催されない場合は午後4時頃、開催される場合は午後9時頃に、退場者が集中することになる。

　また、本件施設の設置を計画されているQ地、X2の住居、大学S、およびこれらに共通の最寄り駅であるP駅の間の位置関係は、次のとおりである。Q地、X2の住居、大学Sは、いずれも、P駅からまっすぐに南下する県道（以下「県道」という）に面している。P駅の周辺には商店や飲食店が立ち並び、住民、通勤者、通学者などが利用している。P駅から県道を通って南下した場合、P駅から近い順に、大学S、X2の住居、Q地が所在し、P駅からの距離は、大学Sまでは約400m、X2の住居までは約600m、Q地までは約800mである。逆にQ地からの距離は、X2の住居までは約200m、大学Sまでは約400mとなる。

　平成23年になって、本件訴訟の過程で、本件同意書について次のような疑いが生じた。自治会Rでは、X2も含めて、本件施設の設置に反対する住民が相当な数にのぼる。それにもかかわらず、Aによる本件施設の設置に同意することを決議した自治会Rの総会において、同意に賛成する者が123名であったのに対し、反対する者は10名であった。これは、自治会Rの役員が、本件施設の設置に反対する住民に総会の開催日時を通知しなかったため、大部分の反対派の住民が総会に出席できなかったためではないか、という疑いである。

　国土交通大臣は、この疑いが事実であると判明した場合、次の措置をとることを検討している。まず、Aに対し、自治会Rの構成員の意思を真に反映した再度の決議に基づく自治会Rの同意を改めて取得し、国土交通大臣に自治会Rの同意書を改めて提出するように求める（以下「要求措置」という）。そして、Aが自治会Rの同意および同意書を改めて取得することができない場合には、本件許可を取り消す（以下「取消措置」という）。

　以上の事案について、P市に隣接するT市の職員Bは、将来T市でも同様の事態が生じる可能性があることから、弁護士Cに調査検討を依頼することにした。【資料1　会議録】を読んだうえで、弁護士Cの立場に立って、以下の設問に答えなさい。

なお、法およびモーターボート競走法施行規則（以下「施行規則」という）の抜粋を【資料2　関係法令】に、関係する3つの通達（それぞれ、「通達1」、「通達2」、「通達3」という）の抜粋を【資料3　関係通達】に、それぞれ掲げるので、適宜参照しなさい。

〔設問1〕

　本件訴訟は適法か。X1およびX2それぞれの原告適格の有無に絞って論じなさい。

〔設問2〕

　国土交通大臣が検討している要求措置および取消措置について、以下の小問に答えなさい。

1．Aが国土交通大臣に対し、要求措置に従う意思がないことを表明しているにもかかわらず、国土交通大臣がAに対し、取消措置をとる可能性を示しながら要求措置をとり続けた場合、Aは、取消措置を受けるおそれを除去するには、どのような訴えを提起するべきか。最も適法とされる見込みが高く、かつ、実効的な訴えを、具体的に2つ候補を挙げて比較検討したうえで答えなさい。仮の救済は、考慮しなくてよい。

2．Aが国土交通大臣に対し、要求措置に従う意思がないことを表明したため、国土交通大臣がAに対し取消措置をとった場合、当該取消措置は適法か。解答にあたっては、関係する法令の定め、自治会の同意を要求する通達、および国土交通大臣がAに対しとりうる措置の範囲ないし限界を丁寧に検討しなさい。

〔設問3〕

　T市は、新たに条例を定めて、次のような規定を置くことを検討している。①T市の区域に勝舟投票券の場外発売場を設置しようとする事業者は、T市長に申請してT市長の許可を受けなければならない。②T市長は、場外発売場の施設が周辺環境と調和する場合に限り、その設置を許可する。このような条例による許可の制度が、事業者に対

して実効性をもち、また、住民および事業者の利害を適切に調整できるようにするためには、上記①②の規定以外に、どのような規定を条例に置くことが考えられるか。また、このような条例を制定する場合に、条例の適法性に関してどのような点が問題になるか。考えられる規定の骨子および条例の問題点を、簡潔に示しなさい。

【資料1　会議録】

B：P市は、場外舟券売場の件で大騒ぎになっていますが、T市にとっても他人事ではありません。公営ギャンブルの場外券売場の設置が計画される可能性は、T市にもあります。そこで、P市の事案を様々な角度から先生に検討していただいて、T市としても課題を見つけ出し、将来のための備えをしたいと考えています。そのような趣旨ですから、P市の事案のいずれかの当事者や利害関係者の立場に立たず、第三者の視点から検討をお願いします。

C：わかりました。公営ギャンブルの場外券売場の設置許可は、刑法第187条の違法性を阻却するという法制度である点が、通常の事業の許認可とは違いますね。

B：さっそくですが、本件訴訟は、適法でしょうか。法、施行規則、関係する通達を読みますと、それぞれに関係しそうな規定があるのですが、これらの規定のそれぞれが、本件訴訟の適法性を判断するうえでどのような意味をもつのか、私にはうまく整理できません。

C：問題になるのは、原告適格です。私の方で、法、施行規則、それから通達の関係する規定と、それらの規定が原告適格を判断するうえでもつ意味を明らかにしながら、X1とX2それぞれの原告適格の有無を考えてみます。

B：お願いします。仮に本件訴訟が適法とされた場合に、本件許可が適法と判決されるかどうかも問題ですが、今年になって、状況が大きく変わりましたので、差し当たりその問題までは検討していただかなくて結構です。

C：状況が変わったとは、どういうことですか。

B：地元の同意書の作成プロセスについて重大な疑惑が持ち上がり、今度は、紛争が国土交通大臣とAとの間で生じる可能性が出てきたのです。Aは、裁判になって対立が激化してからもう一度地元の同意書を取ることなど無理として、同意を取り直すつもりがないようですが、国土交通大臣の方も、地元を軽んじる姿勢はとれないので、Aに同意書を取り直すように求め続けることが予想されます。この場合、今度は、Aが何らかの訴えを起こすことはできるのでしょうか。

C：最も可能性のある訴えを検討して、具体的に挙げてみましょう。

B：地元の同意のプロセスに重大な瑕疵があった場合、国土交通大臣は、本件許可を取り消すことができるのでしょうか。この問題については、私の頭が混乱しているの

で、いくつか質問させてください。まず、施行規則第12条は、許可の基準として地元の同意とは規定していないのですが、そもそも、この条文に定められた基準以外の理由で、許可を拒否できるのですか。

C：関係法令をよく検討して、お答えします。

B：お願いします。付け加えますと、地元の同意と定めているのは、国土交通省の通達の方であり、そもそも、通達に定められたことを理由にして、許可を拒否できるのでしょうか。

C：問題となっている通達の法的な性格をはっきりと説明するように、文書にまとめてみます。

B：通達の中身について言いますと、地元の同意を重視している点は、自治体の職員としてはよく理解できます。ただ、許可の取消しという措置までとることができるのかと問われると、自信をもって答えられません。

C：法律家から見ますと、地元の同意を重視する行政手法には、問題点もあります。国土交通大臣が本件許可の申請に際して地元自治会の同意を得ておくように求める行政手法の意義と問題点を、まとめておきましょう。そのうえで、疑惑が事実であると仮定して、国土交通大臣は、Aに対してどこまでの指導、処分といった措置をとることができるのか、とりうる措置の範囲ないし限界についても綿密に検討しておきます。

B：今言われた「処分」について詳しくうかがいたいのですが、仮に、地元自治会の同意がない場合に、国土交通大臣が申請に対して不許可処分をする余地があるという考え方をとると、一度許可をした後で許可を取り消す処分もできることになるのでしょうか。

C：そこまで考えて、ようやく答えが出ますね。全体を順序立てて文書にまとめてみます。

B：T市では、T市の区域で場外舟券売場を設置しようとする事業者が現れた場合、国が定めた法令や通達の基準だけで設置を認めるのでは、不十分であると考えています。T市としては、調和のとれた街づくりをするために、場外舟券売場が周辺環境と調和するかをしっかりと審査して、市長が調和しないと判断した場合には、設置をやめていただく制度を作りたいと考えています。このような制度を条例で定める場合に、配慮すべき点を教えていただければ幸いです。

C：解釈論だけでなく、立法論も大事ですからね。簡潔にまとめておきましょう。

【資料2　関係法令】

○　モーターボート競走法

（趣旨）

第1条　この法律は、モーターボートその他の船舶、船舶用機関及び船舶用品の改良及

び輸出の振興並びにこれらの製造に関する事業及び海難防止に関する事業その他の海事に関する事業の振興に寄与することにより海に囲まれた我が国の発展に資し、あわせて観光に関する事業及び体育事業その他の公益の増進を目的とする事業の振興に資するとともに、地方財政の改善を図るために行うモーターボート競走に関し規定するものとする。

（競走の施行）

第2条 都道府県及び人口、財政等を考慮して総務大臣が指定する市町村（以下「施行者」という。）は、その議会の議決を経て、この法律の規定により、モーターボート競走（以下「競走」という。）を行うことができる。

2〜4 （略）

5 施行者以外の者は、勝舟投票券（以下「舟券」という。）その他これに類似するものを発売して、競走を行ってはならない。

（競走場の設置）

第4条 競走の用に供するモーターボート競走場を設置し又は移転しようとする者は、国土交通省令で定めるところにより、国土交通大臣の許可を受けなければならない。

2〜5 （略）

6 国土交通大臣は、第1項の許可を受けた者（以下「競走場設置者」という。）が1年以上引き続き同項の許可を受けて設置され若しくは移転されたモーターボート競走場（以下「競走場」という。）を競走の用に供しなかったとき、又は競走場の位置、構造及び設備がその許可の基準に適合しなくなったと認めるときは、同項の許可を取り消すことができる。

7〜8 （略）

（場外発売場の設置）

第5条 舟券の発売等の用に供する施設を競走場外に設置しようとする者は、国土交通省令で定めるところにより、国土交通大臣の許可を受けなければならない。当該許可を受けて設置された施設を移転しようとするときも、同様とする。

2 国土交通大臣は、前項の許可の申請があったときは、申請に係る施設の位置、構造及び設備が国土交通省令で定める基準に適合する場合に限り、その許可をすることができる。

3 競走場外における舟券の発売等は、第1項の許可を受けて設置され又は移転された施設（以下「場外発売場」という。）でしなければならない。

4 前条……第6項の規定は第1項の許可について、……準用する。

（競走場内等の取締り）

第22条 施行者は、競走場内の秩序（場外発売場において舟券の発売等が行われる場合にあっては、当該場外発売場内の秩序を含む。）を維持し、かつ、競走の公正及び安全を確保するため、入場者の整理、選手の出場に関する適正な条件の確保、競走に関

する犯罪及び不正の防止並びに競走場内における品位及び衛生の保持について必要な措置を講じなければならない。

（競走場及び場外発売場の維持）

第24条　（略）

2　場外発売場設置者は、その場外発売場の位置、構造及び設備を第5条第2項の国土交通省令で定める基準に適合するように維持しなければならない。

（秩序維持等に関する命令）

第57条　国土交通大臣は、競走場内又は場外発売場内の秩序を維持し、競走の公正又は安全を確保し、その他この法律の施行を確保するため必要があると認めるときは、施行者、競走場設置者又は場外発売場設置者に対し、選手の出場又は競走場若しくは場外発売場の貸借に関する条件を適正にすべき旨の命令、競走場若しくは場外発売場を修理し、改造し、又は移転すべき旨の命令その他必要な命令をすることができる。

（競走の開催の停止等）

第58条　（略）

2　国土交通大臣は、競走場設置者若しくは場外発売場設置者又はその役員が、この法律若しくはこの法律に基づく命令若しくはこれらに基づく処分に違反し、又はその関係する競走につき公益に反し、若しくは公益に反するおそれのある行為をしたときは、当該競走場設置者又は当該場外発売場設置者に対し、その業務を停止し、若しくは制限し、又は当該役員を解任すべき旨を命ずることができる。

3　（略）

（競走場等の設置等の許可の取消し）

第59条　国土交通大臣は、競走場設置者又は場外発売場設置者が前条第2項の規定による命令に違反したときは、当該競走場又は当該場外発売場の設置又は移転の許可を取り消すことができる。

○　モーターボート競走法施行規則

（場外発売場の設置等の許可の申請）

第11条　法第5条第1項の規定により場外発売場の設置又は移転の許可を受けようとする者は、次に掲げる事項を記載した申請書を国土交通大臣に提出しなければならない。

　　一　申請者の氏名又は名称及び住所並びに法人にあっては代表者の氏名

　　二　場外発売場の設置又は移転を必要とする事由

　　三　場外発売場の所在地

　　四　場外発売場の構造及び設備の概要

　　五　場外発売場を中心とする交通機関の状況

　　六　場外発売場の建設費の見積額及びその調達方法

七　場外発売場の建設工事の開始及び完了の予定年月日

八　その他必要な事項

2　前項の申請書には、次に掲げる書類を添付しなければならない。

一　場外発売場付近の見取図（場外発売場の周辺から1000メートルの区域内にある文教施設及び医療施設については、その位置及び名称を明記すること。）

二　場外発売場の設備の構造図及び配置図（1000分の1以上の縮尺による。）

三～五　（略）

（場外発売場の設置等の許可の基準）

第12条　法第5条第2項の国土交通省令で定める基準（払戻金又は返還金の交付のみの用に供する施設及び設備の基準を除く。）は、次のとおりとする。

一　位置は、文教上又は衛生上著しい支障をきたすおそれのない場所であること。

二　構造及び設備が入場者を整理するため適当なものであること。

三～四　（略）

2　（略）

【資料3　関係通達】

○　**場外発売場の設置等の運用について**（平成20年2月15日付け国海総第136号海事局長から各地方運輸局長、神戸運輸監理部長あて通達）（抜粋）〔筆者注：「通達1」という〕

7　場外発売場設置予定者は、設置許可申請書に省令第2条の7（注1）第2項に定める書類のほか、地元との調整がとれていることを証明する書類および管轄警察の指導の内容が反映されていることを証明する書類並びに建築確認申請書の写しを添付すること。

（注1）【資料2　関係法令】に掲げる現行のモーターボート競走法施行規則第11条を指す。以下「省令」とは現行のモーターボート競走法施行規則を指す。

○　**場外発売場の位置、構造及び設備の基準の運用について**（平成20年2月15日付け国海総第139号海事局長から各地方運輸局長、神戸運輸監理部長あて通達）（抜粋）〔筆者注：「通達2」という〕

1　場外発売場の基準

場外発売場の基準の運用については、次のとおりとする。

（1）　位置（省令第12条第1項第1号）

①　「文教上著しい支障をきたすおそれがあるか否か」の判断は、文教施設から適当な距離を有している、当該設置場所が主たる通学路（学校長が児童又は生徒の登下校の交通安全の確保のために指定した小学校又は中学校の通学路をいう。）に面していないなど総合的に判断して行う。

② （略）
③ 文教施設とは、学問又は教育を行う施設であり、学校教育法第１条の学校（小学校、中学校、高等学校、中等教育学校、大学、高等専門学校、盲学校、聾学校、養護学校及び幼稚園）及び同法第82条の２の専修学校をいう。
④ （略）
⑤ 「適当な距離」とは、著しい影響を及ぼさない距離をいい、場外発売場の規模、位置、道路状況、周囲の地理的要因等により大きく異なる。（以下略）

○ **場外発売場の設置等の許可の取扱いについて**（平成20年３月28日付け国海総第513号海事局総務課長から各地方運輸局海事振興部長、北陸信越運輸局海事部長、神戸運輸監理部海事振興部長あて通達）（抜粋）〔筆者注：「通達３」という〕
7 局長通達（注２）7の「地元との調整がとれていること」とは、当該場外発売場の所在する自治会等の同意、市町村の長の同意及び市町村の議会が反対を議決していないことをいう。
（注２）前記の平成20年２月15日付け国海総第136号「場外発売場の設置等の運用について（通達１）」を指す。

15 解答における「筋」の設定

　それでは、【問題２】の４つの問いについて、起案の方向性（いわゆる「筋」）を固めておきましょう。以下、【資料２】に掲載されているモーターボート競争法を「法」、同法施行規則を「施行規則」、【資料３】に掲載されている３つの通達について、それぞれ「通達１」、「通達２」、「通達３」と記します。

　【問題２】は、紛争当事者ではなく、第三者（隣接するＴ市の職員から依頼を受けた弁護士）の立場から、すべての設問に答えることが求められています。紛争の当事者としてではなく、客観的・第三者的な思考が求められています。その分、個別法の解釈技術や、判例・学説に関する理解が問われるという要素が強くなります。

　設問１では、法に基づく本件施設の設置許可の取消訴訟について、近隣の学校法人（X1）・近隣の居住者（X2）それぞれの原告適格の有無が問われています。第三者の原告適格に関する典型問題であり、法・施行規則・通達という３種類の法的規範について、「規範の階層関係の解析」を踏まえた解釈論を展開することが必要です。特に、通達の位置付けがポイント

になります。

　なお、設問1では、X1・X2について、どのような被侵害利益（不利益）を主張するか、最初に固めておくことが、解答を導きやすくする「コツ」です。X1であれば、良好な学習環境・静謐な教学環境・文教施設にふさわしい静穏な環境等と表現される被侵害利益が存在し、これが、公営ギャンブル施設による喧噪や享楽的・射幸的雰囲気により支障を受ける、というイメージです。X2であれば、良好な風紀・風俗、静穏・静謐、文化的・教育的な意味での生活環境が被侵害利益としてイメージできますが、これらは原告適格を肯定するには少し弱い（特定性が低く・拡散性が高い）利益ですから、自治会のメンバーとして行政の意思形成プロセスに参画する手続的利益も考えておく必要があります。そこから、X1は原告適格を肯定する方向、X2は原告適格を否定する方向を、解答に向けた一応の「筋」として設定することとします。

　設問2では、迷惑施設の設置許可申請者であるAが、法に基づく許可申請をするにあたり、通達により要求されている「地元との調整」を正しく履践していないという疑いが生じ、許可権限を有する大臣が、Aに対する要求措置（行政指導）ないし取消措置（不利益処分）を検討しているという問題状況の下で、2つの小問が設定されています。前者の要求措置については、処分性を認めて不利益処分とするか、事実行為とみて行政指導とするか、解釈が分かれる可能性があるのですが、一応の「筋」としては、行政指導であるとイメージしつつ、必要があれば処分性の有無について解釈論を展開すれば良い、という心づもりとなります。

　設問2の小問1では、将来的に、要求措置（行政指導）への不服従⇒そのことを理由とする取消措置（不利益処分）というプロセスが予測される中、Aが「取消措置を受けるおそれを除去」するためにどのような訴えを提起すべきか、という訴訟類型選択が問われています。「最も適法とされる見込みが高く、かつ、実効的な訴えを、具体的に2つ候補を挙げて比較検討」するという問題文の要求を適切に踏まえることを心掛けるなら、まず将来の取消措置の差止訴訟を想定し、次に、要求措置（行政指導）に従う義務のないことの確認訴訟（当事者訴訟）が想定される、という「筋」を読むことは容易だと思います。

　設問2の小問2では、法規性のない通達（行政規則）への違反を理由と

して、不利益処分をすることの可否が問われています。これは、結局のところ、本件許可処分について大臣の裁量がどの程度の広さで認められるのか、という解釈論に依存します。裁量が広ければ、法令の定める処分要件ではない通達違反を理由として取消措置をとる可能性が認められる一方、裁量が狭いのであれば、法令の縛りを厳格に解釈することになりますから、通達違反を理由とする取消措置は難しいと解釈することになります。問題文において、「大臣がAに対してとりうる措置の範囲ないし限界を丁寧に検討しなさい」と指示されていることも、ここで行政裁量について問われていることを示唆します。【資料１】において、本件許可制度が「刑法第187条の違法性を阻却するという法制度」という特色があるとする点も、見落とせません。

　さらに、設問２の小問２については、【資料１】において、通達により地元の同意を求めるという「行政手法の意義と問題点」に着目することも指示されています。ここから、通達の法的性質・機能、行政指導に基づく合意形成手続の意義・問題点について、起案に反映させる必要性が読み取れます。私なりに「筋」を読むなら、刑法の例外を許容する制度という性格上、本件許可につき大臣の裁量は広く認められることから、地元の同意を許可要件とする通達について、法規性はないものの審査基準として合理的であれば適法と解する余地があり、本件の事実関係を踏まえれば職権取消し（合目的性の回復を趣旨とする取消し。塩野・行政法Ⅰ189頁）も適法と考えられる、ということになるでしょう。

　設問３は、立法的解決を論じさせるという、これまでとは違う切り口の問題になっています。しかし、問題文をよく読めば、何を答えるべきか、一定の誘導がありますし、【資料１】にも重要なヒントが記されています。そうすると、設問３の文中にある①②の許可制度について、Ⓐ実効性を確保する政策手段、次に、Ⓑ合意形成機能を果たしうる政策手段をピックアップし、Ⓒ①②を含めてそれらを自主条例として定めた場合の当該条例の適法性（条例と法令の抵触関係）に関する論点を示すという「筋」が読めてきます。Ⓐは罰則、それから、行政代執行を可能にするための代替的作為義務の創出を、Ⓑは説明会・公聴会などの合意形成型事前手続や、行政決定プロセスに協議会・第三者的機関を関与させること、周辺住民等から意見提出をさせること等、Ⓒについては許可制を創設した場合の法令と抵

触関係、罰則を創設した場合の地方自治法との関係、条例により代替的作為義務を創設した場合の行政代執行法との関係、新規の規制の仕組み全体と比例原則の関係等を書くことが考えられます。

16 設問1の検討（その1・判断枠組みの設定）

設問1は、X1・X2それぞれについて原告適格の有無を問うています。X1・X2を完全に分けて起案する方法も考えられますが、両者の解釈に共通する部分を論じておいて（規範を立てて）、そこから先、X1・X2の被侵害利益を精密に検討して当てはめを行い、それぞれ結論を導くというロジックで検討を進めることとします。

設問1は、処分の相手方でない第三者の原告適格が問題となる典型です。まずは、X1・X2それぞれについて、行訴法9条1項にいう「法律上の利益」の有無が問題となることに言及したうえで、「法律上の利益」とは、係争処分の根拠法令が法律上保護している利益と解釈されるものを意味しており、根拠法令が、不特定多数者の具体的利益を、単に一般的公益に吸収解消されるものではなく、個々人の個別的利益としても保護していると解されることを要する、と論じます。これは、第三者の原告適格判定に関する最高裁判例の一般的定式ですから、これを判断枠組みとして解釈論を進めます。

次に、上記の定式を踏まえて、X1・X2が「法律上の利益を有する者」に当たるか、具体的に検討を進めます。この段階で、X1・X2は、行訴法9条2項にいう「処分の相手方以外の者」であり、「法律上の利益」の有無について、同項に定められた考慮事項を適切に踏まえ、関係する規定を綿密に検討することを述べておきます。そして、同項に則して、本件許可の根拠法令である法および施行規則の「趣旨・目的」、本件許可において「考慮されるべき利益の内容・性質」に着目した検討を進めます。

ここで注意すべきなのは、施行規則は「根拠法令」に含めて解釈できますが、通達については、通常は「根拠法令」でも「関係法令」でもないと考えられることです。法規性のない通達について、X1・X2に係る「法律上の利益」の有無の解釈とどのように結び付けることができるかが、設問1において「仕組み解釈」の技術を活かす最大のポイントです。

17 設問1の検討（その2・X1の「法律上の利益」）

　以上を踏まえて、X1につき原告適格を肯定、X2につき否定という方向で起案することを前提に、ロジックの流れを考えてみましょう。まずX1について検討します。

　法1条の目的規定のみからは、大学等の文教施設の教育的環境について、個々人の個別的利益としても保護する趣旨かどうか読み取るのは難しいので、本件許可の根拠規範たる規定について検討を進めます。

　本件許可の根拠規定は、法5条1項です。許可の要件については、同条2項が、当該施設の位置・構造・設備が基準となることのみを、抽象的に規定しています。そして、法5条1項・2項とも、詳細を省令に委任していますから、あわせて、委任命令である施行規則（省令）11条・12条を参照すれば、本件許可に関する「行為要件」が解析できます。

　施行規則12条1号は、位置の基準として、「文教上……著しい支障をきたすおそれのない場所であること」を定め、同11条2項1号は、設置許可申請の際の添付書類として、施設から1000m以内の文教施設の位置・名称を明記した見取図を要求しています。ここから、係争処分の根拠規範たる法令のレベルで、文教上支障が生じないという利益を保護していることまでは解釈できますが、個別具体の（特定された）文教施設の個別的利益まで保護していると解釈することは難しいと考えられます。

　そこで、通達に目を向けることになります。通達2は、施行規則12条1項に係る裁量基準（行手法上は審査基準）と位置付けられます。通達2は委任命令ではなく、法規性があるとは考え難いため、「法令」とは解釈できません。しかし、通達2は、審査基準ないし裁量基準として、施行規則12条1項の解釈運用のあり方を示すものであり、同項1号の定める位置基準の合理的解釈の重要な手がかりになると考えられます。そして、通達2は、施行規則における「文教上著しい支障をきたすおそれ」は、文教施設からの「適当な距離」の確保によって判断すること、さらに、文教施設には大学が含まれることを規定しています。

　上記のことと、施行規則11条2項1号において、本件許可申請の添付書類たる見取図において、1000m以内の文教施設の位置・名称の明記が求められていることを併せ考えると、本件許可の根拠法令である法および施

行規則は、大学を含む文教施設に着目し、少なくとも施設から1000m以内の文教施設について、善良で静謐な環境の下で教育活動を行う利益を保護していると解釈することができると考えられます。

　次は、「考慮されるべき利益の内容・性質」の検討です。問題文から、本件施設は、極めて大規模かつ複合的な公営ギャンブル施設であり、年間を通してほぼ毎日、その大半においてナイター営業を行うこと等をピックアップし、そのような施設が近隣で営業することは、大学Sの運営にとって極めて重要かつ不可欠な、静謐・健全で良好な環境を失わせる結果になることを論じることができます。そして、ひとたび違法な許可によって上記のような悪影響が及ぶことになれば、大学Sの運営上、極めて重大で回復の困難な損害を与えることになる、といえるでしょう。

　以上から、本件施設の設置許可に関する法の規定の趣旨・目的、これらの規定が本件設置許可制度を通して保護しようとしている利益の内容・性質を考慮すると、法は、本件施設から1000m以内の文教施設が静謐・健全・良好な環境を著しく侵害されないという利益を、個々人の個別的利益としても保護していると解される、という帰結を導くことができます。X1はこれに該当し、X1の原告適格は肯定できる、という結論に至ります。

18　設問1の検討（その3・X2の「法律上の利益」）

　X2は、本件施設の周辺住民であり、自治会Rの構成員です。周辺住民ということから、X2については、良好・健全・静謐な生活環境が被侵害利益として想定されます。また、「地元との調整」として求められる「自治会等の同意」（通達3を参照）の当事者たる自治会の構成員であることについても、検討しておく必要があるでしょう。

　【資料1】に示唆されているように、そもそも、法は、刑法187条の例外として公営ギャンブルに法的根拠を与えるものであり、法22条・57条も併せ考えると、本件施設やその運営に関して公共の安全や犯罪の防止を趣旨とする要素を読み取ることは不可能ではありません。また、施行規則11条において、交通機関の状況が考慮事項であること（同条1項5号）、施設付近の見取図が添付書類になっていること（同条2項1号）から、施設周辺

の良好かつ健全な生活環境について、これを保護する趣旨であるとの解釈は可能です。しかし、本件施設の設置・運営により周辺住民が被る不利益は、単に交通上、風紀上、教育上等の広い意味での生活環境の悪化にとどまり、それらは基本的に一般的公益に吸収解消されると考えられます。そして、これを個々人の個別的利益としても保護していると解釈するための法令上の手がかりも、特に見当たりません。したがって、上記の観点から、X2に「法律上の利益」を肯定することは困難となります。

　また、X2は、通達１および３により本件設置許可申請の際に同意を求められている自治会の構成員であって、本件設置許可における手続的参加権の侵害が「法律上の利益」に当たるか否かも問題となりえます。しかし、通達１および３は法規性のない行政規則にとどまるものであり、法令上、設置許可申請につき周辺住民の同意が考慮事項であると解釈可能であるとしても、自治会構成員につき個々人の個別的利益として保護していると解釈する手がかりを認めることはできません。

　以上から、X2について、原告適格は認められない、という結論に至るものと思われます。

●ポイント●　設問１の別解──X2に原告適格を肯定するロジック

　ここまで、X2の原告適格を否定するという結論でのロジックを考えてきました。逆に、X2の原告適格を肯定する「仕組み解釈」についても、シミュレーションしてみましょう。

　たとえば、法が、刑法で禁止されたギャンブルを例外的に許容することを趣旨とすることに着目したうえで、本件施設が、単なる場外発売場ではなく、映像観覧スペース等を備えた巨大なギャンブル施設として強い射幸的環境を生じさせ、年間300日のナイター営業を含めて連日稼働する極めて集客量の高いものであること等から、周辺住民のストレス等の健康被害、生活環境悪化に対する強い不安感等が生じることは明らかであり、これらの被害・不安感等が日々蓄積して著しい被害に至るおそれがあることを論じることができると思います。そのうえで、通達３により自治会構成員という線引きが行われていること、自治会それ自体について手続的参加の仕組みが存在することから、自治会構成員であるX2については、健康被害・生活環境悪化につき著しい被害を受けるおそれがある者と認められ、原告適格が肯定できるとする「筋」を立てることができます。

　仮に上記の「筋」により起案する場合には、法における本件許可の制度趣旨、法22条の趣旨、施行規則11条２項の見取図添付の趣旨等を手掛かりに周辺住民のストレス等の健康被害、生活環境悪化に対する強い不安感等を保護法益として読

み取ったうえで、当該法益の内容・性質から法益侵害が著しい健康被害等につながることを論じることになります。通達については、関係法令として行訴法9条2項の解釈に組み込むのではなく、あくまでも原告の具体的線引きの段階で使うことが望ましいと思います。

19 設問2小問1の検討

　設問2の小問1については、まず、問題文をよく読む必要があります。問題文では、Aが国土交通大臣に対して要求措置（行政指導と考えられます）に従う意思がないことを表明したにもかかわらず、大臣側が、行政指導に従わないと取消措置（不利益処分）を課す可能性を示しながらさらに行政指導を続けた、という紛争状況が記されています。そのうえで、Aが「取消措置を受けるおそれを除去する」ための訴訟類型選択について、適法かつ実効性の高いもの2つを比較検討することが求められています。また、仮の救済は考察からはずすよう指示されています。

　これは、行政指導（事実行為）⇒不利益処分、という流れの中で、将来の不利益処分につき事前救済の方法を論じるという、訴訟類型選択の典型的問題といえます。問題文の条件設定を踏まえるなら、考えられるオプションが、①取消措置（不利益処分）の差止訴訟（行訴法3条7項）、②要求措置（行政指導）に従う義務のないことの確認を求める実質的当事者訴訟（行訴法4条後段）であることは、本書をここまで読み進められた方であれば、容易に見通しを付けられるでしょう。

　設問2の小問1は、上記①②の訴訟類型について、訴訟要件レベルでの比較検討を要求しています。①の差止訴訟では、取消措置が処分性を有することは明らかであり、Ⓐ取消措置がされる蓋然性があること（行訴法3条7項）、Ⓑ重大な損害が生ずるおそれがあること（行訴法37条の4第1項・2項）、Ⓒ他に適当な方法がないこと（行訴法37条の4第1項ただし書）、Ⓓ原告が法律上の利益を有すること（行訴法37条の4第3項・4項）が主要な訴訟要件となります。問題文に示された事実関係からⒶの訴訟要件は認められ、Aは取消措置の名あて人ですからⒹも当然に認められます。したがって、差止訴訟の訴訟要件としては、専ら、上記ⒷおよびⒸが問題になります。他方、②の当事者訴訟としての義務不存在確認訴訟については、

確認の利益の有無が問題になります。以上の整理を踏まえて、①②の救済方法を比較しましょう。

上記①Ⓑの「重大な損害」要件について、本件事案では、Aは未だ工事に着手しておらず、「重大な損害」要件を満たすには至っていないとも考えられます。しかし、「重大な損害」要件は、事前救済の方法として差止訴訟が設けられた制度趣旨に照らし、原告の事前救済の必要性という観点から解釈する必要があります。そうすると、大臣による行政指導が繰り返される状況下において、大臣から取消措置を受ける現実の危険が切迫している一方、一旦取消措置を受けてしまうと、Aがこれまで費やした経費等は意味を失うこととなり、差止訴訟による事前救済の必要性という観点から「重大な損害」要件を認めるというロジックが立てられます。

上記①Ⓒの要件についても、Aが「取消措置を受けるおそれを除去する」ためには、取消措置の差止訴訟が最も直截的な事前救済方法であり、他に適当な方法があるとは解されないといえるでしょう。

これに対して、②を使うとするなら、同意書の再提出を求める要求措置が違法であり、それに従う法的義務がないことの確認を求めるという法律構成になるところ、①の差止訴訟と比べ、「取消措置を受けるおそれの除去」との関係は間接的なものにとどまるものと考えられます。そうすると、②は、紛争の成熟性ないし補充性の点で、確認の利益が認められ難いと解されます。

以上の検討から、Aは、取消措置を受けるおそれを除去するため、取消措置の差止訴訟を提起すべきと考えられます。

20　設問2小問2の検討

設問2の小問2は、自治会の同意書の再提出がないことを理由に、国土交通大臣がAに対する本件許可の取消措置をとった場合に、その取消措置の適法・違法を問うています。関係する法令の検討、通達の法的性質の分析、大臣による効果裁量の範囲・限界について、「丁寧に検討」することがあわせて求められています。本章で扱った「規範の階層関係の解析」の技法を最大限活用して、検討を進めましょう。

本件許可の根拠規定である法5条、その委任命令（法規命令）である施

行規則11条・12条を見ても、「地元の同意」に関する許可要件は見当たりません。「地元の同意」については、通達1において、本件許可の申請書の添付書類として「地元との調整がとれていることを証明する書類」の添付が要求され、通達3において具体的に「自治会等の同意」に係る添付書類が必要なことが規定されています。【資料1】にも記載があるように、「地元の同意」ないし「自治会の同意」は、一般に法規性がないと考えられる通達によって定められています。さらに、通達1および3は、施行規則11条に係る解釈基準として定められており、法律レベルに遡ると法5条1項に対応しています。「地元の同意」要件は、法5条2項に定める位置・構造・設備基準とは一応別個のものということになります。

　以上を確認したうえで、問題文の指示、および、【資料1】の誘導に従って、法令の検討⇒通達の法的性質⇒「地元の同意」を求める行政手法の意義と問題点⇒大臣のとりうる措置の範囲・限界、の順に検討していきましょう。

　第1に、法令の検討です。まず、大臣による取消措置は、本件許可の原始的瑕疵による職権取消しと考えられるところ、法59条による取消規定の適用事例ではありませんから、法令上の根拠がない職権取消しであることが確認できます。次に、法5条、施行規則11条・12条からは、「地元の同意」を許可要件とする趣旨は読み取れませんし、許可要件の内容を通達に委任する趣旨の規定も見当たらないことを確認しておきます。さらに、【資料1】を踏まえたうえで法1条・2条を読むと、法の趣旨は、刑法187条の富くじに該当するものについて、地方財政の改善という目的から例外的に許容することであり、法5条の定める許可制についても、このような制度趣旨であることを踏まえた解釈が必要です。

　第2に、通達の法的性質について解釈します。通達1・3は、処分をする前提として「地元の同意」を求める旨を定めていますが、法令上これを処分要件とする規定はなく、通達に処分要件の詳細を委任する根拠規定もありません。したがって、通達1・3について法規性は認められず、通達1・3の定める「地元の同意」はそれ自体として処分要件とは解釈できません。他方、通達1・3について、申請に対する処分における審査基準（行手法5条1項）と位置付けることが可能です。このような観点からは、審査基準の内容が、当該処分に係る根拠法令の解釈上、裁量権の範囲内と

して適法であることが求められますから、通達1・3について、そのように解釈できるか、問題となります。仮に、通達1・3による添付書類（地元自治会の同意書）について、申請に対する処分に関する行手法上の審査基準として適法と解釈できないとすれば、同意書添付は、申請に関連する行政指導という位置付けになると解されます。この場合、行政指導に不服従ということのみを根拠として、申請拒否処分をすることはできないと解されます（行手法32条）。

　第3に、「地元の同意」を求める行政手法の意義と問題点を検討します。第2までの検討から、通達1・3の定める「地元の同意」要件は、①行政規則たる審査基準として適法・有効、②申請に関連する行政指導にとどまる、という2通りの解釈可能性があると考えられます。

　上記①の解釈は、以下のロジックによって可能になると思います。法は、本来刑法187条の富くじに該当する行為について、特に許可制を設けたものであることから、本件許可は国民の営業の自由の規制にかかわるものではなく、国民に特権を付与する法的仕組みであり、行政裁量が広く認められ、法令にない「地元の同意」を審査基準とすることも、内容的に合理性が認められるとともに、申請者もこれを受忍せざるをえない。このことは、周辺地域の生活環境・風俗環境・教育環境等に重大な影響を与えるおそれのある施設の建設について、事前に周辺住民との合意形成を求めるという行政手法の意義に照らしても、首肯できる、と。

　これとは反対に、上記②の解釈は、以下のロジックにより導くことができます。法は、本件許可について、刑法187条の違法性阻却を認めていることからも、処分庁に一定の裁量権を認めていることは明らかであるが、地元自治会の同意書添付がなければ許可されないとすることは、法令上の許可要件とされていない自治会同意がなければ施設建設が不可能になることを意味し、迷惑施設の設置許可手続における周辺住民との合意形成の意義を踏まえてもなお、法の趣旨に照らして過剰な規制と解釈せざるをえない。したがって、通達1・3による「地元の同意」要件は、単に行政指導としての意義を有するにすぎない、と。

　上記①②のうち、どちらをとるかは、各人の選択ということになります。それによって、大臣がAに対してとりうる措置の範囲・限界に関する論述内容も変わってきます。

上記①の解釈をとるなら、「地元の同意」要件は、適法な審査基準として許容されますから、Aの申請は、この要件を満たしていなかったことになります。法に職権取消しの根拠規定はありませんが、適法な審査基準の定める要件を特別な事情なしに満たしていないという原始的瑕疵（不当の瑕疵に当たります）がある本件許可について、許可の相手方（A）にとって不利益処分であることを考慮してもなお、法治国原理に照らし、職権取消しは可能であると考えられます。職権取消しの可否に関する利益考量については、ⓐ公営ギャンブルを内容とするため、Aの営業の自由とはかかわらないこと、ⓑAは未だ工事に着手しておらず、職権取消しによる経済的影響は比較的小さいこと、ⓒ職権取消しによって守られる周辺住民の合意形成・手続的参加の利益は大きいこと等から、職権取消しを可とする方向で論じることができます。

　上記②の解釈をとるなら、地元自治会の同意書添付は、申請に関連して行われる行政指導であり、Aによる任意の協力が得られない以上、本件許可に瑕疵があるとは言えず、職権取消しもできないと解されます。地元自治会の同意手続に問題があったとしても、そのことにAが関与していないことを付言してもよいでしょう。

21　設問3の検討

　設問3は、問題文をよく読んで、シンプルかつ的確に解答するという姿勢が必要だと思われます。そうすると、Ⓐ考えられる規定の骨子、Ⓑ条例の問題点、の2点が問われており、Ⓐについては、事業者に対する実効性確保と、住民・事業者の利害の適切な調整という2種類の「仕組み」の提案が求められていることが読み取れます。

　上記Ⓐについて、実効性確保の仕組みとして、許可制度を担保する罰則規定、許可を得ずに設置をしようとする者に対する中止命令とそれを担保する公表制度・罰則規定が考えられます。さらに、許可を得ずに設置した者に対する除却命令を仕組めば、行政代執行が可能な代替的作為義務を創出することができます。利害調整の仕組みとしては、事業者による説明会開催の義務付け、住民からの意見書提出手続の創設、住民・行政・事業者による協議会の設置、周辺環境調和要件の充足性を判定する第三者機関の

手続的関与等が考えられます。

　上記⑧については、まず、問題文①②のような市長の許可制を規定する条例が、法令との抵触関係（憲法94条・地方自治法14条１項）において、法の許容範囲内といえるか、という問題点があります。本件条例と法は目的を共通にすると解釈されるところ、法が、周辺環境調和要件について地方独自の規制強化を許容する趣旨と解釈可能かが問題となります。加えて、本件条例による許可制のあり方が、比例原則違反とならないかも問題となるでしょう。次に、Ⓐで検討した実効性確保手段について、その適法性が問題になります。罰則については、地方自治法14条３項による授権の範囲内であれば適法と考えられます。中止命令と命令違反に対する公表制度も、行政代執行法１条との関係で適法と解釈できます。代替的作為義務を創出すれば、行政代執行法２条について、自主条例についても地方自治法14条の包括的委任により適法と解釈されるため、代執行が可能になります。しかし、自主条例において、これらを全て備えた強力なサンクションを伴う許可制度を設けることは、条例と法令の抵触関係に戻って考えるならば、法に抵触すると解釈される蓋然性が高くなるでしょう。そのような意味では、本件条例により許可制を設けるには、説明会・意見提出・協議会等の合意形成手続を主たる仕組みとし、実効性確保については比較的ソフトなものにとどめることが合理的と考えられます。

第5章

実践演習

Ⅰ 司法試験問題の検討にあたって

1　本章の構成

　第5章では、平成29年から令和4年までの司法試験問題について、解説と解答例を示します。司法試験の論文式問題は、事実を評価して法解釈をする実践的な行政法解釈を学ぶための素材として、よく練られています。ここまで学習してきた「行政法思考」を活かして、個別法の「仕組み解釈」を実践しましょう。

　以下、各年の問題ごとに、①設問の把握⇒②事案の整理⇒③小問ごとの検討⇒④解答例、の順で検討します。

　①設問の把握では、その問題で何を訊かれており、何を答えればよいか、端的に確認します。具体的に答案構成・解釈論を考える前に、大筋を正しく捉えます。

　②事案の整理では、問題文・会議録から、主として時系列に沿うかたちで事実関係・法的仕組みを「見える化」して示します。本書で示した「時間軸に沿った『仕組み』の解析」を実践して、答案構成に活かすことを試みます。

　③小問の検討では、小問ごとに、解答の道筋を検討します。問題文・会議録で示されている「誘導」や「指示」に従うこと、問いのパターン（主張・反論型、判例に則した客観的検討型など）を踏まえること、事実の拾い方、個別法の仕組み解釈、求められている判例知識の確認など、解答するためのポイントを確認します。

　④解答例は、上記①②③の検討を踏まえた、答案の「例」です。事例問題に「正解」はないと考えられますが、私であればこのように起案するという一例を示しています。試験時間、各小問の配点も頭に入れて、分量・内容を整えており、読者の方々の参考になれば幸いです。

2 「採点方針」について

法務省HPには、各年の司法試験について、「出題趣旨」、「採点実感」等が掲出されています。このうち、「採点実感」には、「採点方針」が記載されており、最近では毎年ほぼ同一内容となっています。

以下、令和4年司法試験の採点実感（公法系第2問）から、採点方針に該当する部分を引用します。

> 採点に当たり重視している点は、例年と同じく、①分析力（問題文及び会議録中の指示に従って基本的な事実関係や関係法令の趣旨・構造を正確に分析・検討し、問いに対して的確に答えることができているか）、②基本的な理解及び応用力（基本的な判例や概念等の正確な理解に基づいて、相応の言及をすることができる応用力を有しているか）、③論理的な思考・表現力（事案を解決するに当たっての論理的な思考過程を、端的に分かりやすく整理・構成し、本件の具体的事情を踏まえた多面的で説得力のある法律論を展開することができているか）である。知識量には重点を置いていない。

上記①は、問題文・会議録の指示に従い、問いに対して的確に答えるという、司法試験に取り組む際の最も基本的なポイントを述べています。加えて、「事実関係」と「関係法令」の正しい分析・検討の必要性という指摘を読み取ることができます。事実の問題と法解釈の問題を峻別して考察することは、実務的な法解釈の基本ですが、行政法でも当然に当てはまります。①の指摘は、個別法の仕組みを正しく解釈した上で、提示された紛争に関わる具体的な事実を拾って評価する、あるいは、個別法を踏まえた解釈枠組みを正しく設定した上で、事案に即した事実を当てはめて結論を導く、という姿勢が重要であることを示します。

上記②は、基本的な判例・基礎的な概念を押さえ、これを応用して解答を作成する、という趣旨と考えられます。基本法典を欠く行政法では、解釈論において判例が果たす役割が大きくなります[1]。②の指摘に応えるためには、重要判例から、論点に関する解釈枠組みと、これを当てはめて結

---

(1) 本書1章Iで説明しています。

論を導くためのロジック、さらに、当てはめに際して用いるキーフレーズを習得しておく必要があります。

　上記③は、優れた答案を欠くために当然の事柄が記載されていますが、「具体的事情を踏まえた多面的で説得力のある法律論」とはどのようなものか、正しくイメージしておく必要があります。どのような答案が、「多面的」で「説得力」があるか、という問題です。この点、上記「採点方針」では、「知識量」に重点を置かないと明記されていることと、併せて読み解く必要があります。「多面的」と言っても、様々な学説の見解を論じる、あるいは、複数の視点から事実を評価するということではなく、端的に、問題文・会議録で示されている「誘導」を丁寧に拾い、関連法令として記載されている条文を余すところなく引用して起案することが、出題意図に応える「多面的」で「説得力」のある起案につながることを意識すると良いと思います。

3　解釈技法の整理

　各年の問題解説に進む前に、本書で提示した「行政法思考」をどのように活用するか、あらかじめ概観しておきます。この部分は、各年の司法試験問題を検討した後に読み返していただいても良いと思います

　平成29年司法試験は、①時間軸に沿った「仕組み」の解析、②行為要件・行為内容の解析、③規範の階層関係の解析という3つの技法をバランス良く用いる典型問題といえます。処分性・訴訟類型選択について①を踏まえた事案の整理が役立つ一方、本案論（裁量審査）では②により道路法の定める処分要件の分析が必須です。さらに、設問2のポイントであるＹ市の「内部基準」の扱いついては、③の技法が不可欠です。

　平成30年司法試験は、最初に、墓地埋葬法に定めのない処分要件・処分手続を具体的に規定する「条例」の法的位置付けが問題になります。これが上記③の技法を必要とすることは、言うまでもありません。本問でも、①を用いた事案の整理は有効ですし、第三者の原告適格、主張制限、本案論（裁量審査）という各論点について、個別法の定めている処分要件を丁寧にフォローする②の技法が役立ちます。

　令和1年司法試験は、違法性の承継、無効確認訴訟の原告適格、本案論

（裁量審査）が論点となっています。上記①により事案の整理が役立つことは例年と同じですが、違法性の承継、法定抗告訴訟としての無効確認訴訟と当該処分の無効を前提とする争点訴訟の関係性などを考える際、「時間軸」を意識することが特に有効です。もちろん、原告適格、裁量審査では②の技法が役立ちます。

　令和２年司法試験は、資料として、農地法、農振法に加えて、施行令、施行規則、運用指針が提示されており、上記②・③の技法を駆使して、規範の階層関係を意識しながら処分要件を追って行く必要があります。論点としては、処分性、訴訟類型選択（不作為の違法確認訴訟）、取消訴訟の本案論ですが、全体として純粋な仕組み解釈の技術が問われます。運用指針の法的性質を正しく把握することも、重要なポイントです。

　令和３年司法試験は、法律の仕組みとリンクしているが委任関係にない独自条例に基づく行政決定の処分性、競願関係における取消訴訟の訴えの利益、取消訴訟の本案論が問われます。上記③の技法を意識し、条例の仕組みと法律に基づく許可制度の関係に留意しながら、処分性を論じる必要があります。その際、①の技法に基づく事案の整理が必要です。本案論においては、処分要件を丁寧に押さえる必要があり（②の技法）、審議会の「申合せ」を検討する場面では③の技法がポイントになります[2]。

　令和４年司法試験は、処分の相手方でない者の原告適格、工事完了後の訴えの利益の残存（狭義の訴えの利益）、取消訴訟の本案論が問われます。森林法、施行規則に加えて、条例（独自条例）、許可基準を使いこなす必要があり、上記②の技法が特に重要です。また、原告適格、訴えの利益、本案論のいずれにおいても、②③の技法の習熟が求められます。

---

(2)　令和３年の問題では、道路法の委任を受けない独自条例において、法律レベルの申請制度（道路占用許可）の申請者を「前さばき」する仕組み（候補者の選定）が設けられています。条例の一部は、法律による申請制度に係る審査基準として定められているとの誘導があります。しかし、候補者の選定・不選定の決定それ自体については、法規性を認めないと処分性が肯定できませんから（申請権、応答義務なども導けません）、条例全体が審査基準（裁量基準）でないことは当然です。

Ⅱ 平成29年司法試験（公法系科目・第2問）

　Ｙ市に所在し、社会福祉法人Ａが運営する保育園（以下「本件保育園」という。）の敷地（南北約200メートル、東西約100メートルのほぼ長方形）は、その西側境界線の全部が、幅員約１メートル、全長約200メートルの南北方向に通る市道（以下「本件市道」という。）に接している。本件市道は、その北端及び南端（それぞれ本件保育園の敷地の北西端及び南西端に接する部分）で、それぞれ東西方向に通る別の公道に接続している。本件市道は、古くからその敷地をＹ市が所有し、市道として道路法第８条第１項に基づく路線の認定を受けた道路（以下「認定道路」という。）であるが、幅員が狭いため、歩行者、自転車及び原動機付自転車の通行は可能であるものの、普通乗用自動車の通行はできない。

　本件市道を挟んで本件保育園の敷地と向かい合う位置には、Ａが所有する畑（以下「本件畑」という。）があるほか、数戸の住宅が立ち並んでいる。これらの本件畑及び住宅の敷地は、いずれも、その東側で本件市道に接し、その西側で、南北方向に通る幅員５メートルの別の認定道路である市道（Ｂ通り）に接している。

　本件保育園においては、保育活動の一環として、本件畑が園児の農業体験等に頻繁に利用されており、本件市道も、農業体験等の際に園児が自由に横断するなど、本件保育園の敷地及び本件畑と事実上一体的に利用されていた。そのため、本件市道を通行する原動機付自転車が園児と接触しかける事件が年数回発生しており、保護者らもＡに対し園児の安全確保を申し入れることがしばしばあった。このような状況の下で、園児が本件市道を通行する原動機付自転車に接触して負傷する事故が実際に発生したことから、Ａは、園児の安全を確保するための緊急措置として、本件市道の北端と南端に簡易フェンス（以下「本件フェンス」という。）を設置し、一般通行者が本件市道に立ち入ることができないようにした。同時にＡは、抜本的解決のためには本

件市道を買い取るしかないと考え、本件市道を管理するＹ市との間で、本件市道の路線の廃止及び売渡しについて事前相談を開始した。

　Ｙ市長は、Ａからの相談の内容を踏まえ、㋐本件保育園の関係者以外の者による本件市道の利用は乏しいと思われること、㋑現に本件市道上で園児と原動機付自転車との接触事故が発生しており、現場の状況等からすると同種事故が発生しかねないこと、㋒Ａが本件市道の路線の廃止及び売渡しを希望しており、いずれ路線の廃止が見込まれることから、本件フェンスの設置は道路法第43条第２号に違反しないと判断し、Ａに対してその撤去を求めるなどの道路法に基づく監督処分の措置を執らなかった。

　また、Ｙ市長は、職員に命じて、本件フェンスにより本件市道が閉鎖された状況の下において本件市道の調査を行わせ、上記職員から、①本件市道の幅員は約１メートルしかなく、普通乗用自動車が通行できないこと、②本件保育園の関係者以外の者による本件市道の利用は乏しいと思われること、③本件市道の近くには認定道路であるＢ通りがあること等から、道路法第10条第１項に基づき本件市道の路線を全部廃止しても支障がないと考えられる旨の報告書の提出を受けた。なお、上記調査のうち聞き取り調査は、Ａに対してのみ行われた。Ｙ市長は、上記報告書を踏まえ、本件市道は一般交通の用に供する必要性がなくなったと判断し、Ａに対し、本件市道に隣接する全ての土地（本件市道の西側に立ち並んでいる前記の数戸の住宅の敷地）の所有者から本件市道の路線の廃止に関する同意を得た上で売渡しに向けた手続を進めるよう回答した。

　Ａは、Ｙ市長からの回答を受けて、上記隣接土地所有者と交渉を進め、そのほとんどの者から本件市道の路線の廃止に関する同意を得たが、本件畑の南側に隣接する土地（以下「本件土地」という。）を所有するＸ1だけは強く反対し、同意を得ることができなかった。

　Ｘ1及びその子Ｘ2（以下、併せて「Ｘら」という。）は、本件土地上の住宅に居住し、Ｘ2は、Ｃ小学校への通学路として本件市道を利用してきた。Ｃ小学校まではＢ通りを通っても行くことができるが、周辺の道路状況から、本件市道を通る方が、Ｃ小学校までの距離は約

400メートル短い。また、普通乗用自動車が通行できず交通量が少ない点で、B通りよりも本件市道の方がX2にとって安全であるとX1は考えている。さらに、C小学校は、災害時の避難場所として指定されており、Xらとしては、災害時にC小学校に行くための緊急避難路として、本件市道を利用する予定であった。

Y市のウェブサイトには、市道の路線を廃止するためには当該市道に隣接する全ての土地の所有者から同意を得る必要がある旨の記載がある。しかし、X1がY市に問い合わせたところ、隣接する全ての土地の所有者から同意を得ることは法律上の要件ではなく、X1の同意が得られなくても本件市道の路線の廃止は認められる旨の回答があった。

XらはY市に対して訴訟を提起しようと考え、知り合いの弁護士Dに相談した。

以下に示された【法律事務所の会議録】を読んだ上で、弁護士Dの指示に応じる弁護士Eの立場に立って、設問に答えなさい。

なお、道路法の抜粋を【資料1　関係法令】に、関連判例の抜粋を【資料2　参考判例】に掲げてあるので、適宜参照しなさい。

〔設問1〕

Xらは、現時点において、Y市を被告として、本件フェンスを撤去させるための抗告訴訟を提起したいと考えている。

(1)抗告訴訟として最も適切と考えられる訴えを具体的に一つ挙げ、その訴えが訴訟要件を満たすか否かについて検討しなさい。なお、仮の救済については検討する必要はない。

(2)(1)の訴えの本案において、Xらはどのような主張をすべきか。解答に当たっては、当該訴えが訴訟要件を満たすことを前提にしなさい。

〔設問2〕

仮に、Y市長が、道路法第10条第1項に基づき、本件市道の路線を廃止したとする。

(1)本件市道の路線の廃止は、取消訴訟の対象となる処分に当たるか。

(2)本件市道の路線の廃止の取消訴訟において、Ｘらはどのような違法
事由の主張をすべきか。解答に当たっては、当該取消訴訟が訴訟要件
を満たすことを前提にしなさい。

【法律事務所の会議録】

弁護士Ｄ：本日は、Ｘらの案件について議論したいと思います。Ｘら
は、本件市道をＸ2のＣ小学校までの通学路として利用しているこ
と、また、災害時の緊急避難路として利用したいと考えていることか
ら、本件フェンスによって本件市道を通行できなくなっている状態を
解消するための行政訴訟の提起を検討しています。そこで、まず、本
件市道の路線がまだ廃止されていない現時点の状態において、Ｙ市を
被告として、本件フェンスを撤去させるための抗告訴訟を提起するこ
とができないかを検討したいと思います。今回は抗告訴訟に絞って検
討し、当事者訴訟や住民訴訟については検討しないことにしましょ
う。

弁護士Ｅ：通行妨害を排除するためには、本件フェンスの設置者であ
るＡに対する民事訴訟の提起も考えられますね。この点については、
村道を利用して生活及び農業を営んでいると主張する原告が、その村
道上に建物を建築するなどして排他的に占有しているとされる被告に
対し、通行妨害の排除を求めた事案についての最高裁判所の判例
（【資料2　参考判例】参照）があるようです。

弁護士Ｄ：そうですね。本件でそのような民事訴訟をＡに対して提起
して勝訴できるかどうかは分かりませんが、当該民事訴訟の可能性
が、Ｙ市を被告とする抗告訴訟の訴訟要件の充足の有無に影響を及ぼ
すかという点は、落とさずに検討してください。また、訴訟要件の検
討に当たっては、選択した訴訟類型を定める条文の規定に即して、全
般的に検討をしてください。

弁護士Ｅ：分かりました。

弁護士Ｄ：Ｙ市長は、本件フェンスの設置は道路法第43条第2号に違
反していないと判断し、道路法に基づく監督処分の措置を執らないこ
ととしています。我々としては、道路法の規定に即して、Ｙ市長のこ

のような判断に誤りがないかどうかを検討し、仮に誤りがある場合には、さらに、本件フェンスに関する監督処分の措置を執らないことが違法といえるかどうかを検討しなければなりませんね。

弁護士E：分かりました。次に、Ｙ市は道路法第10条第1項に基づき本件市道の路線を廃止してＡに売り渡すことを検討していますから、路線が廃止された場合の対応についても検討しておかなければならないと思います。

弁護士D：なるほど。本件市道の路線の廃止前にそれを阻止するための訴訟を提起することも考えられますが、今回は、路線が廃止された場合を前提として、それに対して取消訴訟を適法に提起できるかに絞って検討しましょう。

弁護士E：本件市道の路線の廃止が取消訴訟の対象となる処分に当たるか否かが問題となりますね。

弁護士D：そうですね。この問題を検討するに当たっては、市町村道の路線の廃止が道路敷地の所有者及び通行者の法的地位にどのような影響を及ぼすかを検討して、それが処分に当たるか否かを明らかにする必要があります。市町村道は、路線の認定、そして道路の区域の決定という過程を経た上で供用が開始されます。また、Ｙ市が検討している路線の廃止は、道路自体の消滅を意味するものであって、これにより、当該路線について定められていた道路の区域や、当該道路についてされていた供用行為も自動的に消滅することとなると理解されています。ですから、本件市道の路線の廃止に係る処分性の有無を検討するためには、道路の区域の決定及び供用の開始が、道路敷地の所有者及び通行者の法的地位に対してどのような影響を及ぼすかについても検討する必要がありそうです。

弁護士E：道路敷地の所有者とおっしゃいましたが、本件市道の敷地の所有権は、古くから、私人ではなくＹ市にあります。道路の区域の決定及び供用開始や路線の廃止がＹ市の法的地位に与える影響を検討する必要があるのでしょうか。

弁護士D：そうですね。そのような疑問も生じ得るでしょうが、道路法は、私人が所有する敷地が道路の区域とされる場合があり得ること

を前提とした規定を置いていますので、処分性の検討に当たっては、そのような規定も踏まえ、道路の区域の決定及び供用開始や路線の廃止が道路敷地の所有者の法的地位に及ぼす影響を検討する必要があります。また、それに加えて、これらの行政上の行為が道路の通行者の法的地位にどのような影響を及ぼすかも検討しておくべきでしょう。なお、Xらの原告適格については、これまで検討をお願いした点とかなりの程度重なるように思われますので、本件市道の路線の廃止の取消訴訟との関係では、差し当たり検討しなくて結構ですし、その他の訴訟要件についても、今は検討しないで構いません。

弁護士E：分かりました。

弁護士D：次に、訴えの適法性が認められた場合、本件市道の路線の廃止の違法性についてどのような主張をすべきか検討してください。

弁護士E：そもそもX2が通学路に利用していて本件市道の機能が失われていない以上、路線の廃止は許されないのではないかと思うのですが。

弁護士D：道路法の規定に即してそのような解釈が可能かどうか検討してください。また、我々としては、Y市長が、本件市道の路線の廃止の適法性をどのような理由付けで主張してくるかを想定し、そのようなY市長の主張を前提としても本件市道の路線の廃止が違法といえるかについても、検討する必要があります。

弁護士E：分かりました。

弁護士D：本件市道を利用していた人は、Xらと本件保育園の関係者以外に誰かいますか。

弁護士E：現に本件市道上で、園児と原動機付自転車の接触事故が起こっていますし、それ以前にも時折原動機付自転車が通行して園児と接触しかけたことがあったようですから、利用されていたことは確かですが、どの程度の頻度で利用されていたのかはよく分かりません。Y市長は、本件フェンスにより本件市道が閉鎖された状況の下においてY市の職員がAに対してのみ行った聞き取り調査に専ら依拠した上で、「本件保育園の関係者以外の者による本件市道の利用は乏しい」としています。しかし、X1としては、Y市長が十分な調査をしてい

ないのではないかとの不満を持っています。

弁護士D：ところで、Ｙ市は、市道の路線を廃止するには当該市道に隣接する全ての土地の所有者の同意を必要とする旨の内部基準を設け、その旨をウェブサイトで公表しています。この内部基準の法的性質や、道路法の規定との関係を検討した上で、本件市道の路線の廃止の違法性とこの内部基準がどう関係するかについても検討しなければなりませんね。

弁護士Ｅ：分かりました。

【資料１　関係法令】

○　道路法（昭和27年６月10日法律第180号）（抜粋）

（この法律の目的）

第１条　この法律は、道路網の整備を図るため、道路に関して、路線の指定及び認定、管理、構造、保全、費用の負担区分等に関する事項を定め、もつて交通の発達に寄与し、公共の福祉を増進することを目的とする。

（用語の定義）

第２条　この法律において「道路」とは、一般交通の用に供する道で次条各号に掲げるものをいい、トンネル、橋、渡船施設、道路用エレベーター等道路と一体となつてその効用を全うする施設又は工作物及び道路の附属物で当該道路に附属して設けられているものを含むものとする。

２〜５　（略）

（道路の種類）

第３条　道路の種類は、左に掲げるものとする。

　　一　高速自動車国道

　　二　一般国道

　　三　都道府県道

　　四　市町村道

（私権の制限）

第４条　道路を構成する敷地、支壁その他の物件については、私権を行使することができない。但し、所有権を移転し、又は抵当権を設定し、若しくは移転することを妨げない。

（市町村道の意義及びその路線の認定）

第８条　第３条第４号の市町村道とは、市町村の区域内に存する道路で、市町村長がその路線を認定したものをいう。

２〜５　（略）

（路線の認定の公示）

第9条　（前略）市町村長は、（中略）前条の規定により路線を認定した場合においては、その路線名、起点、終点、重要な経過地その他必要な事項を、国土交通省令で定めるところにより、公示しなければならない。

（路線の廃止又は変更）

第10条　（前略）市町村長は、（中略）市町村道について、一般交通の用に供する必要がなくなつたと認める場合においては、当該路線の全部又は一部を廃止することができる。（以下略）

2　（略）

3　（前略）前条の規定は前2項の規定による市町村道の路線の廃止又は変更について（中略）準用する。

（市町村道の管理）

第16条　市町村道の管理は、その路線の存する市町村が行う。

2〜5　（略）

（道路の区域の決定及び供用の開始等）

第18条　（前略）第16条（中略）の規定によつて道路を管理する者（（中略）以下「道路管理者」という。）は、路線が指定され、又は路線の認定若しくは変更が公示された場合においては、遅滞なく、道路の区域を決定して、国土交通省令で定めるところにより、これを公示し、かつ、これを表示した図面を（中略）道路管理者の事務所（中略）において一般の縦覧に供しなければならない。（以下略）

2　道路管理者は、道路の供用を開始し、又は廃止しようとする場合においては、国土交通省令で定めるところにより、その旨を公示し、かつ、これを表示した図面を道路管理者の事務所において一般の縦覧に供しなければならない。（以下略）

（道路に関する禁止行為）

第43条　何人も道路に関し、左に掲げる行為をしてはならない。

一　（略）

二　みだりに道路に土石、竹木等の物件をたい積し、その他道路の構造又は交通に支障を及ぼす虞のある行為をすること。

（道路管理者等の監督処分）

第71条　道路管理者は、次の各号のいずれかに該当する者に対して、この法律若しくはこの法律に基づく命令の規定によつて与えた許可、承認若しくは認定を取り消し、その効力を停止し、若しくはその条件を変更し、又は行為若しくは工事の中止、道路（中略）に存する工作物その他の物件の改築、移転、除却若しくは当該工作物その他の物件により生ずべき損害を予防するために必要な施設をすること若しくは道路を原状に回復することを命ずることができる。

一　この法律若しくはこの法律に基づく命令の規定又はこれらの規定に基づく処分に

違反している者

　二、三　（略）

2〜7　（略）

（道路予定区域）

第91条　第18条第1項の規定により道路の区域が決定された後道路の供用が開始される
　　までの間は、何人も、道路管理者（中略）が当該区域についての土地に関する権原を
　　取得する前においても、道路管理者の許可を受けなければ、当該区域内において土地
　　の形質を変更し、工作物を新築し、改築し、増築し、若しくは大修繕し、又は物件を
　　付加増置してはならない。

2　道路の区域が決定された後道路の供用が開始されるまでの間においても、道路管理
　　者が当該区域についての土地に関する権原を取得した後においては、当該区域又は当
　　該区域内に設置された道路の附属物となるべきもの（以下「道路予定区域」という。）
　　については、第4条、（中略）第43条、（中略）第71条（中略）の規定を準用する。

3　第1項の規定による制限により損失を受ける者がある場合においては、道路管理者
　　は、その者に対して通常受けるべき損失を補償しなければならない。

4　（略）

第102条　次の各号のいずれかに該当する者は、1年以下の懲役又は50万円以下の罰金
　　に処する。

　一、二　（略）

　三　第43条（中略）の規定に違反した者

　四　（略）

第104条　次の各号のいずれかに該当する者は、100万円以下の罰金に処する。

　一〜三　（略）

　四　第71条第1項（中略）の規定による道路管理者の命令に違反した者

　五　（略）

【資料2　参考判例】

○　最高裁判所昭和39年1月16日第一小法廷判決（民集18巻1号1頁）（抜粋）

「地方公共団体の開設している村道に対しては村民各自は他の村民がその道路に対して
　有する利益ないし自由を侵害しない程度において、自己の生活上必須の行動を自由に
　行い得べきところの使用の自由権（民法710条参照）を有するものと解するを相当と
　する。勿論、この通行の自由権は公法関係から由来するものであるけれども、各自が
　日常生活上諸般の権利を行使するについて欠くことのできない要具であるから、これ
　に対しては民法上の保護を与うべきは当然の筋合である。故に一村民がこの権利を妨
　害されたときは民法上不法行為の問題の生ずるのは当然であり、この妨害が継続する
　ときは、これが排除を求める権利を有することは、また言を俟たないところである。

1　設問の把握

　設問1は、私人が市道に設置した工作物（フェンス）について、道路管理者である市長による監督処分（道路法71条1項）の発動により撤去させるための訴訟類型（抗告訴訟から選択）を論じる小問(1)と、そこで選択した抗告訴訟での本案の主張（違法事由）を論じる小問(2)から構成されます。小問(1)は、非申請型義務付け訴訟を選択して訴訟要件を検討し、小問(2)は、そこでの本案勝訴要件を検討します。

　設問2は、市長が本件市道についてした路線の廃止（道路法10条1項）の取消訴訟を提起することを仮定し、路線の廃止が抗告訴訟の対象となる行政処分であるかを検討する小問(1)と、その取消訴訟での本案の主張（違法事由）を論じる小問(2)から構成されます。小問(1)は、道路法の仕組み解釈（＋参考判例の検討）により処分性の有無を判定し、小問(2)は、裁量処分の司法審査につき具体的に論じます。

　本問は、4つの問いから構成されますが、訴訟類型選択（事前救済型抗告訴訟の選択）、処分の相手方でない者の原告適格、処分性、本案論（行政裁量の司法審査）という、典型論点を含みます。

　問題文には、「弁護士Dの指示に応じる弁護士Eの立場に立って、設問に答えなさい」との指示があります。D・Eは、Xらから相談された弁護士であり、Xらが争いたいこと、Xらが不満なことを踏まえて主張を組み立てます。会議録から、「Dの指示」を正しく把握します。Eは（答案を書く）自分自身ですから、会議録でEが「分かりました」と述べるのであれば、そのことを前提に起案します。

2　事案の整理

　本問のように、行政処分のタイミングに応じて訴訟類型選択をする場合には、時間軸に沿った事実関係の整理が特に有効です。問題文には「日時」が記載されていませんから、時間軸（時系列）を意識して読み解きます。

・　A　市道の両端に本件フェンスを設置

- ・　Ａ　市道の路線の廃止・売渡しにつきＹと事前相談
- ・　Ｙ市長　道路法に基づく監督措置を執らず（道路法43条２号に違反しないと判断）
- ・　Ｙ市長　路線廃止に向けた調査　Ａのみから聞き取り　報告書を作成
- ・　Ｙ市長　Ａに回答（売渡しを進める）
- ・　Ａ　隣接土地所有者と交渉・Ｘ1のみ同意せず
- ・　Ｘ1　Ｙに問い合わせ。Ｙは同意なしに路線廃止が認められると回答
〈設問１の時点＝現時点〉
- ・　Ｙ市長　本件市道の路線の廃止（道路法10条１項）
〈設問２の前提とする時点〉

3　設問1(1)の検討

　設問１は、「Ｘらは、Ｙ市を相手に、現時点で、本件フェンスを撤去させるための抗告訴訟を提起したい」との前提を置いています。時間は「現時点」、本件フェンスを撤去させるための「抗告訴訟」ですから、Ａ市を相手に将来の行政処分を争う、すなわち、Ａ市長に対して何らかの行政処分を義務付ける請求により、本件フェンスの撤去という結果を生じさせればよいことになります。

　設問1(1)は、抗告訴訟として最も適切と考えられる訴えを具体的にひとつ挙げること、訴訟要件の充足について検討することを、求めています。そこで、道路管理者（Ｙ市長）に対して道路法71条１項に基づく監督処分の義務付けを求める非申請型義務付け訴訟（行訴法３条６項１号）を選択します。申請に対する処分の義務付けではないので、非申請型義務付け訴訟になります。請求の中身（義務付けを求める監督処分の具体的な中身）については、道路法71条１項をよく読んで具体的に検討します（複数の処分の義務付けを求めることがあり得ます）。

　非申請型義務付け訴訟を選択したので、訴訟要件は、一定の処分（行訴法３条６項１号）、処分の相手方でない者の原告適格（行訴法37条の２第３項・４項）、重大な損害（行訴法37条の２第１項）、補充性（37条の２第１項）を検討します。これら４つの訴訟要件については、可能な限り、規範⇒当

てはめ⇒結論、を書きます[3]。4要件の検討の順番ですが、原告適格を2番目に持ってくる（行訴法の条文では重大損害要件、補充性要件が先になります）と、検討しやすくなります。これは、判例から学ぶべきポイントのひとつです[4]。非申請型義務付け訴訟を選択した場合、重大損害要件と（処分の相手方でない者の）原告適格では、被侵害利益の内容・性質、処分が違法であった場合に生じる侵害の態様・程度など、検討すべきポイントが重なります。その場合に、判例は、先に原告適格を検討し、原告適格肯定であれば次に重大損害要件を検討する、という方法を採ることが普通です。原告適格と重大損害要件で答案に書くべきことが重複していれば、「上記で検討したように」等として2回目をコンパクトにまとめることができます。

補充性要件については、会議録を踏まえて、Aに対する「民事訴訟の可能性」を念頭に検討します。Xらとしては、Aに対する妨害排除請求等の民事訴訟を提起しても、道路法に基づく監督権限の行使を求める請求とはその内容が異なり、目的を達することができない、と主張することが考えられます[5]。

なお、本問は、Xらの訴訟代理人として起案するのですから、Xらの意向に沿って検討を進めます。訴訟要件についても、すべて充足という結論を導くことが、暗黙の前提と考えられます。

4 設問1(2)の検討

本問は、道路法71条1項に基づく道路管理者の監督処分を義務付ける訴えについて、本案勝訴要件を論じさせます。行訴法37条の2第5項は、義務付けを求める処分に裁量がない場合・ある場合を分けて規定しますか

---

(3) 小問が4つありますから、実際には、答案のボリュームを考える必要があります。4要件のうち幾つかは、当てはめ⇒結論のみでコンパクトに記載します。

(4) 参照、福岡高裁平成23・2・7判時2122号45頁（判例ノート20-3A）。

(5) 塩野・行政法Ⅱ250頁は、私人間に想定される訴訟と、非申請型義務付け訴訟とは、「法制上主従の関係にあるものではな」く、私人の選択に委ねられると解釈しています。Aにフェンスを撤去することを求める請求と、市長にAに対してフェンスの撤去を命じる請求とは内容が同一でなく、これを補充性要件の問題とするならば、非申請型義務付け訴訟を法定した意義が著しく減殺されるものと考えられます。

ら、監督処分が裁量処分であると目星を付けます。すると、Ｘらは、監督処分をしないことが、道路管理者の裁量権行使の逸脱・濫用にあたり違法である、と主張することになるでしょう。

　答案構成をする際には、監督処分の処分要件・処分内容（効果）の両面について、道路法の条文を確認しつつ、要件裁量・効果裁量をともに認定します。答案にも、必ず道路法の条文を明記するように心がけます。その上で、裁量権逸脱・濫用に係る当てはめについて、問題文・会議録に即してできる限り具体的に書き進めます。

　道路法71条１項に基づく監督処分それ自体は、行手法にいう不利益処分ですが、Ｙ市長が監督処分の措置を執らない不作為については、行手法の定める不利益処分の規律は基本的に及びません。したがって、監督処分の不作為について理由の提示の仕組みは無く、不作為の理由＝判断過程における考慮事項は「不明」のはずです。それでは解答できないため、問題文の中に、㋐㋑㋒と明示するかたちで、Ｙ市長がＡに対して監督処分の措置を執らなかった「理由」が示されています。本問に答えるには、この「誘導」を丁寧に拾い上げて判断過程審査手法を用いる、というのが基本的作法と考えられます。

　なお、全体として、Ｘらの立場からの検討であることを意識すべきことは、(1)と同じです。

5　設問2(1)の検討

　設問2は、取消訴訟の処分性を検討し（結論は肯定）、本案の主張として裁量権逸脱・濫用を論じます。Ｘらの代理人であること、Ｄの指示に応じること、Ｅの立場に立つことは、設問1と同じです。

　設問2では、「Ｙ市長が、道路法10条１項に基づき、本件市道の路線を廃止した」ことが前提です。処分性を論じる場合に、法的地位の変動の要素について、「道路敷地の所有者の法的地位」と、「道路の通行者の法的地位」の両面から検討するという誘導（Ｄの指示）があります。処分性の有無は、根拠規範である個別法の仕組みの解釈により導かれるのであり（定性的な仕組み解釈）、個別の事実関係や、誰が当事者かによって異なるものでないことにも、留意します[6]。

その上で、処分性、すなわち、行訴法3条2項にいう「行政庁の処分」と解釈できるか、定義⇒当てはめ⇒結論、という処理手順を用いて、確実に書き進めましょう。処分性は、根拠規範に係る法令解釈の問題ですから、参照条文に掲げられている道路法の規定と、会議録の内容をできる限り答案に反映させます。「道路の通行者の法的地位」については、資料2・参考判例を意識します。

6 設問2(2)の検討

　取消訴訟の本案については、取消訴訟の訴訟物が係争処分の違法性一般であり、係争処分が裁量処分であれば、裁量権の逸脱・濫用があり違法であるとの主張を組み立てます。もっぱらXらの立場で立論するもので、Y市側の反論を検討するという要求は特にされていません。路線廃止処分について、要件裁量・効果裁量が認められることを論証した上で、それぞれに関する裁量権逸脱・濫用に係る当てはめを行います。

　要件裁量については、道路法10条1項が定める路線廃止の処分要件（一般交通の用に供する必要がなくなったと認める場合）を押さえつつ、裁量権の逸脱・濫用について、Y市長（処分庁）の考慮事項を丁寧に拾って当てはめます（考慮事項に着眼した判断過程審査手法）。問題文には、路線廃止を判断するために用いられた「報告書」の内容として①②③が記載されており、当てはめの要素となります。さらに、会議録の後半部分のDとEのやりとり（Eが「分かりました」と発言している部分で内容を分節できます）を幾つかのパートに分けて整理すると、裁量権の逸脱・濫用＝違法の当てはめを組み立てるのみ役立ちます。

　効果裁量（する・しないの裁量）は、裁量基準である本件内部基準に着目して、道路法上の処分要件とされていない隣接土地所有者全ての同意という裁量基準への違背が、裁量権の逸脱・濫用になることを論じます。ここでは、最判平成27・3・3民集69巻2号143頁（判例ノート18−7・百選Ⅱ167）を想起して、裁量基準が合理的と判断できれば、その裁量基準は

---

(6) 処分性の起案においては、当事者（原告Xなど）が文章に現れないかたちで論証を進めることが望ましいと考えられます。道路の「所有者」、「利用者」のように、一般化して法律構成を考え、個別法の仕組みとかみ合わせた論述を心がけます。

処分庁を自己拘束し、それと異なる取扱いをすることを相当と認めるべき「特段の事情」がない限り、裁量基準とは異なる行政判断が裁量権の逸脱・濫用に当たる、というロジックを活用します[7]。

7　解答例

設問1(1)

　Xらは、Y市を相手に、本件市道の管理者であるY市長が、道路法71条1項に基づく本件フェンス（工作物その他の物件）の除却命令、本件フェンス撤去後の道路の原状回復命令をすることを求める非申請型義務付け訴訟（行訴法3条6項1号）を提起すべきである。

1　訴訟要件の検討

ア　処分性

　上記の訴えにおいて、義務付けを請求する対象となる行政処分は、道路法71条1項柱書・同項1号に基づく道路管理者による法令違反者に対する監督処分であり、処分性は当然に肯定される。

イ　一定の処分

　非申請型義務付け訴訟については、「一定の処分」（行訴法3条6項1号）として義務付けを求める処分の特定性が訴訟要件となる。上記の訴えで義務付け請求の対象となる監督処分について、除却命令および原状回復命令の処分要件は共通する一方、両者は処分庁による効果裁量の範囲内にあり、裁判所が判断することが可能な程度に請求は特定されている。ゆえに、「一定の処分」という訴訟要件は充足する。

ウ　原告適格

　次に、Xらは処分の相手方でない者に当たるため、行訴法37条の2第3項・4項にいう「法律上の利益を有する者」に該当して原告適格を有するか、検討する。

　上記の「法律上の利益を有する者」とは、係争処分により自己の権

---

(7)　内部基準による同意がないことについて、合意形成に係る手続の瑕疵ととらえる方法もありますが、Xらの主張としては、裁量基準による自己拘束に引きつけた方が、取消事由たる違法と構成しやすいと思います。

利若しくは法律上保護された利益を侵害され、又は必然的に侵害されるおそれのある者をいい、係争処分の根拠法規が、不特定多数者の具体的利益を専ら一般的公益の中に吸収解消させるにとどめず、それが帰属する個々人の個別的利益としても保護する趣旨を含む場合、その個別的利益は法律上保護された利益に当たる。Xらは処分の相手方でない者であり、上記の解釈は、行訴法37条の2第4項が準用する同法9条2項によって行う。

　道路法71条1項及び同43条2号は、本件訴訟で義務付けを求める監督処分の処分要件として、「交通に支障を及ぼす虞のある行為をすること」を規定する。このことから、道路管理者の監督処分を定める道路法の規定は、道路の利用者に交通の支障が生じないことを趣旨・目的としている。交通の支障それ自体は、一般的公益に吸収解消されるとも考えられるが、特定人の日常生活に具体的かつ著しい支障が生じる場合には、そのような支障を受けない利益は、個々人の個別的利益としても保護される。

　そこで、本件における被侵害利益の内容・性質、それが害される態様・程度を検討すると、X2はC小学校への通学路として本件市道を反復継続して日常的に利用しており、本件市道が利用できないと400メートル遠回りする必要があるため、本件監督処分がされないことによる日常生活への支障は小学生にとって著しいものである。また、Xらは、本件市道を災害時の避難路としているため、本件監督処分がされないことにより、生命、身体等に重大な被害を受けかねない。加えて、X2の小学校への通学についても、普通自動車の通行できない本件市道は安全性が高く、本件監督処分がされないことにより、X2は交通事故等による生命、身体等への重大な被害を受けかねない[8]。したがって、本件監督処分がされない場合に、沿道居住者であるXらが被る交通の支障による具体的な不利益は、その性質や程度において、一般的公益に吸収解消されず個々人の個別的利益としても法律上保護

---

[8]　X2の通学における「安全」というファクターは、小学校通学のための道路使用と関係付けて、本件市道の利用ができないことによる日常生活の支障に引きつけた評価も考えられます。

された利益に当たる。

　以上から、Xらは、本件監督処分を定める道路法の規定により「法律上の利益を有する者」に当たり、原告適格が認められる。
エ　重大な損害
　行訴法37条の2第1項が定める「重大な損害」要件については、Xらが本件道路を通行する利益が、上述したように、小学校への通学に係る生活利益に対する反復継続・累積加重的な侵害や、災害時に避難路として使えなかった場合の生命、身体の利益への侵害であり、その性質上金銭賠償等による事後的回復が困難なものであることから、充足する。
オ　補充性
　同じく、行訴法37条の2第1項が定める補充性要件（消極要件）については、XらがAを相手に妨害排除請求訴訟等の民事訴訟により争う方法があることとの関係が問題となる。しかし、妨害排除請求訴訟は、私人であるAを相手にXらの請求権の有無を争う点で、道路管理者に道路法上の監督処分の発動を求める本件義務付け訴訟とは異なるものであり、Xにとって目的を達成するための代替手段とはなり得ない。ゆえに、Aに対する民事訴訟が可能であるからといって、行訴法37条の2第1項が規定する「その損害を避けるため他に適当な方法」があるとはいえない。
2　結論
　以上に加えて、被告適格（Y市）、管轄裁判所等その余の訴訟要件も充足する。ゆえに、Xらが提起する本件非申請型義務付け訴訟は、訴訟要件を充足する適法なものである。

設問1(2)
　Xらは、道路法上の監督処分の不発動について、裁量権行使の逸脱・濫用があり違法であると主張する。
1　裁量権の所在
　道路管理者による監督処分について、道路法43条2号の定める「交通に支障を及ぼす虞のある行為をする」という処分要件は、一般的・

概括的な規定であり、また、処分内容を定めた同法71条1項は、監督処分の内容や、監督処分の発動・不発動について道路管理者の判断の余地を認める規定となっている。これらについて道路管理者が認定判断するためには、専門技術的ないし公益的判断が必要であるため、道路法上の監督処分については、要件、効果の両面で道路管理者に一定の裁量権が認められる。

2　裁量権逸脱・濫用の有無

　Y市長は、(ア)保育園関係者以外による本件市道の利用が乏しい、(イ)本件市道で事故が発生しかねない、(ウ)Aが本件市道の廃止等を希望している、ことから、本件フェンスの設置が処分要件に該当しないと判断している。しかし、現にXらが本件道路を利用していることから、上記(ア)はY市長による評価の過誤である。また、稀にしか通行しない原動機自転車との接触事故の可能性に基づく上記(イ)は不確定な要素を過大に評価している。さらに、(ウ)は、道路管理者による監督処分とは無関係の事項に係る他事考慮である。これらから、Y市長よる処分要件を充足しないとの判断は、社会通念に照らして著しく妥当性を欠いたものであり、裁量権行使に逸脱・濫用があり違法である。

　Y市側は、道路法43条2号に当たるとしても、保育園児の交通事故等を防止する必要に照らして、監督処分をしないことも合理的判断として許されると反論する可能性もある。しかしながら、本件市道での事故の蓋然性は必ずしも切迫したものでないこと、事故を防ぐ代替措置が検討可能であること、他方でXらにとっては本件市道を利用することの必要性・要保護性が高いことから、処分要件を充足するにもかかわらず監督処分をしないとするY市長の判断は、社会通念に照らし著しく妥当性を欠き、裁量権行使に逸脱・濫用が認められ、違法である。

設問2(1)

1　処分性の有無

　本件市道の路線廃止（道路法10条1項）は、抗告訴訟の対象となる行政処分であるか、検討する。

行訴法3条2項・3項にいう「行政庁の処分」とは、公権力の主体たる国または公共団体が行う行為のうち、その行為によって直接国民の権利義務を形成しまたはその範囲を確定することが法律上認められているものをいう。

　道路法10条1項に基づく路線の廃止は、市町村道について、市町村長が当該路線の全部または一部を廃止する行為であり、行政庁が法律に基づき一方的に路線廃止の効果を発生させる行為である。ゆえに、市町村長による路線の廃止は、法に基づく優越的な地位により一方的にする行為といえる。

　この路線の廃止により、当該市町村道について、認定された路線（同法8条1項）、決定された道路の区域（同法18条1項）は自動的に消滅する。そこで、市町村道に係る路線の認定の法的効果を検討すると、同法8条1項による認定がされ、同法9条により公示されると、道路の区域が決定され（同法18条1項）、供用が開始される（同条2項）。その結果、道路法上の「道路」となり、禁止行為が定められ（同法43条）、監督処分の対象となり（同法71条）、これらは刑事罰により担保される（同法102条）。道路の区域の決定から供用が開始されるまでの間、道路予定区域の私権は制限され（同法91条1項・2項）、その制限については損失補償が規定され（同条3項）、道路については私権が制限される（同法4条）。路線の廃止により、これらの行為制限・私権制限の効果が失われることから、道路に係る土地所有者の法的地位は具体的に変動する。

　また、居住地の位置関係等により当該利用の使用が日常生活において不可欠である通行者については、路線の廃止により、当該道路を通行する権利（最判昭和39年1月16日民集18巻1号1頁にいう「通行の自由権」）を直接、具体的に侵害するものと解される。ゆえに、路線の廃止は、道路の利用者（通行者）との関係でも、特定者の法的地位を具体的に変動させる。

2　結論

　以上から、路線の廃止（道路法10条1項）は、法律に基づく市町村長による公権力の行使として、道路に係る土地所有者、特定の道路の

利用者の法的地位を具体的に変動させるものであり、直接国民の権利義務を形成しまたはその範囲を確定することが法律上認められており、抗告訴訟の対象となる行政処分である。

設問2(2)

1　行政裁量の所在と司法審査の手法

　道路法10条１項に基づく路線廃止処分について、同項の定める「一般交通の用に供する必要がなくなったと認める場合」という処分要件は、その文言が概括的・抽象的であり、要件該当性を判断するには地域の交通事情を踏まえた専門技術的判断が必要なことから、一定の裁量が認められる。また、効果についても「廃止することができる」と規定され、市町村長による専門技術的、公益的判断が必要であり、一定の裁量が認められる。

　しかし、裁量処分であっても、裁量権行使の逸脱・濫用があれば違法と評価されるのであり（行訴法30条）、全く事実の基礎を欠くか、または、社会通念に照らして著しく妥当を欠く場合に、裁量権の逸脱・濫用が認められる。本件道路の路線廃止により、X2は小学校への毎日の通学という日常生活に不可欠な道路の通行が著しく制約され、また、Xらは災害時の避難経路の制限により生命、身体等の重要な法益が侵害されるため、Y市長による裁量権の行使については一定程度の司法審査密度が確保される必要があり、考慮事項に着目して判断過程の合理性につき審査されるべきである。

2　要件裁量の司法審査

　本件道路の廃止処分の処分要件について、Y市長は充足するとの判断をしているが、X2が通学路として使用している点につき重大な事実誤認がある。また、Y市長の判断は、Xらや原動機付き自転車の利用があったこと、X2が小学校に通学するため片道400メートル遠回りになること、Xらが災害時に避難路として使用できなくなること等、考慮すべき重要な事実につき考慮していない。職員による本件調査は、それ自体、フェンスにより市道が閉鎖された状態で行われており、市道が利用可能な状態における利用状況の評価ではなく、また、

Ｙ市長による聞き取り調査はＡに対するもののみであり、本件処分に先行して果すべき調査義務を果しておらず、判断過程での事実誤認につながっている。さらに、Ｙ市長は、道路廃止を希望し、かつ、市有地である本件市道の所有権の売渡しを求めるＡの意見のみを過大に重視している。これらのことから、Ｙ市長による道路廃止の判断は、社会通念に照らして著しく妥当性を欠き、裁量権の逸脱・濫用により違法である。

3　効果裁量の司法審査

　Ｙ市は、路線廃止の際に隣接する全ての土地所有者の同意を必要とする内部基準を、道路法10条1項に基づく効果裁量を行使する際の裁量基準として定めた上で、ウェブサイトに公表している。

　この内部基準は、裁量基準であると解されるところ、当該道路の通行に係る利益を最も享受している隣接土地所有者から同意を得ることは、路線廃止の決定をするに当たり、Ｙ市長が当該道路の通行・利用状況をより正しく把握するとともに、通行の利益を受ける者らの合意形成を図るという趣旨に照らし、その内容は合理的であると考えられる。このことと、本件内部基準がウェブサイトにより広く公開されていることを併せ考えると、Ｙ市長は、原則として、本件内部基準に則して裁量権を行使することを要請される（自己拘束原理）。本件において、Ｙ市長は、内部基準に反してＸらの同意を得ずに道路廃止処分を行っており、そのことを正当化する特段の事情も認められないため、Ｙ市長による裁量権の行使には逸脱・濫用があり違法である。さらに、合理的内容の裁量基準について、何らの合理的理由なくＡとＸらを区別して扱うことは、平等原則違反として違法である。また、当該内部基準はウェブサイトで公開されており、Ｘらの同意を得ないことは、信頼保護原則違反として違法である。

4　結論

　上記のように、Ｘらは、本件市道の路線の廃止処分について、道路法上、市長に一定の裁量が認められるものの、要件裁量、効果裁量の両面において、裁量権の逸脱・濫用があり違法であると主張する。

Ⅲ 平成30年司法試験（公法系科目・第2問）

　宗教法人Aは、宗教法人法に規定された宗教法人で、同法の規定により登記された事務所を、約10年前からB市の区域内に有している。Aは、以前から墓地用石材の販売等を扱う株式会社Cと取引関係にあったが、Cから、B市内に適当な広さの土地（以下「本件土地」という。）を見付けたので、大規模な墓地の経営を始めないかとの提案を持ち掛けられた。Cがこのような提案をしたのは、B市においては、「B市墓地等の経営の許可等に関する条例」（以下「本件条例」という。）第3条の定めにより、株式会社であるCは墓地の経営許可を受けることができず、墓地経営のために宗教法人であるAの協力が必要であったという事情による。Aは、大規模な墓地の経営に乗り出すことは財政的に困難であると考えたが、Cから、用地買収や造成工事に必要な費用を全額無利息で融資するとの申出を受けたため、Cの提案を受け入れ、本件土地において墓地（以下「本件墓地」という。）の経営を行うことを承諾した。

　そこで、Aは、Cから融資を受けて、平成29年9月25日に本件土地を購入した（なお、本件土地に所有権以外の権利は設定されていない。）。さらに、Aは、「墓地、埋葬等に関する法律」（以下「法」という。）第10条第1項に基づき、本件墓地の経営許可を得るため、本件条例に基づく必要な手続を開始した。なお、B市においては、法に基づく墓地経営許可の権限は、法第2条第5項に基づき、B市長が有している。Aは、平成29年11月17日、周辺住民らに対して、本件条例第6条に基づく説明会（以下「本件説明会」という。）を開催した。本件説明会は、Aが主催したが、Cの従業員が数名出席し、住民に対する説明は、Aの担当者だけではなくCの従業員も行った。本件土地の周囲100メートル以内に住宅の敷地はなかったが、本件土地から100メートルを超える場所に位置する住宅に居住する周辺住民らが、本件説明会に出席し、本件土地周辺の道路の幅員はそれほど広いものではないため、墓

参に来た者の自動車によって渋滞が引き起こされること、供物等の放置による悪臭の発生並びにカラス、ネズミ及び蚊の発生又は増加のおそれがあることなど、生活環境及び衛生環境の悪化への懸念を示した。

　しかし、Aは、その後も本件墓地の開設準備を進め、平成30年3月16日、B市長に対して本件墓地の経営許可の申請（以下「本件申請」という。）をした。他方、本件土地から約300メートル離れた位置にある土地には宗教法人Dの事務所が存在し、Dは、同所で約10年前から小規模な墓地を経営していた。Dは、本件説明会の開催後、本件土地において大規模な墓地の経営が始まることを知り、自己が経営する墓地の経営悪化や廃業のおそれがあると考えた。Dの代表者は、その親族にB市内で障害福祉サービス事業を営む法人Eの代表者がいたことから、これを利用して、本件申請に対するB市長の許可処分を阻止しようと考えた。Dの代表者は、Eの代表者と相談し、本件土地から約80メートル離れた位置にあるDの所有する土地（以下「D所有土地」という。）に、Eの障害福祉サービスの事業所を移転するよう求めた。Eは、これを受けて、特に移転の必要性はなかったにもかかわらず、D所有土地を借り受けて事業所（以下「本件事業所」という。）を設置し、平成30年3月23日、D所有土地に事業所を移転した。本件事業所は、「障害者の日常生活及び社会生活を総合的に支援するための法律」に定められた要件に適合する事業所で、短期入所用の入所施設を有しており、本件条例第13条第1項第2号の「障害福祉サービスを行う施設（入所施設を有するものに限る。）」に該当する。本件事業所は、従来のEの施設の利用者を引き継いでいたことから、定員に近い利用者が日常的に利用し、また、数日間連続して入所する利用者も見られた。

　B市は、本件事業所の移転やDの代表者とEの代表者に親族関係があるという事情を把握していなかったが、D及びEがB市長に対して平成30年4月16日、本件申請に対して許可をしないよう求める旨の申入れを行ったことにより、上記事情を把握するに至った。D及びEの申入れの内容は、①本件墓地が大規模であるため、B市内の墓地の供給が過剰となり、Dの墓地経営が悪化し、廃業せざるを得ないことも

あり得る、②本件事業所が本件土地から約80メートル離れた位置にあり、本件条例第13条第1項の距離制限規定に違反する、③本件墓地の経営が始まることにより、本件事業所周辺において、本件説明会で周辺住民が指摘したのと同様の生活環境及び衛生環境の悪化が生じ、本件事業所の業務に無視できない影響を与える懸念がある、④本件墓地の実質的経営者は、AではなくCである、⑤仮にB市長が本件申請に対して許可をした場合には、D、E共に取消訴訟の提起も辞さない、というものであった。

　B市長は、本件墓地の設置に対する周辺住民の反対運動が激しくなったことも踏まえ、本件申請に対して何らかの処分を行うこととし、平成30年5月16日、法務を担当する総務部長に対し、法に関する許可等を所管する環境部長及びB市の顧問弁護士Fを集めて検討会議を行い、本件申請に対して、許可処分（以下「本件許可処分」という。）を行うのか、あるいは不許可処分（以下「本件不許可処分」という。）を行うのか、また、それぞれの場合にどのような法的な問題があるのかを検討するよう指示した。

　以下に示された【検討会議の会議録】を読んだ上で、弁護士Fの立場に立って、設問に答えなさい。ただし、検討に当たっては、本件条例は適法であるとの前提に立つものとする。

　なお、関係法令の抜粋を【資料　関係法令】に掲げてあるので、適宜参照しなさい。

〔設問1〕
　B市長が本件申請に対して本件許可処分を行い、D及びEが本件許可処分の取消しを求めて取消訴訟を提起した場合について、以下の点を検討しなさい。
(1)D及びEは、上記取消訴訟の原告適格があるとして、それぞれどのような主張を行うと考えられるか。また、これらの主張は認められるか。B市が行う反論を踏まえて、検討しなさい。
(2)仮に、Eが上記取消訴訟を適法に提起できるとした場合、Eは、本件許可処分が違法であるとして、どのような主張を行うと考えられる

か。また、これに対してＢ市はどのような反論をすべきか、検討しなさい。

〔設問2〕
　Ｂ市長が本件申請に対して本件不許可処分を行い、Ａが本件不許可処分の取消しを求めて取消訴訟を提起した場合、Ａは、本件不許可処分が違法であるとして、どのような主張を行うと考えられるか。また、これに対してＢ市はどのような反論をすべきか、検討しなさい。

【検討会議の会議録】
総務部長：市長からの指示は、本件申請に対して本件許可処分を行った場合と本件不許可処分を行った場合それぞれに生じる法的な問題について、考えられる訴訟への対応も含めて検討してほしいというものです。法第10条第1項は、墓地経営許可の具体的な要件をほとんど定めておらず、本件条例が墓地経営許可の要件や手続を具体的に定めているのですが、本件条例の法的性質についてはどのように考えるべきでしょうか。
弁護士Ｆ：法第10条第1項の具体的な許可要件や手続を定める条例の法的性質については、様々な見解があり、また、地方公共団体によっても扱いが異なるようです。本日の検討では、本件条例は法第10条第1項の許可要件や手続につき、少なくとも最低限遵守しなければならない事項を具体的に定めたものであるという前提で検討することにしましょう。
総務部長：分かりました。では、まず、本市が本件申請に対して本件許可処分を行った場合の法的問題について検討しましょう。この場合、Ｄ及びＥが原告となって本件許可処分の取消しを求めて取消訴訟を提起することが考えられます。このような訴訟は、法的に可能なのでしょうか。
弁護士Ｆ：Ｄ及びＥに取消訴訟を提起する原告適格が認められるかどうかが争点となります。取消訴訟の他の訴訟要件については特に欠けるところはないと思います。Ｄ及びＥは、本件許可処分が行われた場

合、それぞれどのような不利益を受けると考えて取消訴訟を提起しようとしているのでしょうか。

環境部長：まず、Ｄについては、既にＤの墓地は余り気味で、空き区画が出ているそうです。本件墓地は規模が大きく、本件墓地の経営が始まると、Ｄは、自らの墓地経営が立ち行かなくなるのではないかと懸念しています。墓地経営には公益性と安定性が必要であり、墓地の経営者の経営悪化によって、墓地の管理が不十分となることは、法の趣旨目的から適切ではないと考えることもできるでしょうね。

弁護士Ｆ：ええ。そのことと本件条例が墓地の経営主体を制限していることとの関連も検討する必要がありそうです。

環境部長：次に、Ｅについては、Ｄ所有土地に本件事業所を置いています。Ｅは、本件墓地の経営が始まることにより、本件事業所周辺において、本件説明会で周辺住民が指摘したのと同様の生活環境及び衛生環境の悪化が生じ、本件事業所の業務に無視できない影響を与える懸念があると考えています。本件事業所の利用者は数日間滞在することもありますので、その限りでは住宅の居住者と変わりがない実態があります。

総務部長：Ｄ及びＥに原告適格が認められるかどうかについては、いろいろな考え方があると思います。本市としては、Ｄ及びＥが、原告適格が認められるべきであるとしてどのような主張を行うことが考えられるのか、そして、それに対して裁判所がどのような判断をすると考えられるのかを検討する必要があると思います。これらの点について、Ｆ先生に検討をお願いします。

弁護士Ｆ：了解しました。

総務部長：次に、仮に原告適格が認められるとした場合、本件許可処分の違法事由としてどのような主張がされるのかについて検討します。主張される違法事由については、ＤとＥとで重複が見られますので、本日は、Ｅの立場からの主張のみを検討したいと思います。

環境部長：Ｅは、まず、本件事業所がＤ所有土地に存在することで本件許可処分は本件条例第13条第１項の規定に違反すると主張しています。そのような主張がされた場合、本市としてはどのように反論する

のか考えておく必要がありますね。

弁護士Ｆ：そうですね。また、本件においては、仮に、本件墓地の経営許可を阻止するため、ＤとＥが協力して本件事業所を意図的にＤ所有土地に設置したという事情があるならば、このような事情を距離制限規定との関係で法的にどのように評価すべきかについても、検討する必要がありそうです。

総務部長：Ｆ先生が今指摘された事情は、Ｅの原告適格に関しても問題になるのではないでしょうか。

弁護士Ｆ：原告適格の問題として整理する余地もあると思います。しかし、本日の検討では、原告適格ではなく、本案の主張の問題として考えておきたいと思います。

環境部長：本件許可処分の他の違法事由として、Ｅは、本件墓地の実質的な経営者は、ＡではなくＣであると主張しています。

総務部長：本件墓地の実質的な経営者が、ＡとＣのいずれであるかは検討を要する問題ですね。仮に実質的な経営者がＣであるとした場合、法的に問題があるのでしょうか。

弁護士Ｆ：本件条例によると、墓地の経営者は、地方公共団体のほか、宗教法人、公益社団法人等に限られています。仮に本件墓地の実質的な経営者がＣであるとすれば、このような点も踏まえ、法や本件条例の関連諸規定に照らして違法となるのかについて、注意深く検討する必要がありますね。

総務部長：では、この点についてもＦ先生に検討をお願いします。また、以上のような本件許可処分の違法事由について、Ｅがこれら全てを取消訴訟において主張できるかについても、検討する必要がありますね。

弁護士Ｆ：はい。Ｅが、自己の法律上の利益との関係で、いかなる違法事由を主張できるかにも注意して検討すべきと考えています。

総務部長：次に、本件申請に対して、本件不許可処分を行った場合です。この場合にはＡが本件不許可処分の取消しを求めて取消訴訟を提起することが想定されます。本日は、この取消訴訟における本案の主張の検討をお願いします。

環境部長：環境部では本件不許可処分をする場合の処分理由として、次のことを考えています。㋐本件墓地周辺の生活環境及び衛生環境が悪化する懸念から、周辺住民の反対運動が激しくなったこと、㋑Dの墓地を含むB市内の墓地の供給が過剰となり、それらの経営に悪影響が及ぶこと、㋒本件事業所が本件土地から約80メートル離れた位置にあること、の3点です。

弁護士F：㋒については先ほど検討しましたので、本件不許可処分の問題としては、検討を省略しましょう。まず、㋐について補足される点はありますか。

環境部長：Aは、本件墓地の設置に当たっては、植栽を行うなど、周辺の生活環境と調和するよう十分配慮しているとしていますが、住民の多くはそれでは十分ではないと考えています。

弁護士F：次に、㋑についてですが、本件墓地の経営は、B市内の既存の墓地に対して大きな影響を与えるのでしょうか。

環境部長：Dの墓地を含めて、B市内には複数の墓地がありますが、いずれも供給過剰気味で、空き区画が目立つようになっています。本件墓地の経営が始まれば、Dの墓地のような小規模な墓地は経営が破綻する可能性もあると思います。

総務部長：では、これらの㋐及び㋑の処分理由に対して想定されるAからの主張について、本市からの反論を含めて、F先生に検討をお願いします。

弁護士F：了解しました。

【資料　関係法令】
○　墓地、埋葬等に関する法律（昭和23年法律第48号）（抜粋）
第1条　この法律は、墓地、納骨堂又は火葬場の管理及び埋葬等が、国民の宗教的感情に適合し、且つ公衆衛生その他公共の福祉の見地から、支障なく行われることを目的とする。
第2条　この法律で「埋葬」とは、死体（中略）を土中に葬ることをいう。
2、3　（略）
4　この法律で「墳墓」とは、死体を埋葬し、又は焼骨を埋蔵する施設をいう。
5　この法律で「墓地」とは、墳墓を設けるために、墓地として都道府県知事（市又は特別区にあつては、市長又は区長。以下同じ。）の許可を受けた区域をいう。

6、7　（略）

第10条　墓地、納骨堂又は火葬場を経営しようとする者は、都道府県知事の許可を受けなければならない。

2　（略）

○　B市墓地等の経営の許可等に関する条例（抜粋）

（趣旨）

第1条　この条例は、墓地、埋葬等に関する法律（昭和23年法律第48号。以下「法」という。）第10条の規定による経営の許可等に係る事前手続並びに墓地、納骨堂又は火葬場（以下「墓地等」という。）の設置場所等、構造設備及び管理の基準その他必要な事項を定めるものとする。

（墓地等の経営主体）

第3条　墓地等を経営することができる者は、原則として地方公共団体とする。ただし、次の各号のいずれかに該当し、B市長（以下「市長」という。）が適当と認める場合は、この限りでない。

(1)　宗教法人法（中略）に規定する宗教法人で、同法の規定により登記された事務所を、B市（以下「市」という。）の区域内に有するもの

(2)　墓地等の経営を目的とする公益社団法人又は公益財団法人で、登記された事務所を、市の区域内に有するもの

2　前項に規定する事務所は、その所在地に設置されてから、3年を経過しているものでなければならない。

（説明会の開催）

第6条　法第10条第1項の規定による経営の許可を受けて墓地等を経営しようとする者は、当該許可の申請に先立って、規則で定めるところ〔注：規則の規定は省略〕により、墓地の設置等の計画について周知させるための説明会を開催し、速やかにその説明会の内容等を市長に報告しなければならない。

（経営の許可の申請）

第9条　法第10条第1項の規定による経営の許可を受けようとする者は、次の各号に掲げる事項を記載した申請書を市長に提出しなければならない。

(1)～(6)　（略）

2　墓地又は火葬場の経営の許可を受けようとする者は、前項の申請書に次の各号に掲げる書類を添付しなければならない。

(1)　法人（地方公共団体を除く。）にあっては、その登記事項証明書

(2)　墓地又は火葬場の構造設備を明らかにした図面

(3)　墓地にあっては、その区域を明らかにした図面

(4)　墓地又は火葬場の周囲100メートル以内の区域の状況を明らかにした図面

(5) 墓地又は火葬場の経営に係る資金計画書

(6) (略)

3 (略)

（墓地等の設置場所等の基準）

第13条 墓地及び火葬場は、次の各号に定めるものの敷地から100メートル以上離れていなければならない。ただし、市長が市民の宗教的感情に適合し、かつ、公衆衛生その他公共の福祉の見地から支障がないと認めるときは、この限りでない。

(1) 住宅

(2) 障害者の日常生活及び社会生活を総合的に支援するための法律（中略）に規定する障害福祉サービスを行う施設（入所施設を有するものに限る。）

(3)〜(5) (略)

2 墓地及び火葬場は、飲料水を汚染するおそれのない場所に設置しなければならない。

3 墓地等の土地については、当該墓地等の経営者（地方公共団体を除く。）が、当該墓地等の土地を所有し、かつ、当該土地に所有権以外の権利が設定されていないものでなければならない。ただし、市長が当該墓地等の経営に支障がないと認めるときは、この限りでない。

（墓地の構造設備の基準等）

第14条 墓地には、次の各号に掲げる構造設備を設けなければならない。ただし、市長が市民の宗教的感情に適合し、かつ、公衆衛生その他公共の福祉の見地から支障がないと認めるときは、この限りでない。

(1) 外部から墳墓を見通すことができないようにするための障壁又は密植した垣根

(2) 雨水等が停滞しないようにするための排水路

(3) 墓地の規模に応じた管理事務所、便所、駐車場並びに給水及びごみ処理のための設備（墓地の付近にあるこれらのものを含む。）

2 墓地の構造設備については、植栽を行う等周辺の生活環境と調和するように配慮しなければならない

1 設問の把握

　本問は、宗教法人Aが、B市長に対して、墓地の経営許可を申請したところ、B市長が許可処分（申請認容処分）をした場合（設問1）、不許可処分（申請拒否処分）をした場合（設問2）のそれぞれについて、取消訴訟が提起された場合の法的論点を扱います。

　設問1では、既存の墓地経営者であるD、Dの親族でDの意向に沿って

本件墓地の近くに障害福祉サービス事業所を設置したＥが原告となり、Ａに対する許可処分の取消訴訟を提起する局面を想定します。設問１(1)は、処分の相手方でないＤ、Ｅの原告適格を検討し、(2)は、Ｅが提起した取消訴訟での本案の主張を検討します。(1)(2)とも、原告側の主張について、被告となるＢ市側の反論を検討します。

　設問２では、不許可処分を受けたＡが原告となり、自分に対する不許可処分の取消訴訟を想定します。訴訟要件の検討は求められず、Ａによる本案の主張（本件不許可処分が違法であるとの主張）を、主張・反論形式で検討します。

　問題文には、「弁護士Ｆの立場に立って」設問に答えるよう、指示があります。会議録を読む際に、Ｆが「了解しました」とする内容は、答案を書く自分自身の前提です。

　設問１(1)は、Ｄ・Ｅの主張と、Ｂ市の反論を踏まえつつ、Ｄ・Ｅの主張が「認められるか」答えます。会議録にも、Ｄ・Ｅの主張に対して「裁判所がどのような判断をすると考えられるのか」検討することを求める記載があります。ゆえに、ここでは、Ｆの立場といっても、裁判所すなわち判例の立場に即した起案をします。これに対して、設問１(2)と設問２では、ＦはＢ市の顧問弁護士であり、Ｂ市の反論に軸足を置いて起案します。

　また、本問全体を通して、「関係法令」の仕組み解釈をする際、係争処分の根拠法（墓地、埋葬等に関する法律）と、本件条例（Ｂ市墓地等の経営の許可等に関する条例）の関係性を把握する必要があります。会議録で、Ｆは、本件条例について、法10条１項の許可要件・手続につき「最低限遵守しなければならない事項を具体的に定めたもの」という前提で検討する、と述べます。この誘導は、本件条例は法10条１項の委任によるものではないが、同項に基づく許可処分の許否を決定する際の法的規範として扱う趣旨と考えられます。すると、本件条例は、根拠法令に係る裁量基準と解釈できます。なお、その後の最判令和５・５・９裁判所ＨＰを踏まえるなら、本件条例は、墓地経営許可の「根拠となる法令」としてその趣旨・目的を原告適格の解釈に取り込むことが考えられます[9]。

---

(9)　本書４章Ⅲを参照。

2 事案の整理

本問では、重要なポイントについて具体的な日時が記載されており、注意して拾って行きましょう。

約10年前	A	登記された事務所をB市内に保有
約10年前	D	小規模墓地を経営
？	A	CからB市内での大規模墓地経営の提案を受ける
？	A	Cから融資申出の提案を受ける　墓地経営を承諾
29・9・25	A	本件土地を購入　法10条1項の許可を得るため条例の手続を開始
29・11・17	A	説明会開催（条例6条）周辺住民らが懸念
？	D	親族Eと相談。障害福祉サービス事業所の移転を求める
30・3・16	A	B市長に対し、本件申請（法10条1項）
30・3・23	E	事業所の移転
30・4・16	DE	B市長に、申請を不許可とするよう申入れ
？		周辺住民らの反対運動が激化
30・5・16		B市検討会議　申請に対する許可・不許可の議論

3 設問1(1)の検討

本問は、B市長がAに対してした許可処分の取消訴訟において、D・Eの原告適格を論じます。処分の相手方でない者の原告適格の解釈問題であり、Dは墓地経営者（Aの競業者）、Eは障害福祉サービス事業者（条例の定める距離制限規制の対象者）です。①D・E側による原告適格肯定の主張、②B市による原告適格否定の反論、③それらを裁判所がどう判断するか、順に検討することが求められます。判例ベースの解釈枠組みとして行訴法9条1項・2項が適用されることを示した後、D・Eそれぞれが主張する被侵害利益を明らかにした上で、Dの主張⇒B市の反論⇒判例に照らした結論（Dについて結論消極）、Eの主張⇒B市の反論⇒判例に照らした結論（Eについて結論積極）、と書き進めます。

　Dは既存の墓地の経営主体ですから、Aによる大規模な墓地の新設によ

って経営上の悪影響を受けるおそれがある、として原告適格の肯定を主張します。仕組み解釈の着眼点としては、法1条（法目的）において既存の墓地の保護について特に触れるところがない一方、条例3条1項が墓地の経営主体を原則として地方公共団体としていること、同9条2項(5)の資金計画書の添付規定があることから、法・条例がその趣旨目的として墓地経営の安定を求めていると考えることができるか、法・条例が墓地経営許可の考慮事項として既存の墓地経営者の利益保護を含んでいるか、ということになるでしょう。

Eは、本件墓地から80メートルの地点で障害福祉サービス事業を行う事業所を運営しており、本件墓地による衛生環境・生活環境が悪化することから、事業所の業務に悪影響を受けるおそれがある、として原告適格の肯定を主張します。条例13条1項、同14条1項・2項を主な手がかりに、法・条例が、Eの事業所に対して、障害福祉サービス事業を行う事業所として、適切な環境の下で円滑に業務を行う利益を保護しているかを論じることになります。

4　設問1(2)の検討

本問は、設問1(1)の取消訴訟において、Eが原告となった場合に、どのような本案の主張をするか、それに対してB市がどのように反論するか、検討を求めています。会議録の誘導を踏まえて、Eが主張する本件許可処分の違法事由と、それに対するB市側の反論をかみ合わせた答案作成を進めます。加えて、Eの主張制限（行訴法10条1項）の検討をします（B市の主張）。

検討の前提として、法10条1項に基づく墓地経営許可について、法は処分要件を一切定めておらず（その代替として条例に要件・手続が規定されています）、処分の許否に係る明文規定もありません。他方で、同項に基づく許可の許否について、地域の実情や公衆衛生等に関する専門技術的判断、宗教的感情を含む公益的見地からの判断が必要であることから、一定の裁量権が認められることは明らかです。一般に、裁量権があること、広汎な裁量が認められることは、行政側に有利な主張となりますが、本問では、裁量権の存在をどのように扱うか、頭に入れて検討を進めます。

問題文・会議録から、Eが主張する違法事由は、次の2点と想定されます。

　第1に、本件墓地から約80メートルの距離にあるEの事業所が、本件条例13条1項(2)の「障害福祉サービスを行う施設（入所施設を有するものに限る。）」に該当し、同項本文（距離制限規定）に抵触し違法である、というものです。B市の反論は、同項ただし書により、市長の合理的な裁量判断により許可したものであり適法である、というものが考えられます。さらに、B市側は、仮に距離制限規定に違反していても、EがDと相談の上、説明会や本件申請の後に事業所を移転している等の事情から、本件許可処分を妨害するため意図的に本件事業所を移転したものであり、権利濫用としてそのような違法事由は主張できない、と反論します[10]。

　第2に、本件墓地の実質的な経営者がAではなく営利企業Cであり、墓地等の経営主体を限定する条例3条の趣旨を潜脱し違法である、とというものです。Eとしては、法・条例に「名義貸し」的な申請を禁止する定めは見られないものの、本件条例が、墓地の経営主体を地方公共団体や宗教法人等に限定し、営利企業への墓地営業許可を認めていないことや、経営主体に一定の要件を求めていることから、仮に本件許可処分が実質的にはCに対して認められたものであるとすれば、法・条例の趣旨を潜脱して違法ではないかと主張します。これに対するB市側の反論は、上記のような条例の規定を踏まえつつ、問題文の事実関係から、本件墓地の実質的経営者がCであるとまではいえない、と論証します。会議録でFは「注意深く検討する必要がある」と述べているので、事実を丁寧に拾って評価します。

　最後に、本件許可処分の違法事由について、Eの「自己の法律上の利益」に関係があるものか（行訴法10条1項の定める主張制限に該当するか）、検討します（B市側からの主張）。この点も、会議録でFは「注意して検討すべき」と述べます。本件取消訴訟は、処分の相手方でないEが提起したものであり、Eの原告適格を基礎付ける「法律上の利益」と関わらない違法事由は本案で主張できない、との解釈論をベースにB市側の主張を組み

---

[10]　最判平成19・2・6民集61巻1号122頁（判例ノート2-4・百選Ⅱ23）を想起するなら、Eによる当該違法事由の主張が、特段の事情のない限り、信義則に反し許されないというロジックによることも考えられる。

立てます[11]。

5　設問 2 の検討

　B市長がAの申請に対して不許可処分をし、Aが取消訴訟を提起した場合の、本案の主張を検討する問題です。会議録の誘導を前提に、不許可処分の理由である(ア)(イ)について、Aの主張（不許可処分が違法との主張）と、B市の反論をかみ合わせて答案構成をします。なお、設問 1(2)と同様、法10条 1 項の墓地経営許可に行政裁量が認められることは、前提となります。

　不許可理由(ア)は、本件墓地周辺の住環境が悪化する懸念から、近隣住民の反対運動が激しくなったこと、です。Aは、近隣住民の反対運動の激化を考慮要素として不許可処分とすることは、他事考慮に当たり裁量権の逸脱・濫用により違法であると主張できます。また、会議録の記載から、本件墓地の設置に当たり、植栽を行うなど周辺の生活環境と調和するよう十分に配慮したことについて、考慮不尽に当たるとの主張もできると考えられます。これに対して、B市は、法10条 1 項が墓地の経営許可につき市長に裁量権を認めていることを前提に、住環境の悪化を懸念する反対運動の存在を考慮することは合理的であり適法である、と反論します。

　不許可理由(イ)は、Dの墓地を含むB市内の墓地の供給が過剰となり、それらの経営に悪影響が及ぶこと、です。Aとしては、墓地の需給状況を考慮して不許可処分をすることが考慮すべきでない事項の考慮（他事考慮）であり、裁量権の逸脱・濫用により違法と主張できます。これに対して、B市は、法 1 条から、墓地には公共性が認められ、その経営が公共の福祉の見地から支障なく行われることが目的とされること、本件条例 3 条の定める経営主体の規制や、同 9 条 2 項（5）が経営に係る資金計画書の添付を求めることから、墓地経営の安定を担保する趣旨が読み取れるのであり、墓地の経営状態が悪化しないよう需給状況を考慮することは、合理的な裁量権の行使であり適法である、と反論できるでしょう。

---

(11)　伊藤＝大島＝橋本・技法41頁以下。

6 解答例

設問1(1)

1 行訴法9条1項・2項の解釈枠組み

行訴法9条1項にいう処分の取消しを求めるにつき「法律上の利益を有する者」とは、その処分により自己の権利・法律上保護された利益を侵害され、または侵害されるおそれのある者をいうのであり、法律上保護された利益には、係争処分の根拠法規が、不特定多数者の具体的利益を専ら一般的公益に吸収解消させるにとどめず、それが帰属する個々人の個別的利益としても保護する趣旨を含む場合も、それに当たる。そして、処分の相手方以外の者について上記の法律上保護された利益の有無を判断する際には、行訴法9条2項の定めるところに従う。D・Eは、本件許可処分の相手方ではなく、D・Eの原告適格の有無は、上記の解釈枠組みに即して判断される。

2 Dの原告適格

Dは、既存の小規模な墓地経営者であり、本件許可処分の結果、自己の墓地経営に係る利益が侵害されるおそれがあると懸念している。ゆえに、Dは、法10条1項による許可処分の要件を具体的に定める本件条例3条1項が墓地経営主体を原則として地方公共団体とし、例外的にそれ以外の法人に許可する場合も一定の制約を定めることから、墓地の経営許可に係る法および条例の規定は、既存の墓地経営者が安定的に経営を維持することができるという墓地経営の利益を保護する趣旨を含む、と主張する。

これに対し、B市は、法は、国民の宗教感情、公衆衛生その他の公共の福祉の見地から、墓地の経営につき規制をしているのであり（1条）、既存の墓地経営者の経営上の利益を個々人の個別的利益として保護する趣旨まで含むものではない、と反論することが考えられる。

上記について、墓地経営許可を定める法・条例は、距離制限や地域独占など既存の墓地経営者の営業上の利益を具体的に保護する規定を置いておらず、それ以外に既存の墓地の営業上の利益を保護する趣旨を定めた規定もない。ゆえに、上記の行訴法9条1項・2項の解釈枠

組みに照らし、Dの主張する被侵害利益につき個々人の個別的利益としても保護されていると解釈することはできず、Dの原告適格は認められない。

3　Eの原告適格

　Eは、本件墓地から80メートルの地点に本件事業所を設置しており、障害福祉サービス事業者として、本件事業所周辺の生活環境・衛生環境の悪化により、本件事業所の業務に悪影響を受けないという法律上保護された利益を侵害される、と主張する。

　これに対し、B市は、本件条例13条1項は、そのただし書において、市長が公衆衛生その他公共の福祉の観点から支障がないと認める場合に例外として許可できる旨を定めており、同項本文が定める100メートルの距離制限内の障害福祉サービス施設の利益を個別的利益として保護するとまでは言えない、と反論することが考えられる。

　上記について検討すると、法1条は「公衆衛生その他公共の福祉の見地から」支障のないことを目的として明記するとともに、許可要件を具体的に定める本件条例13条1項ただし書も同じ観点から距離制限の例外を認めている。加えて、本件条例13条2項は飲料水の汚染の防止、14条1項(2)は雨水等の排水路の設置、同(3)は便所、ごみ処理設備等の設置を許可要件とするとともに、同(1)は外部からの遮蔽、同条2項は植栽等による周辺の生活環境との調和について許可要件としている。これらを併せ考えると、障害福祉サービス施設との距離制限を定める本件条例13条1項(2)は、同施設利用者を含む同施設に係る生活環境上の利益について、「法律上の利益」として保護する趣旨を含むものと解される。

　また、本件許可が違法であった場合、供物等の放置による悪臭、カラス、ネズミ、蚊の発生又は増加のおそれがあるなど生活環境・衛生環境が悪化する危険があり、本件施設を日常的に利用する利用者、数日間滞在する利用者に与える悪影響は、それらが反復継続・累積加重することによって重大なものになりかねず、ひいては、施設の運営にも重大な支障を与えかねない。ゆえに、Eの被侵害利益の内容、性質、害される態様、程度を考慮すると、距離制限内の施設設置者に係

る不利益は、その性質上、一般的公益に吸収解消されず、個々人の個別的利益としても保護されていると解される。

　Eの設置する本件事業所は、本件墓地から80メートルの距離にあり、本件条例13条1項の定める100メートルの距離制限の内側にある。ゆえに、Eが上記の「法律上の利益」を有する者に該当することは明らかである。

　ゆえに、Eの原告適格は認められる。

設問1(2)
1　距離制限要件について
　第1に、Eは、本件事業所は、本件墓地から80メートルの距離にあり、許可要件を具体化する本件条例13条1項(2)に照らして本件許可処分は違法であると主張する。

　これに対し、B市は、法10条1項は墓地経営許可に係る処分要件を定めず、許可に係る行政判断は各種法益の総合衡量が必要な公益的判断、地域の実情を踏まえた専門技術的判断が必要であることから、本件許可につき一定の裁量が認められることを主張する。そのことを前提に、B市は、本件条例13条1項ただし書を適用して本件許可をしたものであり、80メートルの距離にもかかわらず許可をした判断について、合理性を欠くとまではいえず適法であると反論する。

　加えて、B市は、EがDと本件墓地の経営許可を阻止する目的で協力し、本件事業所をD所有地に移設・設置したとの事情があり、Eは本件事業所が本件条例13条1項(2)と意図的に抵触させたものであることから、上記のEの主張は、権利濫用（民法1条3項）に当たり許されない、と反論する。

2　経営主体要件について
　第2に、Eは、本件墓地の経営者は実質的にCであり、Aに対する本件許可処分は、墓地等の経営主体を厳格に規律する条例3条1項各号・同2項に照らして違法であると主張する。

　これに対し、B市は、①法・条例はAがCから経営面での助言を受けることまでは妨げていないこと、②AはCから融資を受けたものの

Ａの資金で土地を購入していること、③説明会についてもＣの従業員が参加したもののＡが主催したものであり、かつＡの担当者も説明していることから、本件墓地の経営者が実質的にＣであるとまではいえず、本件墓地の経営者は宗教法人たるＡであり、本件許可処分は適法であると反論する。

3　主張制限（行訴法10条1項）について

　Ｂ市は、Ｅによる条例13条1項2号違反、同3条1項違反の主張について、「自己の法律上の利益に関係のない主張」（行訴法10条1項）として本案において主張することができない、と反論できるか。

　一般に、処分・裁決の取消訴訟（行訴法3条2項・3項）は、原告の権利利益侵害を救済する主観訴訟であり、行訴法10条1項は、訴訟要件につき原告適格を認められても、当事者は自己の法律上の利益に関係のない違法につき本案での主張が制限されることを規定する。ゆえに、取消しを求める行政処分の相手方でない者については、自らの原告適格を基礎づける「法律上の利益」に直接関わりを有する処分要件の違反のみ、本案で主張することができると考えられる。すると、条例13条1項2号違反（距離制限要件の不充足）はＥの「法律上の利益」となるものの、条例3条1項違反（本件施設の実質的経営者に係る要件の不充足）はＥの「法律上の利益」と直接的な関わりが認められず、Ｂ市は、行訴法10条1項により、条例3条1項違反の主張は認められない、と反論することができる。

設問2

　本件不許可処分の根拠規定である法10条1項について一定の裁量が認められることは上述したとおりであり、Ａは、Ｂ市長による本件不許可処分について、裁量権行使の逸脱・濫用があり違法であると主張する。

1　処分理由アに関する主張と反論

　Ａは、Ｂ市長が本件不許可処分をするにあたり、周辺住民の反対運動の激化を考慮事項としている点が、本来重視すべきでない事項を重視したものであること、また、Ａが本件墓地を設置するに当たり、植

栽を行うなど周辺の生活環境と調査するよう十分配慮した点を考慮していない点が、本来考慮すべき事項を考慮していないものであることが、社会通念に照らして著しく妥当性を欠き、裁量権行使の逸脱・濫用により違法であると主張する（行訴法30条）。

これに対し、B市は、法10条1項は、許可権者が墓地について公衆衛生を含む諸事情を合理的に勘案する趣旨で広い裁量を認めており、さらに、条例14条2項で周辺の生活環境との調和を構造設備の具体的な要件としていることから、生活環境の悪化等を懸念した周辺住民の反対を考慮する一方、Aによる植栽等の配慮は不十分であるとして不許可とすることは、法が認める裁量権の合理的な行使として適法である、と反論する。

2　処分理由イに関する主張・反論

さらに、Aは、B市長が本件不許可処分をするにあたり、B市内における墓地の需給状況による経営悪化を考慮事項とする点が、法・条例が許可の要件ないし考慮事項としない事項を考慮しており、社会通念に照らして著しく妥当性を欠き、裁量権行使の逸脱・濫用が認められ違法であると主張する。

これに対し、B市は、市内の墓地供給はすでに過剰であり、Aによる大規模な墓地経営がなされることにより、Dの墓地のような小規模な墓地が経営破綻する可能性が認められ、法が墓地の公益性に照らして安定的な墓地経営を確保しようとする趣旨、及び、本件条例3条1項が墓地等の経営主体を原則として地方公共団体と定め、一定の公共性の認められる法人のみを例外として認める趣旨に照らし、墓地の需給状況を考慮要素とした本件不許可処分は、法が認める裁量権の合理的な行使として適法である、と反論する。

Ⅳ 令和1年司法試験（公法系科目・第2問）

　Aは、B県C市内に所有する土地（以下「本件土地」という。）に自宅を建て、長年にわたって居住していた。本件土地周辺は、戸建住宅中心の住宅地域であり、住環境は良好であった。本件土地内には、C市内では珍しいことであるが、様々な水生生物が生息する池が存在しており、この池は、毎年、近隣の小学校の学外での授業に用いられていた。もっとも、本件土地内に、学術上貴重な生物や、絶滅のおそれがある生物が生息しているという事実はない。

　C市は、本件土地周辺での道路整備の必要性を検討してきたが、平成元年に、本件土地周辺に道路を整備した場合の環境への影響の調査（以下「平成元年調査」という。）をしたところ、平成17年には1日当たりの交通量が約1万台に達すると予測され、自動車の騒音や排気ガス等により、周辺環境への影響が大きいとされた。そのため、C市は、一旦、本件土地周辺での道路整備の検討を中断していたが、その後、再開した。C市の再検討によると、①本件土地周辺では道路の整備が遅れており、自動車による幹線道路へのアクセスが不便であって、これを解消するため、「道路ネットワークの形成」が必要であり、②本件土地周辺の狭い道路には、周辺の道路から通過車両が入り込むなどしていることから、通学生徒児童等を始めとした「通行者の安全性の確保」を図る必要があり、③本件土地周辺では道路が未整備であるため災害時の円滑な避難や消防活動等が困難であることから、「地域の防災性の向上」が必要であるとの課題があるとされた。C市は、これらの課題を解決するため、本件土地を含む区間に道路（以下「本件道路」という。）を新規に整備することとして、平成22年に本件道路の事業化調査（以下「平成22年調査」という。）を実施した。平成22年調査においては、本件道路の交通量は1日当たり約3500台と予測され、大気汚染、騒音、振動のいずれについても周辺環境への影響が軽微であり、一方で、本件道路の整備による利便性や安全機能・防災機能の向

上が期待できることから、本件道路を整備する必要性が高いとの総括的な判断が示された。

　C市は、平成22年調査の結果を受けて、土地収用法（以下「法」という。）を適用して本件道路を整備することを決定した。C市は、平成28年3月1日、法第18条第1項に基づき、C市を起業者とし、本件土地を含む土地を起業地とする本件道路の整備事業について、B県知事に対して事業計画書を添付した事業認定申請書（以下「本件申請書」という。）を提出した。B県知事は、同年8月1日、C市に対して事業認定（以下「本件事業認定」という。）を行い、法第26条第1項に基づいて理由（以下「本件理由」という。）を付し、これを告示した。

　C市は、本件道路の用地については、当面土地収用は行わず、所有権者から任意買収を行う方針を表明し、買収交渉を進めたところ、起業地の9割以上の土地を任意買収することができた。しかし、本件土地については、Aとの間で任意買収の協議が整う見通しが立たなかったことから、C市は、方針を変更し、土地収用によって本件土地を取得することとした。C市は、平成29年7月12日、法第39条第1項に基づいて、本件土地につき、B県収用委員会に収用裁決の申請を行った。B県収用委員会は、平成30年5月11日、本件土地の所有権をC市に取得させる権利取得裁決（以下「本件権利取得裁決」という。）を行った。また、本件土地について、収用を原因とするC市への所有権移転登記が行われた。

　C市は、本件権利取得裁決後も、明渡裁決の申立て（法第47条の2第3項）を行わず、Aと交渉を続けたが、Aは本件事業認定が違法であると主張して、本件土地に居住し続けた。Aは、令和元年5月14日、C市が近く明渡裁決を申し立てる可能性があると考え、訴訟で争うことを決意し、弁護士Dに相談した。

　以下に示された【法律事務所の会議録】（Aの相談を受けて行われた、弁護士Dとその法律事務所に所属する弁護士Eとの会議の会議録）を踏まえて、弁護士Eの立場に立って、設問に答えなさい。

　なお、土地収用法の抜粋を【資料　関係法令】に掲げてあるので、適宜参照しなさい。

〔設問1〕

　Aが、B県に対して本件権利取得裁決の取消訴訟（以下「本件取消訴訟」という。）を提起した場合、Aは、本件取消訴訟において、本件事業認定の違法を主張することができるか。B県が行う反論を踏まえて、弁護士Eの立場から、検討しなさい。ただし、行政事件訴訟法（以下「行訴法」という。）第14条第1項及び第2項にいう「正当な理由」が認められ、本件取消訴訟が適法に提起できることを前提としなさい。

〔設問2〕

(1)　Aは、B県に対して本件権利取得裁決の無効確認訴訟（行訴法第3条第4項）を適法に提起することができるか。行訴法第36条の「当該処分若しくは裁決の存否又はその効力の有無を前提とする現在の法律関係に関する訴えによつて目的を達することができないもの」という訴訟要件に絞って、B県が行う反論を踏まえて、弁護士Eの立場から、検討しなさい。

(2)　本件事業認定が法第20条第3号の要件を充足せず違法であるとのAの主張として、どのようなものが考えられるか。B県が行う反論を踏まえて、弁護士Eの立場から、検討しなさい。

【法律事務所の会議録】

弁護士D：Aさんは、本件事業認定は違法であると考えているとのことです。本件権利取得裁決には固有の違法事由はありませんので、本件では、本件事業認定の違法性についてのみ検討することとしましょう。もっとも、まずは、どのような訴訟を提起するかについて、検討しておく必要がありますね。

弁護士E：本件事業認定も本件権利取得裁決も、行訴法第3条第2項における「処分その他公権力の行使」に該当しますが、いずれも、既に出訴期間を徒過し、取消訴訟を提起することはできないのではないでしょうか。

弁護士D：そうですね。もっとも、本件取消訴訟については、行訴法

第14条第1項及び第2項における「正当な理由」が認められ、適法に提起することができるかもしれません。

弁護士E：仮に本件取消訴訟を適法に提起することができたとしても、本件権利取得裁決には固有の違法事由はありませんので、本件取消訴訟では専ら本件事業認定の違法性を主張することとなりますね。

弁護士D：では、E先生には、仮に本件取消訴訟を適法に提起することができるとした場合、本件事業認定の違法性を主張することができるかについて検討をお願いします。ただし、「正当な理由」が認められるかについては、検討する必要はありません。

弁護士E：承知しました。

弁護士D：とはいえ、「正当な理由」が認められない場合の対応も考えておく必要があります。本件取消訴訟を適法に提起することができないとすれば、どのような訴訟を提起することができると考えられますか。

弁護士E：本件事業認定に無効の瑕疵があり、したがって、本件権利取得裁決も無効であるとして、B県に対し、行訴法第3条第4項に基づいて、本件権利取得裁決の無効確認訴訟を提起することが考えられます。また、本件権利取得裁決が無効であるなら、別途、C市に対する訴訟も提起することができます。

弁護士D：では、B県に対する無効確認訴訟が訴訟要件を充足しているか、E先生に検討していただきましょう。無効確認訴訟の訴訟要件については、いくつかの考え方がありますが、E先生は、行訴法第36条の訴訟要件である「当該処分若しくは裁決の存否又はその効力の有無を前提とする現在の法律関係に関する訴えによつて目的を達することができないもの」について検討してください。C市に対してどのような訴訟を提起することができるのか、また、C市に対する訴訟を提起できる場合にも無効確認訴訟を適法に提起することができるのかという点に絞って検討していただければ結構です。

弁護士E：承知しました。

弁護士D：では、次に、本件事業認定の違法性について検討していきましょう。無効確認訴訟の場合、最終的には、重大かつ明白な違法性

を主張しなければなりませんが、まずは、取消訴訟でも主張できる違法事由としてどのようなものがあるかについて検討することとし、今回は、それらが重大かつ明白な違法といえるのかについては検討しないこととします。

弁護士E：本件理由によると、B県知事は、本件申請書に基づき、本件道路の整備には、「道路ネットワークの形成」、「通行者の安全性の確保」、「地域の防災性の向上」の３つの利益があり、それに比べて、本件土地の収用によって失われる利益はそれほど大きくはなく、また、事業計画は適正かつ合理的であるとして、法第20条第３号の要件を充足しているとしています。

弁護士D：B県知事が挙げる理由は妥当でしょうか。まず、新たに本件道路が整備されると交通量が増えて、環境が悪化することはないのでしょうか。

弁護士E：確かに、交通量は増えると思われますが、本件理由によると、B県やC市は、平成22年調査の結果から、本件道路の交通量は１日当たり約3500台なので、周辺環境への影響が軽微であり失われる利益が大きいとはいえないと判断しています。しかし、Aさんによると、平成元年調査の時には、周辺環境への影響が大きいとして、本件道路の整備は見送られているのに、平成22年調査で予想される交通量が平成元年調査の約３分の１に減っているのは疑問が残るとのことです。

弁護士D：C市の人口変動が原因ではないのですか。

弁護士E：いいえ。平成元年調査から平成22年調査の間のC市の人口の減少は１割未満です。また、Aさんによると、平成22年調査にはC市の調査手法に誤りがあり、そのため、調査の正確性について疑問があるとのことです。それに加えて、Aさんは、交通量が約３分の１にまで減るのであれば、土地収用によって得られる利益とされる「道路ネットワークの形成」の必要性に疑問があるとしています。そして、仮に「道路ネットワークの形成」のために本件道路が必要であるとしても、その必要性はそれほど大きいものではなく、かえって通過車両が増加するなどして、良好な住環境が破壊されるだけではないのかと

の懸念もＡさんは示しています。

弁護士Ｄ：本件道路のルートについては、どのように検討されたのでしょうか。

弁護士Ｅ：本件理由によると、本件道路の近くにある小学校への騒音等の影響を緩和することを考慮し、同小学校から一定の距離をとるよう、本件道路のルートが決められたとのことです。しかし、本件土地の自然環境の保護については、学術上貴重な生物が生息しているわけではないとして、特に考慮はされていません。したがって、本件理由によると、小学校への騒音等の影響を緩和しつつ、本件土地の自然環境にも影響を与えないようなルートを採ることができるかについては検討されていません。

弁護士Ｄ：Ａさんによると、本件土地にある池は、地下水が湧出した湧水によるものとのことですね。本件土地の周辺では地下水を生活用水として利用している住民もいて、道路工事による地下水への影響も懸念されるとのことですが、道路工事による地下水への影響は検討されたのでしょうか。

弁護士Ｅ：本件理由によると、本件土地での掘削の深さは２メートル程度なので地下水には影響がないと判断しています。もっとも、Ａさんによると、以前、本件土地周辺の工事では、深さ２メートル程度の掘削工事で井戸がかれたことがあり、きちんと調査をしない限り、影響がないとはいえないのではないかとのことです。また、本件土地の周辺では災害時等の非常時の水源として使うことが予定されている防災目的の井戸もあるのですが、これらの井戸への影響については、調査されておらず、したがって、考慮もされていません。

弁護士Ｄ：それでは、Ｅ先生には、以上の点を整理して、本件事業認定が違法かどうかを検討していただきましょう。本件事業認定が違法かどうかについては、法第20条第４号の要件について検討する余地もありますが、Ａさんの主張は法第20条第３号の要件の問題であるとして検討することとしましょう。また、法に定められている土地収用の手続はいずれもＣ市やＢ県によって適法に履行されていますので、本件事業認定の手続的な瑕疵については検討する必要はありません。

【資料　関係法令】

○　土地収用法（昭和26年法律第219号）（抜粋）

（この法律の目的）

第１条　この法律は、公共の利益となる事業に必要な土地等の収用又は使用に関し、その要件、手続及び効果並びにこれに伴う損失の補償等について規定し、公共の利益の増進と私有財産との調整を図り、もつて国土の適正且つ合理的な利用に寄与することを目的とする。

（土地の収用又は使用）

第２条　公共の利益となる事業の用に供するため土地を必要とする場合において、その土地を当該事業の用に供することが土地の利用上適正且つ合理的であるときは、この法律の定めるところにより、これを収用し、又は使用することができる。

（土地を収用し、又は使用することができる事業）

第３条　土地を収用し、又は使用することができる公共の利益となる事業は、次の各号のいずれかに該当するものに関する事業でなければならない。

　　一　道路法（昭和27年法律第180号）による道路（以下略）

　　二～三十五　（略）

（定義等）

第８条　この法律において「起業者」とは、土地（中略）を収用（中略）することを必要とする第３条各号の一に規定する事業を行う者をいう。

２　この法律において「土地所有者」とは、収用（中略）に係る土地の所有者をいう。

３～５　（略）

（事業の説明）

第15条の14　起業者は、次条の規定による事業の認定を受けようとするときは、あらかじめ、国土交通省令で定める説明会の開催その他の措置を講じて、事業の目的及び内容について、当該事業の認定について利害関係を有する者に説明しなければならない。

（事業の認定）

第16条　起業者は、当該事業又は当該事業の施行により必要を生じた第３条各号の一に該当するものに関する事業（以下「関連事業」という。）のために土地を収用し、又は使用しようとするときは、（中略）事業の認定を受けなければならない。

（事業の認定に関する処分を行う機関）

第17条　事業が次の各号のいずれかに掲げるものであるときは、国土交通大臣が事業の認定に関する処分を行う。

　　一～四　（略）

2　事業が前項各号の一に掲げるもの以外のものであるときは、起業地を管轄する都道
　府県知事が事業の認定に関する処分を行う。

3　（略）

（事業認定申請書）

第18条　起業者は、第16条の規定による事業の認定を受けようとするときは、国土交通
　省令で定める様式に従い、左に掲げる事項を記載した事業認定申請書を、（中略）前
　条第2項の場合においては都道府県知事に提出しなければならない。

　　一　起業者の名称

　　二　事業の種類

　　三　収用又は使用の別を明らかにした起業地

　　四　事業の認定を申請する理由

2　前項の申請書には、国土交通省令で定める様式に従い、次に掲げる書類を添付しな
　ければならない。

　　一　事業計画書

　　二〜七　（略）

3、4　（略）

（事業の認定の要件）

第20条　国土交通大臣又は都道府県知事は、申請に係る事業が左の各号のすべてに該当
　するときは、事業の認定をすることができる。

　　一、二　（略）

　　三　事業計画が土地の適正且つ合理的な利用に寄与するものであること。

　　四　土地を収用し、又は使用する公益上の必要があるものであること。

（事業の認定の告示）

第26条　国土交通大臣又は都道府県知事は、第20条の規定によつて事業の認定をしたと
　きは、遅滞なく、その旨を起業者に文書で通知するとともに、起業者の名称、事業の
　種類、起業地、事業の認定をした理由及び次条の規定による図面の縦覧場所を国土交
　通大臣にあつては官報で、都道府県知事にあつては都道府県知事が定める方法で告示
　しなければならない。

2、3　（略）

4　事業の認定は、第1項の規定による告示があつた日から、その効力を生ずる。

（起業地を表示する図面の長期縦覧）

第26条の2　国土交通大臣又は都道府県知事は、第20条の規定によつて事業の認定をし
　たときは、直ちに、起業地が所在する市町村の長にその旨を通知しなければならな
　い。

2　市町村長は、前項の通知を受けたときは、直ちに、（中略）起業地を表示する図面
　を、事業の認定が効力を失う日（中略）まで公衆の縦覧に供しなければならない。

3　（略）

（補償等について周知させるための措置）

第28条の2　起業者は、第26条第1項の規定による事業の認定の告示があつたときは、直ちに、国土交通省令で定めるところにより、土地所有者及び関係人が受けることができる補償その他国土交通省令で定める事項について、土地所有者及び関係人に周知させるため必要な措置を講じなければならない。

（事業の認定の失効）

第29条　起業者が第26条第1項の規定による事業の認定の告示があつた日から1年以内に第39条第1項の規定による収用又は使用の裁決の申請をしないときは、事業の認定は、期間満了の日の翌日から将来に向つて、その効力を失う。

2　（略）

（収用又は使用の裁決の申請）

第39条　起業者は、第26条第1項の規定による事業の認定の告示があつた日から1年以内に限り、収用し、又は使用しようとする土地が所在する都道府県の収用委員会に収用又は使用の裁決を申請することができる。

2、3　（略）

（却下の裁決）

第47条　収用又は使用の裁決の申請が左の各号の一に該当するときその他この法律の規定に違反するときは、収用委員会は、裁決をもつて申請を却下しなければならない。

　一　申請に係る事業が第26条第1項の規定によつて告示された事業と異なるとき。

　二　申請に係る事業計画が第18条第2項第1号の規定によつて事業認定申請書に添附された事業計画書に記載された計画と著しく異なるとき。

（収用又は使用の裁決）

第47条の2　収用委員会は、前条の規定によつて申請を却下する場合を除くの外、収用又は使用の裁決をしなければならない。

2　収用又は使用の裁決は、権利取得裁決及び明渡裁決とする。

3　明渡裁決は、起業者、土地所有者又は関係人の申立てをまつてするものとする。

4　明渡裁決は、権利取得裁決とあわせて、又は権利取得裁決のあつた後に行なう。ただし、明渡裁決のため必要な審理を権利取得裁決前に行なうことを妨げない。

（土地若しくは物件の引渡し又は物件の移転）

第102条　明渡裁決があつたときは、当該土地又は当該土地にある物件を占有している者は、明渡裁決において定められた明渡しの期限までに、起業者に土地若しくは物件を引き渡し、又は物件を移転しなければならない。

1　設問の把握

　本問は、土地収用法を素材として、①違法性の承継、②無効確認訴訟の原告適格（行訴法36条の定める補充性要件の解釈）、③事業認定の違法に係る土地収用法20条3号の解釈（要件裁量の司法審査）、という3つの論点の理解が問われています。いずれも、論点に関する判例に即して検討を進めることが有効です[12]。

　また、会議録を踏まえて、弁護士Eの立場に立って、設問に答えることが求められています。D・EはAから相談を受けた弁護士であること、EはDの指示に従う設定になっていることに、特に注意します。

　本問では、B県知事による本件事業認定、B県収用委員会による本件権利取得裁決、同じくB県収用委員会による明渡裁決、という3つの行政処分が登場します。事業認定⇒権利取得裁決⇒明渡裁決は、土地収用法の定める一連のプロセスを構成しています。現時点（Aが弁護士Dに相談した時点）から見ると、事業認定は約2年10か月前、権利取得裁決は約1年前になされており、明渡裁決は将来予測されるもの（現時点では申立てがされていない）であることを、把握しておきます。[13]

2　事案の整理

昭和時代	A　本件土地に自宅を建設
H1	C市　環境影響調査（平成元年調査）
？	C市　道路整備の再検討
H22	C市　本件道路の事業化調査（平成22年調査）

---

[12]　①は、最判平成21・12・17民集63巻10号2631頁（判例ノート5-7・百選I81。たぬきの森マンション事件）、②は、最判昭和62・4・17民集41巻3号286頁（判例ノート20-1・百選II173。「より直截的で適切な争訟形態」の基準）、③は、東京高判昭和48・7・13行集24巻6＝7号533頁（判例ノート6-6。日光太郎杉事件）を想起すると答案作成がしやすくなります。

[13]　本問は、時間軸に沿った「仕組み」の解析、という技法が、特に有効に働きます。なお、本問では言及がありませんが、現実の紛争では、事業認定は申請に対する処分であり、審査基準（行手法5条）が解釈の手がかりとして重要な役割を果します。すると、規範の階層関係の解析も重要になると想定されます。

H28・3・1	C市	B県知事に本件申請書を提出
H28・8・1	B県知事	本件事業認定・本件理由を付して告示
？	C市	任意買収進める。Aとは不調
H29・7・12	C市	本件土地の収用裁決の申請
H30・5・11	B県収用委員会	本件権利取得裁決
？	C市	Aと明渡しの交渉　明渡裁決の申請はせず
R1・5・14	A	弁護士Dに相談

　上記のように整理すると、本問では、A、B県、C市という3つの法主体が紛争に関係すること、B県による行政処分の中でも、知事による事業認定、収用委員会による権利取得裁決・明渡裁決というかたちで、処分庁が異なることが、明確に意識できます。そうすると、たとえば、設問2(1)の無効確認訴訟が「直截・適切」な争訟方法であることを論証する際、Aにとっての勝訴判決の拘束力（行訴法33条。38条1項により準用）があれば関係行政庁を拘束できること、第三者効（行訴法32条1項。準用規定はなし）が論点になること（紛争の相手方がB県、C市と複数であること）等がイメージしやすくなります。

3　設問1の検討

　設問1は、AがB県を相手に本件権利取得裁決の取消訴訟を提起した場合、本件事業認定の違法を主張できるか、という問題です。先行処分（事業認定）⇒後行処分（土地収用裁決）という段階的・連続的になされる2つの行政処分の違法性の承継を検討します。権利取得裁決の出訴期間は徒過していますが、行訴法14条2項の「正当な理由」により適法に出訴できるとの前提に立ちます。B県の反論を踏まえ、弁護士Eの立場から検討することが求められており、違法性の承継を否定するB県の反論と、それに対抗して違法性の承継を肯定するAの主張という構成で答案を組み立てます。

　本問は、先行処分⇒後行処分の関係性において、違法性の承継が問題になる典型といえます。違法性の承継について、たぬきの森マンション事件の最高裁判決（平成21・12・17民集63巻10号2631頁。判例ノート5－7・百選

Ⅰ81）による３つの規範を立てて、具体的に当てはめて結論を導きます。
Ｅ弁護士の立場で論じるのですから、結論としては、違法性の承継を肯定
する方向です[14]。

　上記最判の３つの規範とは、①先行処分と後行処分が同一目的・同一効
果と解釈できるか（同一目的・同一効果基準）、②先行処分の適否を争うた
めの手続的保障が十分に与えられているか（手続的保障の程度）、③原告が
後行行為までまって争訟を提起することが不合理でないか（先行処分を争
う切迫性）です。①は実体上の基準、②③は手続上の基準（実効的権利救済
の要請）です。②は、先行処分の手続的保障が十分であれば、違法性の承
継を否定する方向に作用することに注意しましょう。これらの規範につい
て、問題に添付された土地収用法の条文を精査して、同法の法的仕組みの
解釈による当てはめを行い、結論を導きます。

　行政処分の公定力・不可争力を肯定する伝統的な考え方からは、違法性
の承継を否定するのが原則であり、違法性の承継は例外として認められま
す。本問では原則を主張するＢ県の反論に対して、Ａとして、判例を踏ま
えた土地収用法の解釈により例外を主張する、という構成を採ると答案の
流れが良くなります。

4　設問２(1)の検討

　設問２は、ＡがＢ県を相手に本件権利取得裁決の無効確認訴訟を提起し
たことを想定し、(1)で訴訟要件、(2)で本案の主張を検討します。

　設問２(1)は、無効確認訴訟の訴訟要件（原告適格）について、行訴法36
条の定める３つの要件のうち、消極要件である補充性要件に絞って検討す
ることを求めます。「弁護士Ｅの立場から」とあるので、Ｂ県側の反論を
踏まえながら、原告適格肯定のロジックを立てます。行訴法36条の補充性
要件は、係争処分の無効を前提とする「現在の法律関係に関する訴え」と

---

[14]　もっとも、平成21年最判が問題とする安全認定⇒建築確認という法的仕組みは、土
　地収用法の事業認定⇒収用裁決とは異なる部分があり、学説には様々な議論がありま
　す（川合敏樹・百選Ⅰ164頁、宇賀・概説Ⅰ397頁以下などを参照）。また、収用裁決
　について、所有権を最終的に剥奪する効果があること等から、違法性の承継を肯定す
　る見解もあります（髙橋・行政法97頁）。

の補充関係の解釈が必要になります。会議録の誘導（Dからの指示）から、AがC市を相手に提起することができる民事訴訟（争点訴訟。行訴法45条1項）を具体的に想定し（複数考えられます）、これらの訴えでは「目的を達することができない」ことを論証し、抗告訴訟たる無効確認訴訟との比較・対照による「直截・適切基準」により結論を導きます。

　本問では、Aが、C市を相手に、自らの土地所有権を保全するための争点訴訟を、自分で（民事法の知見を踏まえて）指摘する必要があります。本件権利取得裁決が無効であることを前提とする民事訴訟ということで、土地所有権確認請求、所有権移転登記の抹消請求を想定することになると思います。

　B県の反論、すなわち、原告適格なしという方向の立論では、①土地収用法39条1項により処分時から1年を経過すると事業認定が失効するため、土地所有権の保全という観点からは、出訴期間なしに事業認定の効力を争う必要性に乏しい、②無効確認訴訟には取消判決の第三者効の規定（行訴法32条1項）が準用されておらず、無効確認判決を得たとしてもC市による明渡裁決の申請を防げないこと、が考えられます。

　これに対して、Aは、争点訴訟の判決には拘束力が認められない一方、無効確認訴訟では取消判決の拘束力の規定が準用されており（行訴法38条1項）、無効確認判決を得ることができれば、関係行政庁としてB県収用委員会の判断を拘束することが可能になる、と主張できます。また、権利取得裁決の無効確認訴訟を提起した上で執行停止を申立て、認容決定を得ることができれば、手続の続行として明渡裁決の執行停止ができることも、主張できるでしょう（行訴法25条2項。同法38条3項により準用）。

　本問では、最終的に、権利取得裁決の無効確認訴訟が、C市を相手とする争点訴訟との関係で、「より直截的で適切な争訟方法」であるとの結論を導きます。当てはめとして、争点訴訟では（Aは）「目的を達することができない」ことを、上記のような判決の効力論、事業認定から現時点までの時間の経過、無効確認訴訟における執行停止の利用可能性、という角度から、主張・反論形式で記述します[15]。

---

[15]　より理論的な観点では、処分の相手方でない者が提起する（当該処分の）無効確認訴訟については、「現在の法律関係への還元の困難性」が問題になるとも考えられます（塩野・行政法Ⅱ229頁）。

5 設問2(2)の検討

設問2(2)は、上記の無効確認訴訟におけるAの本案の主張を検討します。やはり、E弁護士の立場から、B県側の反論を踏まえて検討するとの指示があります。

土地収用法20条3号要件の不充足の主張ですが、行政裁量が肯定されるため、裁量権逸脱・濫用があり違法であることを論証します。会議録でのEの発言もあり、日光太郎杉事件判決（東京高判昭和48・7・13行集24巻6・7号533頁。判例ノート6-6）をイメージしつつ、本件道路整備の利益と、本件土地収用により失われる利益の衡量という観点から、処分理由・考慮事項を拾って当てはめます。

なお、本件事業認定は、C市の申請に対するB県知事の申請認容処分です。申請を認容する処分の場合、行手法上、理由の提示等は仕組まれていません。しかし、土地収用法26条1項により、事業認定をした行政庁が「事業の認定をした理由」を告示することが定められています。本問も、この規定により「本件理由」を付した告示がされており、処分理由・考慮事項を探索する手がかりとなります。

答案作成では、まず、事業認定に要件裁量が認められることを、土地収用法20条3号に即して論証します。条文の文言と、行政決定の性質の両面から、定番の方法で裁量を肯定します。行政決定の性質について、本件道路の整備により増進する公益と、土地収用により失われる利益の比較考量・総合的考量であることに留意しましょう。前者は問題文で①②③と明記されており、後者は会議録で「Aさんによると」、「本件理由によると」というフレーズで整理されています。裁量権逸脱・濫用の有無の検討においては、会議録から考慮事項を抽出し、道路整備の公益と喪失利益の比較考量を念頭におきつつ、Aの立場から具体的に評価を加えるイメージを持つと書きやすいと思います。

6 解答例

設問1

Ａは、本件事業認定の違法性が本件権利取得裁決に承継され、後行処分たる本件権利取得裁決の取消訴訟において、先行処分たる本件事業認定の違法を主張することができる。

1　原則

　本件事業認定は行政処分であるため、裁判でその違法を主張して取消しを求めるには、行訴法３条２項の定める処分の取り消しの訴えを提起して、取消判決を得なければならない（取消訴訟の排他的管轄）。また、取消訴訟には出訴期間の制約があり（行訴法14条１項、２項）、本件事業認定につき出訴期間を徒過した場合には、その違法性を主張して取消訴訟を提起することができなくなる。これらから、後行処分の取消訴訟において、出訴期間を徒過した先行処分の違法を主張しても、裁判所により先行処分の効力を否定されることは原則として認められない。後行行為の取消訴訟において、先行処分の違法を主張すること（違法性の承継）は、原則として否定される。

2　例外としての違法性の承継

　しかし、①先行処分・後行処分の目的および効果が同一であり（①実体的基準）、②先行処分について十分に手続的な保障が規定されておらず、③先行処分がされた時点での争訟提起の切迫性がなく、後行処分をまって取消訴訟を提起することが不合理でない場合（②③は手続的基準）に、例外として違法性が承継される場合がある。以下、本件が①②③の基準を充足しているか、検討する。

　Ｂ県側は、事業認定は知事がする（法17条２項）のに対し、権利取得裁決は県収用委員会が行う（法47条の２）のであり、事業認定による法律関係の早期確定の要請も踏まえ、事業認定と権利取得裁決は、実体法上、その目的・効果を同一にするものでない、と反論することが考えられる。しかし、事業認定は土地の収用・使用を目的とし、権利取得裁決により当該土地の所有権が実際に取得されることから、両者は実体法上の目的・効果を同一にすると解される。

　また、Ｂ県側は、法は、事業認定について、事業の説明（法15条の14）、事業の認定の告示（法26条）、起業地に係る図面の長期縦覧（法26条の２）、補償等の周知のための措置（法28条の２）という手続保障

を定めており、後行処分において例外として違法性の承継を認める必要はないと反論することが考えられる。しかし、法が定める上記の手続規定は、いずれも、個々の土地所有者が自己の所有権等につき手続的防御を図ることを直接の趣旨とするものではなく、補償等の事項の周知も事業認定の違法を争う手段それ自体を教示するものではないため、土地所有者が事業認定を争うための手続的保障が十分とはいえない。

さらに、B県は、上記の法の定める手続規定から、土地所有者等は事業認定段階で争訟を提起することができたと反論することが考えられる。しかし、上記の手続規定は一般的な合意形成を趣旨とするものである一方、実際に自己の土地等が収用される法的状況が生じる土地収用裁決をまって争訟を提起することは、原告の権利利益の実効的救済という観点に照らしても、不合理とはいえない。

3 結論

以上から、Aは、本件権利取得裁決の取消訴訟において、本件事業認定の違法を主張することができる。

設問2(1)

1 行訴法36条・消極要件の解釈枠組み

行訴法36条は無効確認訴訟の原告適格を規定するが、同条の消極要件に係る「現在の法律関係に関する訴え」とは、係争処分が無効であることを前提とする争点訴訟（行訴法45条1項）ないし実質的当事者訴訟（行訴法4条後段）である。また、同条にいう「目的を達することができない」とは、これらの訴えと比較し、行政処分の無効を確認する抗告訴訟が、係争処分により生じる紛争を解決するため、より直截的で適切な争訟形態であることをいう。

2 B県側の反論

この点、B県側は、AはC市に対して、本件権利取得裁決が無効であることを前提として、本件土地所有権の確認請求と、所有権移転登記抹消請求を、それぞれ争点訴訟（行訴法45条1項）として提起して争うことが可能であり、Aが行訴法36条の定める消極要件を充足

することはない、と反論することが想定される。その上で、B県側は、本件権利取得裁決につき抗告訴訟としての無効確認訴訟で争っても、無効確認判決につき第三者効（行訴法32条1項）の規定が準用されておらず（行訴法38条1項）、C市による明渡裁決の申立てを阻止することができないと反論する。また、B県側は、事業認定は起業者による収用・使用裁決の申請がなければ1年間で失効する（法29条1項）ことから、出訴期間のないかたちで抗告訴訟による無効確認をする必要性に乏しく、上記の争点訴訟により直截・適切な紛争が解決され得るとも反論できる。

3　Eの主張

しかし、民事訴訟である争点訴訟の判決には、関係行政庁に対する判決の拘束力がなく、裁判所の判断にB県収用委員会は拘束されない。C市を相手に民事訴訟で所有権等を争って勝訴したとしても、将来的にB県収用委員会が明渡裁決をすること等の事態が生じ得ることになり、Aにとって本件土地所有権の保全という目的を達することができない。他方で、本件権利取得裁決の無効確認訴訟で、本件事業認定が違法との判断により勝訴判決を得れば、同判決の拘束力により、関係行政庁であるB県収用委員会を法的に拘束することができるのであり、Aにとっての紛争の一回的解決となり得る。

また、Aが本件権利取得裁決の無効確認訴訟において、執行停止（行訴法25条2項。同法38条3項により準用）を申立ててこれが認容されれば、手続の続行としての明渡裁決の執行を止めることができるのであり、Aの実効的救済が図られる。

さらに、行訴法は無効等確認訴訟につき取消判決の第三者効の規定（行訴法32条）を準用していない（同法38条）が、無効確認訴訟につき原告の権利利益救済の趣旨から出訴期間の延ばされた取消訴訟として位置づける立場によれば、無効確認訴訟における無効確認判決にも第三者効があると解することも可能である。すると、本件事業認定の無効確認訴訟で勝訴判決を得れば、その効力がC市にも及ぶこととなり、Aにとって紛争解決に資する。

4　結論

したがって、Aが自己の土地所有権等を保全確保するためには、本件事業認定の無効確認訴訟によることが、直截かつ適切な紛争解決を可能とする争訟形態であるといえる。法29条1項が定める事業認定の失効規定の存在も、この結論を左右するものではない。

設問2(2)
1　解釈枠組みの提示
　土地収用法20条3号の定める「土地の適正且つ合理的な利用」という処分要件は、一般的・概括的な定めであり、この要件の充足・不充足の判断には、当該事業により得られる公益と土地の収用により失われる利益の比較考量を中心とする、処分庁の専門技術的判断ないし諸利益の総合的考慮に基づく公益的判断が求められるため、一定の裁量が認められる。B県側は、本件道路の整備による道路ネットワークの形成、通行者の安全性の確保、地域の防災性の向上という3つの利益が失われる利益を上回るものであるとする判断は、不合理とはいえず、法の認める裁量の範囲にあり適法と反論することが考えられる。
2　Eの主張
　しかし、裁量処分であっても、裁量権行使に逸脱・濫用があれば、違法と主張できる（行訴法30条）。本件事業認定は、土地所有権の収用という財産権への重大な侵害をもたらすことから一定の司法審査密度を確保する必要があり、処分庁による判断要素の選択、判断過程に合理性を欠くところがないか、検討されなければならない。
　まず、本件事業認定の理由としてC市が掲げる道路ネットワークの形成の必要性について、当該判断の前提となったC市による平成22年調査の結果は、大きな事情変更がないにもかかわらず、平成元年度調査の結果と比べて予想交通量が三分の一というもので、その手法・正確性に過誤があり、予想交通量を適正に評価するものとはいえない。その結果、本件道路の整備による道路ネットワークの形成により得られる利益も過大に評価されており、裁量権の行使にあたって考慮された事項の評価に過誤がある。
　また、本件道路の整備を決定するにあたり、小学校への騒音等の影

響を緩和しつつ本件土地の自然環境に影響を与えない代替ルートの検討がされておらず、自然環境への影響につき十分に考慮されたとは言えない。自然環境への影響は、法1条の定める「公共の利益の増進」ないし「国土の適正且つ合理的な利用」に当然含まれる要素であり、本件事業認定において当然に考慮されるべき事項であり、裁量権の行使における考慮不尽にあたる。

さらに、本件道路の整備を決定するにあたり、以前、今回と同様の掘削工事により井戸がかれたことがあることが考慮されておらず、地下水への影響につき考慮が尽くされていない。また、周辺の防災目的の井戸への影響について調査されておらず、周辺住民にとって極めて重要な問題につき全く考慮されていない。

3　結論

以上から、B県収用委員会は、本件裁量権の行使に当たり、本来重視すべきでない事項を過大に考慮し、考慮した事項の評価に過誤があり、さらに、本来重視すべき事項を全く考慮しないか、十分に考慮を尽くしていない。ゆえに、本件事業認定は、社会通念に照らして著しく妥当性を欠くと認められ、B県収用委員会による裁量権行使に逸脱・濫用があり、違法である。

V 令和2年司法試験（公法系科目・第2問）

　Xは、A県B市内の自宅脇に所有する農地において農業を営んでいたが、地域に医療施設が存在せず、その設置を望む声が近隣の農家に強いことから、医師である長男に医院を開設させることとし、所有する農地の一部（以下「本件農地」という。）を転用して、そこに長男のための医院を建築することを計画した。このため、農地法第4条第1項に基づく農地の転用許可の取得が必要となり、XがB市の担当課に相談したところ、農業振興地域の整備に関する法律（以下「農振法」という。）第8条第1項に基づきB市が定めた農業振興地域整備計画の一環としての農用地利用計画（以下「本件計画」という。）により、本件農地が同条第2項第1号所定の農用地区域内の農地に指定されている旨を指摘された。そして、そのままでは同法第17条及び農地法第4条第6項第1号イにより転用は認められず、A県への転用許可申請の前提として、B市に対して、農振法第13条第1項に基づく本件計画の変更により本件農地を農用地区域から除外することを申し出なければならない旨を伝えられた。

　Xの相談を受けて、B市の担当課が精査したところ、本件農地を含む区域においては、平成13年4月頃からA県により国の補助を受けて土地改良法に基づく土地改良事業として農業用の用排水施設の改修事業（以下「本件事業」という。）が実施されていたことが判明した。すなわち、本件事業は、従来の用排水施設の老朽化に伴い、大雨時の周辺農地の冠水や施設の維持管理労力の増加等の弊害が顕在化したために、施設の補修・改修を行うもので、本件農地を直接の受益地とする上流部分については、平成20年末頃には工事が終了していたものの、その後の計画変更による工事の中断もあって、全体としては、平成30年12月に完了している。そのため、同課においては、本件事業は、農振法第10条第3項第2号及び農業振興地域の整備に関する法律施行規則第4条の3第1号イの事業に該当し、農業振興地域の整備に関する

法律施行令（以下「農振法施行令」という。）第９条により、当該工事の完了した平成30年度の翌年度の初日から起算して８年を経過するまでは、本件農地は農振法第13条第２項第５号の要件を満たさないとの判断がなされた。そして、同課職員は、Ｘに対し、この期間が経過するまでは、本件農地についての本件計画の変更の申出は受け付けられない旨を回答した。

　しかし、Ｘは、これに納得せず、Ｂ市長が定めた「農業振興地域整備計画の管理に関する運用指針」（以下「本件運用指針」という。）第４条第１項により、令和元年５月８日、Ｂ市長に対する本件計画の変更申出書（以下「本件申出書」という。）を所定の窓口に提出しようとしたものの、その受け取りを拒否されたため、即日、本件申出書を担当課に郵送した。本件申出書は、同月10日、同課に到達したが、同課は、これをＸに返送した。これについてＸが同課に電話で問い合わせたところ、同課職員は、所定の期間が経過するまでは、本件農地についての申出を受け付けることはできない旨を答えた。これに対して、Ｘは、申出をやめる意思がない旨を職員に伝えたものの、その後、翌令和２年５月中旬になっても、Ｂ市から本件計画の変更又はその拒絶についての本件運用指針第４条第４項による通知は受けていない。

　Ｘは、本件計画の変更を実現するため、訴訟を提起すべく、同月13日、弁護士Ｃに相談した。

　以下に示された【法律事務所の会議録】を読んだ上で、弁護士Ｃの指示に沿って、弁護士Ｄの立場に立って、Ｂ市の反論を想定しながら設問に答えなさい。

　なお、関係法令の抜粋を【資料１　関係法令】に、本件運用指針の抜粋を【資料２　Ｂ市農業振興地域整備計画の管理に関する運用指針（抜粋）】に、それぞれ掲げてあるので、適宜参照しなさい。

〔設問１〕
(1)Ｘは、Ｂ市を被告として、抗告訴訟を提起することを考えている。本件計画の変更及びその申出の拒絶は、抗告訴訟の対象となる処分に該当するかを検討しなさい。

⑵本件計画の変更及びその申出の拒絶が処分であることを前提として、本件申出書を返送されたＸが提起すべき抗告訴訟について、その訴訟要件の充足性と本案においてすべき主張をそれぞれ検討しなさい。ただし、Ｘの申出に対する拒否処分はされていないものとし、義務付けの訴えについては検討を要しない。

〔設問2〕

　仮に、今後、Ｂ市によって、本件計画の変更の申出前にＢ市担当課職員がした回答どおりの理由により、同申出を拒絶する通知がなされ、Ｘがそれに対する取消訴訟を提起する場合、本案において、どのような違法事由を主張することが考えられるかを検討しなさい。ただし、当該訴訟が適法であることを前提とする。

【法律事務所の会議録】
弁護士Ｃ：それでは、Ｘさんの案件について、検討しましょう。本件農地について、農用地区域から除外するための本件計画の変更の申出をＢ市が認めないことに関する争いですから、本件計画の変更、更にその申出の拒絶の処分性から検討しましょう。
弁護士Ｄ：農用地区域から除外するための計画変更については、その処分性を否定するＢ市による主張が予想されます。しかし、こうした計画変更やその申出の拒絶の処分性については、下級審の判断も分かれており、まだ、決着はついていないようですので、なお、検討の余地はありそうです。
弁護士Ｃ：そうですね。では、まず、農用地区域を定める計画自体の法的性格を検討してみてください。本件計画の設定が区域内の農地所有者の権利義務に及ぼす影響を整理した上、都市計画法上の用途地域指定についての判例（最高裁判所昭和57年4月22日第一小法廷判決、民集36巻4号705頁）も参考にして、計画としての性質や規制の程度などの違いも考えながら、本件計画の法的性格を考えてみましょう。さらに、それを踏まえて、本件農地のような個別の農地を農用地区域から除外するための計画変更の処分性を検討してください。

弁護士Ｄ：承知しました。

弁護士Ｃ：もっとも、本件計画の変更に処分性を認めることができたとしても、当然に、それについての申出の拒絶に処分性が認められることにはなりません。農振法上は、本件計画の設定と同様に市町村等の職権による計画変更が前提とされているように思えますが。

弁護士Ｄ：本件のような個別の農地についての計画変更を判断するためには、実務上、農地所有者等からの申出が不可欠で、こうした計画変更は、多くの市町村で広く行われています。特にＢ市においては、市長の策定した本件運用指針第４条によって計画変更の申出とそれに対する可否の通知の手続が定められています。

弁護士Ｃ：それでは本件運用指針の存在なども考慮に入れながら、その申出の性格と併せて、本件計画の変更及びその申出の拒絶の処分性を検討してください。ただし、Ｘさんは、本件農地についての別の処分を申請して、その拒否処分に対して取消訴訟を提起することもできるわけですので、本件計画の変更の段階での抗告訴訟による救済の必要性も、検討してください。

弁護士Ｄ：承知しました。

弁護士Ｃ：つぎに、Ｘさんは、本件計画の変更の申出をしたわけですが、本件計画の変更及びその申出の拒絶が処分であるとすれば、その申出に対する可否の通知をしないＢ市の担当課による処理については、行政手続法上も問題がありそうですね。

弁護士Ｄ：Ｂ市は、農用地区域からの除外に１年程度を要する旨を公表しており、Ｘさんと同時期にＢ市にその申出をした他の農地所有者らに対しては、既に先月中に通知がなされています。

弁護士Ｃ：それでは、本件計画の変更及びその申出の拒絶が処分であること、Ｘさんの申出への拒否処分がされていないことを前提として、その置かれている状態やＢ市による対応の法的な意味を検討した上で、どのような抗告訴訟を提起すべきかを検討してください。その訴訟要件の充足性に加えて、本案においてすべき主張についても検討をお願いします。義務付けの訴えの提起も考えられますが、これについては、今回の検討からは除外しておきます。

弁護士Ｄ：承知しました。

弁護士Ｃ：最後に、今後、Ｂ市により、本件計画の変更の申出前にＢ市担当課職員がした回答どおりの理由により、本件計画の変更の申出を拒絶する通知がなされる可能性もありますので、これに対してＸさんが取消訴訟を提起する場合、当該訴訟が適法であることを前提として、本案においてどのような違法事由の主張が考えられるかも、検討しておいてください。今回は、手続上の違法は、検討から除外しておきましょう。

弁護士Ｄ：Ｂ市は、土地改良事業である本件事業との関係から、農振法第13条第2項第5号を満たさないとしていますが、Ｘさんは、本件農地については、この要件を充足していると考えています。Ｘさんによると、本件事業は、農地の冠水の防止を主たる目的とするもので、これによって関係する農地の生産性が向上するとは考えにくいそうです。とりわけ、本件農地は、高台にあるため、ほとんど本件事業の恩恵は受けないと言っています。

弁護士Ｃ：それでは、まず、その点にどのような違法が考えられるかについて、本件計画の目的も踏まえて、検討してください。

弁護士Ｄ：さらに、本件事業全体の完了は平成30年でしたが、本件農地と関連する部分の工事については、その10年も前に完了していたそうで、農振法施行令第9条の規定する8年という期間制限を一律に適用されることにも、Ｘさんは不満を感じています。

弁護士Ｃ：この政令自体が無効であるとまではいえず、その定める8年という期間も不適切とまではいえないとしても、例外を認めずに、この政令の定める期間制限を機械的に適用していることに問題がありそうですね。土地改良事業との関係で農用地区域からの除外を制限している農振法の趣旨目的を踏まえて、本件農地について、これに基づく政令所定の期間制限に例外を認める解釈を検討してください。

弁護士Ｄ：承知しました。

【資料1　関係法令】

○　農地法（昭和27年法律第229号）（抜粋）

（農地の転用の制限）

第4条　農地を農地以外のものにする者は、都道府県知事（中略）の許可を受けなければならない。（以下略）

　　一～九　（略）

2～5　（略）

6　第1項の許可は、次の各号のいずれかに該当する場合には、することができない。（以下略）

　　一　次に掲げる農地を農地以外のものにしようとする場合

　　　　イ　農用地区域（中略）内にある農地

　　　　ロ　（略）

　　二～六　（略）

7～11　（略）

○　**農業振興地域の整備に関する法律（昭和44年法律第58号）（抜粋）**

（農業振興地域の整備の原則）

第2条　この法律に基づく農業振興地域の指定及び農業振興地域整備計画の策定は、農業の健全な発展を図るため、土地の自然的条件、土地利用の動向、地域の人口及び産業の将来の見通し等を考慮し、かつ、国土資源の合理的な利用の見地からする土地の農業上の利用と他の利用との調整に留意して、農業の近代化のための必要な条件をそなえた農業地域を保全し及び形成すること並びに当該農業地域について農業に関する公共投資その他農業振興に関する施策を計画的に推進することを旨として行なうものとする。

（市町村の定める農業振興地域整備計画）

第8条　都道府県知事の指定した一の農業振興地域の区域の全部又は一部がその区域内にある市町村は（中略）その区域内にある農業振興地域について農業振興地域整備計画を定めなければならない。

2　農業振興地域整備計画においては、次に掲げる事項を定めるものとする。

　　一　農用地等として利用すべき土地の区域（以下「農用地区域」という。）及びその区域内にある土地の農業上の用途区分

　　二～六　（略）

3　（略）

4　市町村は、第1項の規定により農業振興地域整備計画を定めようとするときは（中略）当該農業振興地域整備計画のうち第2項第1号に掲げる事項に係るもの（以下「農用地利用計画」という。）について、都道府県知事に協議し、その同意を得なければならない。

（農業振興地域整備計画の基準）

第10条　（略）

2　（略）

3　市町村の定める農業振興地域整備計画のうち農用地利用計画は、当該農業振興地域内にある農用地等及び農用地等とすることが適当な土地であつて、次に掲げるものにつき、当該農業振興地域における農業生産の基盤の保全、整備及び開発の見地から必要な限度において農林水産省令で定める基準に従い区分する農業上の用途を指定して、定めるものでなければならない。

　　一　（略）

　　二　土地改良法（中略）に規定する土地改良事業又はこれに準ずる事業で、農業用用排水施設の新設又は変更、区画整理、農用地の造成その他の農林水産省令で定めるものの施行に係る区域内にある土地

　　三〜五　（略）

4、5　（略）

（農業振興地域整備計画の変更）

第13条　都道府県又は市町村は、農業振興地域整備基本方針の変更若しくは農業振興地域の区域の変更により（中略）又は経済事情の変動その他情勢の推移により必要が生じたときは（中略）遅滞なく、農業振興地域整備計画を変更しなければならない。

　　（以下略）

2　前項の規定による農業振興地域整備計画の変更のうち、農用地等以外の用途に供することを目的として農用地区域内の土地を農用地区域から除外するために行う農用地区域の変更は、次に掲げる要件のすべてを満たす場合に限り、することができる。

　　一〜四　（略）

　　五　当該変更に係る土地が第10条第3項第2号に掲げる土地に該当する場合にあつては、当該土地が、農業に関する公共投資により得られる効用の確保を図る観点から政令で定める基準に適合していること。

3、4　（略）

（土地利用についての勧告）

第14条　市町村長は、農用地区域内にある土地が農用地利用計画において指定した用途に供されていない場合において、農業振興地域整備計画の達成のため必要があるときは、その土地の所有者又はその土地について所有権以外の権原に基づき使用及び収益をする者に対し、その土地を当該農用地利用計画において指定した用途に供すべき旨を勧告することができる。

2　市町村長は、前項の規定による勧告をした場合において、その勧告を受けた者がこれに従わないとき、又は従う見込みがないと認めるときは、その者に対し、その土地を農用地利用計画において指定した用途に供するためその土地について所有権又は使用及び収益を目的とする権利を取得しようとする者で市町村長の指定を受けたものとその土地についての所有権の移転又は使用及び収益を目的とする権利の設定若しくは

移転に関し協議すべき旨を勧告することができる。

（都道府県知事の調停）

第15条　市町村長が前条第2項の規定による勧告をした場合において、その勧告に係る
　　協議が調わず、又は協議をすることができないときは、同項の指定を受けた者は、そ
　　の勧告があつた日から起算して2箇月以内に（中略）都道府県知事に対し、その協議
　　に係る所有権の移転又は使用及び収益を目的とする権利の設定若しくは移転につき必
　　要な調停をなすべき旨を当該市町村長を経由して申請することができる。

2　都道府県知事は、前項の規定による申請があつたときは、すみやかに調停を行なう
　　ものとする。

3、4　（略）

（農用地区域内における開発行為の制限）

第15条の2　農用地区域内において開発行為（中略）をしようとする者は、あらかじめ
　　（中略）都道府県知事（中略）の許可を受けなければならない。（以下略）

　　一～十二　（略）

2～10　（略）

（農地等の転用の制限）

第17条　都道府県知事（中略）は、農用地区域内にある（中略）農地及び採草放牧地に
　　ついての同法〔（注）農地法〕第4条第1項（中略）の許可に関する処分を行うに当
　　たつては、これらの土地が農用地利用計画において指定された用途以外の用途に供さ
　　れないようにしなければならない。

○　農業振興地域の整備に関する法律施行令（昭和44年政令第254号）（抜粋）

〔（注）　本政令中、「法」は農業振興地域の整備に関する法律を指す。〕

（農用地区域の変更に係る基準）

第9条　法第13条第2項第5号の政令で定める基準は、当該変更に係る土地が法第10条
　　第3項第2号に規定する事業の工事が完了した年度の翌年度の初日から起算して8年
　　を経過した土地であることとする。

○　農業振興地域の整備に関する法律施行規則（昭和44年農林省令第45号）（抜粋）

〔（注）　本規則中、「法」は農業振興地域の整備に関する法律を指す。〕

（土地改良事業等）

第4条の3　法第10条第3項第2号の農林水産省令で定める事業は、次に掲げる要件を
　　満たしているものとする。

　　一　次のいずれかに該当する事業（主として農用地の災害を防止することを目的とす
　　　るものその他の農業の生産性を向上することを直接の目的としないものを除く。）
　　　であること。

イ　農業用用排水施設の新設又は変更（当該事業の施行により農業の生産性の向上
　　が相当程度図られると見込まれない土地にあつては、当該事業を除く。）
ロ～ホ　（略）
二　次のいずれかに該当する事業であること。
イ　国が行う事業
ロ　国が直接又は間接に経費の全部又は一部につき補助を行う事業

【資料2　B市農業振興地域整備計画の管理に関する運用指針（抜粋）】
（目的）
第1条　農用地区域は、今後おおむね10年以上にわたり農業上の利用を確保すべき土地
　　について設定するものであり、農用地利用計画の変更については、十分慎重を期す必
　　要があるため、その場合における運用基準を定めるものである。
（変更手続き）
第4条　農用地利用計画の変更を必要とする者（以下「申出人」という。）は、別に定
　　める申出書と必要な関係書類を添えて、正副2部作成し、農業振興課窓口に提出しな
　　ければならない。
2　農用地利用計画の変更の申出が計画を変更すべき事由に該当する場合は、B市農業
　　振興審議会に付議し、意見を求めるものとする。
3　農用地利用計画の変更をするときは、県（国）と事前に協議を行うこととする。
4　申出書による農用地利用計画の変更の可否については、申出人に通知するものとす
　　る

1　設問の把握

　本問は、Xが、自己が所有する本件農地について、A県知事により農地
転用許可（農地法4条1項）を得る前提として、B市が定める農用地利用
計画（農振法8条1項。同2項1号により本件農地が農用地と定められている）
の変更を求める、という事例が素材となっています。
　農地を他の目的で使用するには、農地法第4条1項に基づく知事による
農地転用許可が必要です。他方、当該農地が、農振法8条1項に基づき市
町村が定める農用地利用計画において農用地区域に指定されている場合に
は、原則として、農地の転用は認められません（農地法4条6項1号イ）。
したがって、農用地区域内の農地を転用するためには、農振法13条1項に
基づく計画変更により、当該農地の農用地区域からの除外を求める必要が

あります。

　問題文、添付されている農地法・農振法の条文から上記のような「法的仕組み」の概要を掴んだ上で、会議録を読み、弁護士C（Xから相談を受けている）の指示に沿って、弁護士Dの立場で、B市の反論を想定しつつ設問を検討します。

　設問1(1)は、計画変更、計画変更の申出拒絶の処分性を検討します。計画決定により農地の利用規制をすることから、ゾーニング型の土地利用規制との比較対照をイメージします。会議録には、都市計画法上の用途地域指定の処分性に関する最判昭和57・4・22民集36巻4号705頁を参考にするとの指示があるので、それに従って、中間段階の行為の処分性の検討を進めます。また、計画変更の申出⇒審査⇒変更の可否の通知、という仕組みが、法令ではなく、B市の運用指針で定められていることも、重要なポイントです。

　設問1(2)は、処分性肯定を前提に、申出書を返送されたうえ、1年間計画変更の可否の通知がないケースで、Xが提起すべき抗告訴訟の訴訟類型選択と、選択した訴えでの本案の主張が問われます。会議録において義務付け訴訟を検討から除外するとの指示があり、不作為の違法確認訴訟を選択して、訴訟要件・本案勝訴要件を検討します。

　設問2は、B市が計画変更を拒絶する通知をした場合に、その取消訴訟での本案の主張（処分の違法事由）の検討を求めています。拒絶の理由について問題文に記載があり、これを受けて、会議録に2つの論点（農振法13条2項5号の充足性、農振法施行令8条の例外的適用除外の可能性）が示されています。これらについて、関係する事実を拾って丁寧に当てはめます。

2　事案の整理

　本問では、過去の経緯について、農地法・農振法の法的仕組みの説明を含めて、Xから「相談」を受けたB市による「精査」の内容として記述されています。農地法・農振法による農用地区域の指定とその除外に関する「仕組み」はやや複雑ですが、紛争に係る事実関係それ自体は、XがB市に「申出」をしたが受領拒否・返送され、その後1年経過しても応答で

ある「通知」がない、というシンプルな2面関係です。

X　所有する農地の転用を計画。
X　B市に相談・以下が判明
　　⇒　本件農地が、本件計画により、農用地区域に指定。
　　⇒　農地転用には、B市への除外申出が必要。

B市が精査・以下が判明
　　⇒　H13・4　本件事業の実施
　　⇒　H20末　　本件農地の上流部分の工事が終了
　　⇒　H30・12　本件事業が完了
　　⇒　H31から8年経過しないと農振法13条2項5号の要件を満たさない
　　⇒　上記の間、計画変更の申出は原則受け取らない

R1・5・8　　　XがB市に計画の変更申出書を提出
　　　　　　　B市は申出書の受け取りを拒否
R1・5・10　　Xが郵送した申出書がB市に到達
　　　　　　　B市は申出書を返送
　？　　　　　XがB市に電話。申出を受け取るつもりはないとの返答
R2・5まで　　Xは、B市からの通知（指針4条4項）を受領していない
R2・5・13　　X・弁護士事務所を訪問

3　設問1(1)の検討

　XがB市を被告として抗告訴訟を提起することを想定し、①本件計画の変更、②変更の申出の拒絶について、処分性を検討する問題です。会議録から（Dの「承知しました」との発言で区切ることができます）、何を検討すべきか、読み取ります。

　会議録において、Cは、まず、農用地区域を定める計画の法的性格の検討を求めます。さらに、Cは、①本件計画の設定が区域内の農地所有者の権利義務に及ぼす影響を整理する、②都市計画法の定める用途地域指定の

処分性を否定した昭和57年最判を参考にする、③用途地域指定と本件計画との計画としての性質・規制の程度の違いを考える、④以上から本件計画の法的性格（≒処分性）を考える、⑤④を踏まえて、個別の農地を農用地区域から除外するための計画変更（＝本件計画変更）の処分性を検討するよう、指示します。答案についても、基本的に、上記①⇒⑤の順に検討を進めます。

上記⑤には、「個別の農地」を「除外する」との記述があります。昭和57年最判は、用途地域指定の処分性を否定するにあたり、法的地位の変動が「不特定多数の者に対する一般的抽象的な」ものであるとの論拠（法令制定類似論）に依拠しています。会議録が「個別の農地」の法的地位の変動を示唆していることは、用途地域指定（昭和57年最判）と、農用地区域を指定する本件計画との「計画としての性格や規制の程度」の相違を論じる重要な手がかりです。

会議録では、続けて、申出の拒絶について、①個別の農地の除外（計画変更）の判断には、実務上、農地所有者等からの申出が不可欠である、②B市では、運用指針４条により、計画変更の申出⇒可否の通知の手続が定められている、③運用指針の存在を考慮に入れ、申出の性格を踏まえて、計画変更と申出拒絶の処分性を検討する、④Xは農地に関する別の申請拒否処分の取消訴訟を提起できるため、計画変更段階で抗告訴訟を提起して争う「救済の必要性」を併せて検討する、と「誘導」しています。

本問は、処分性について結論肯定（＝弁護士Ｄの立場）で論じますが、上記のように、検討の内容・順序について細かい指示がされています。この誘導に即して、B市の反論（処分性否定の立論）も意識しつつ、法の仕組みを踏まえた論述を進めます[16]。

本件事例では、B市の内部規程とはいえ、運用指針において、農用地区域からの除外の申出と可否の通知が制度化されています。これを農振法の

---

[16] 本問では、昭和57年最判のロジック、すなわち、都市計画法上の用途地域指定について、法令制定類似論（法的地位変動の具体性）＋事後的救済可能論（実効的救済＝成熟性）により処分性を否定したことは、判例の知識として不可欠です。これを踏まえ、農用地区域を定める計画（農地の用途を定め、土地利用を規制します）について、「規制の範囲」と「規制の強度」から、用途地域指定の法的効果と同視できるか検討します。

趣旨を具体化したものとみて、農用地区域からの除外について、農地所有者等の申請権を読み取り、本件申出に対する可否の通知に申請に対する処分として処分性を認める解釈が考えられます。

救済の必要性に関する実質的考慮という点では、後に予想される農地法第4条1項に基づく農地転用許可の拒否処分に対する取消訴訟の段階での救済可能性について、論じます。

4 設問1(2)の検討

本問は、計画変更・申出拒絶が行政処分であることを前提に、申出書を返送され（かつ、1年経過しても申出に対する通知のない）Xが提起すべき抗告訴訟を選択し、訴訟要件の充足性と本案での主張を検討します。申出の拒否処分はされていないこと（不作為状態にあること）を前提とし、義務付け訴訟は選択から外すよう指示されています。

申出拒絶の処分性を肯定するという前提から、申出は申請であり、申請拒絶は申請に対する処分（申請拒否処分）です。本件では、申請に対する不作為状態を争う抗告訴訟として、不作為の違法確認訴訟を選択します。そこで、不作為の違法確認訴訟の訴訟要件と、本案勝訴要件を正しく指摘して、それぞれ必要な論証（規範⇒当てはめ⇒結論）を書いて行きます。訴訟要件は、①処分性、②原告適格（法令に基づく申請をした者）、③訴えの利益（不作為状態にあること）、④被告適格（B市）、⑤管轄裁判所（本問では問題にならないと推察）、本案勝訴要件は相当の期間の経過です。

会議録では、行手法上の問題として、通知まで1年程度を要する旨が公表されていること、Xと同時期に申出をした者らには1年未満で通知がされたことが述べられています。ここから、申請に対する処分として、審査応答義務（行手法7条）違反があること、標準処理期間（行手法6条）が設定された上でそれを徒過していることを、確認しておきます。

5 設問2の検討

本問では、申出を拒絶する通知、すなわち、申請拒否処分の取消訴訟において、Xによる本案の主張（申請拒否処分の違法事由）を検討します。

会議録には、本件通知の処分理由は、計画変更申出の前にB市担当課職員がした回答どおりである、との指示があります。ここで問題文に戻ると、処分理由は、A県による本件事業が実施され、完了時である平成30年の翌年度の初日から起算して8年を経過しておらず、農振法13条2項5号の要件の不充足であること、と読み取れます。

　会議録から、Xは、農振法13条2項5号該当性について要件充足と考えており、同号の要件について、①本件土地が同法10条3項2号に非該当である、②施行令9条の規定する8年の期間制限の一律適用が誤りである、という見解・不満を持っていることが読み取れます。この①②について、事実と法令を適切に拾った上で、Xの見解・不満に即した立論を展開します。

　なお、農振法13条2号5号の該当性（本件事業が同法10条3項2号⇒同法施行規則4条の3第1号柱書かっこ書・同号イかっこ書に該当するか）、同法施行令9条の8年の期間制限の適用除外可能性は、いずれも、行政裁量の問題ではないことに注意します[17]。前者（上記①）については、個別法の定める処分要件を丁寧にフォローした上で、本件事業の目的、本件計画の目的等に留意しつつ、要件適合性を検討します。後者（上記②）は、施行令の文言上は8年の期間制限の適用を除外する余地はないように見えるのですが、会議録の中に、「政令自体が無効であるとまではいえ」ない、「8年という期間も不適切とまではいえない」一方、「例外を認めず」「機械的に適用していることに問題がありそう」との記載があることから、法律の委任との関係で、政令を法律の趣旨・目的に照らして限定解釈することになります。

6　解答例

設問1(1)
1　処分性の解釈枠組み

---

[17]　採点実感でも、本問は「裁量権濫用の問題でない」、「農用地区域の変更は裁量処分ではない」ことが指摘されています。処分要件に着目しながら「下位法令をたどる」解釈技法の重要性が感じられます。

抗告訴訟の対象となる行政処分のうち、行訴法3条2項にいう「行政庁の処分」とは、公権力の主体である国または公共団体が行う行為のうち、その行為によって、直接国民の権利義務を形成しまたはその範囲を確定することが、法律または条例により認められているものをいう。以下、本件計画の変更と、その申出の拒絶が、上記の行政処分に該当するか（処分性を有するか）、検討する。

2　本件計画の変更の処分性

ア　本件計画（農用地区域を定める計画）の法的性格

　市町村が、農業振興地整備計画を定め（農振法8条1項）、そこに農用地区域と農業上の用途区分を定める（同条2項1号）と、当該農用地区域の農地については、農地法4条1項による農地の転用の許可が受けられなくなる（同法4条6項1号イ）ほか、指定された用途に供することの法的強制（農振法14条・15条。指定された用途に供するよう勧告、調停等をされる）、開発行為の制限（農振法15条の2第1項。許可が必要となる）、指定された用途以外への転用の制限（同法17条。用途外での転用許可の禁止）など、その利用について法的制約を受ける。このように、農用地区域を定める計画、すなわち、農業振興地域整備計画（同法8条1項）が定められると、当該農用地区域内の農地について、その所有者等による農地の利用は、農地法及び農振法により法的制約を課される。

　この点、都市計画法が定める用途地域指定について、指定により当該用途地域内の土地所有者等の権利利益に制約が課されるものの、それは地域内の土地所有者に法的制約を新たに課す法令が定められるのと同様の、当該用途地区内の不特定多数者に対する一般的抽象的な制約に過ぎず、また、用途地域指定が違法と考える土地所有者は、自身による建築の実現を阻止する建築確認等の具体的処分の段階でその取消訴訟等を提起して用途地域指定の違法を主張することにより、権利利益の法的救済が可能であることを指摘して、都市計画決定である用途地域指定の処分性を否定した昭和57年最判がある。本件計画（農用地区域を定める計画）も、同様に解して処分性が否定されるとも考えられる。

確かに、本件計画が違法と考える区域内の農地の所有者等は、当該農地に関する農地転用不許可処分がされた段階でその取消訴訟を提起し、本件計画が違法であることを主張できるという点で、昭和57最判における用途地域指定と法的性質が類似する。しかしながら、本件計画は、農振法上、区域内の個々の農地について、計画に沿った利用の強制、開発行為の制限、目的外の転用の制限という相当程度具体的な法的規律を及ぼすことは、上述したとおりである。これを都市計画法上の用途地域指定と比べると、本件計画では、指定区域内のより個別的な農地の利用に対し、規制の程度がより強度な法的規律が生じると評することが可能であり、本件計画の処分性を認めることも十分に可能である。

イ　個別の農地を農用地区域から除外する計画変更の処分性

　個別の農地を農用地区域から除外する計画の変更（農振法13条1項）は、上記で検討したとおりの法的規律を課す計画について、個別の農地の所有者等に課される具体的な法的制約を解除するものである。この計画変更は、法律の規定に基づき、行政庁が一方的・形成的に当該農地所有者等の法的地位を変動させるものであり、私法上の法律行為とは異なる公権力性の要素を有するものであり、かつ、直接国民の法的地位を具体的に変動させる法的効果を有するものであるから、抗告訴訟の対象となる行政処分に該当する。

ウ　本件計画変更の申出の拒絶の処分性

　本件計画変更が行政処分であるとしても、個別の農地の所有者等が農用地区域から除外（農振法13条2項）するために行う申出（指針4条1項にいう申出書の提出）が、行政手続法2条3号にいう申請に当たるか、解釈問題となる。農振法上、除外の求めを申請とする明文規定はなく、除外するために行う農用地区域の変更は、行政庁の職権によりすることが可能だからである。

　この点、計画変更を必要とする者からの申出とそれに対する変更可否の通知の仕組みは、法規性のない運用指針に規定されており、法令に基づく申請権と諾否に係る応答義務を前提とする申請制度とは解されないとのB市の反論が想定される。しかし、同指針は、申出があ

った場合に、審議会への諮問（同指針4条2項）、計画変更する場合の事前協議（同条3項）という公正性を担保する手続を置いた上で、変更の可否を申出人に通知することを明記しており（同条4項）、申請に対する処分と実質的に同等の手続的仕組みを定めている。また、農振法上、計画変更に係る申請制度は規定されないものの、個別の農地を除外する計画変更を判断するためには、農地所有者からの申出が不可欠であるとの行政実務上の実態が存在することから、農振法13条2項に定められた計画変更は農地所有者からの申請制度を前提とするものであり、本件運用指針に定められた申出は、これを具体化したものとして、農地所有者の申請権と、行政庁の応答義務を定めたものと解することができる。すると、申出の拒絶は、行政手続法にいう申請に対する処分として、処分性が認められる。

　なお、申出の拒絶の処分性を否定（申出が申請制度であることを否定）しても、農地所有者等が農地転用許可（農地法4条1項）を申請し、その拒否処分を争えば十分であり、申出の拒絶の時点で処分性を肯定するに足りる紛争の成熟性を欠くとのB市の反論が考えられる。しかし、申出があれば、公正性・慎重さを担保された手続を経てB市による可否の決定がなされる仕組みである一方、農振法13条1項は「必要が生じたとき」に「遅滞なく」計画を「変更しなければならない」と規定するのであるから、B市による可否の決定の段階で、計画変更に係る紛争を抗告訴訟で争うべく紛争は成熟していると考えられる。上記の法的仕組みの下で、申出の拒否の段階で抗告訴訟により争うことができないとすると、農地所有者等はより長い期間の不利益を受けることとなり、権利利益の実効的救済を図るという点からも、申出の拒否の時点で紛争は成熟していると解される。

　上記から、申出の拒否は、法規性の認められない運用指針に定められているものの、農振法の規定する農用地区域の変更（同法13条2項）の仕組みを具体化したという点で法律に根拠を有する申請（行政手続法2条3号）に対する応答行為であり、抗告訴訟の対象となる行政処分である。

3　以上より、本件計画の変更及びその申出の拒絶は、いずれも、抗

告訴訟の対象となる行政処分に該当する。

設問1(2)

1　Xの状況、B市の対応の法的評価

　Xは、本件計画の変更申出書をB市の所定窓口に提出したが受け取りを拒否され、直ちに本件申出書をB市に郵送して3日後にB市担当課に到達している。上述したように、本件申出書の提出（指針4条1項）は、行政手続法上の申請に該当すると解されるところ、遅くとも本件申出書が郵送によりB市担当課に到達した時点で、申請書が「到達」したことになる（行政手続法7条）。これにより、B市長には、申請に対する審査応答義務が生じる。

　ゆえに、Xは適法に申請した上で、申請に対する処分（変更の可否の通知。指針4条4項）がされるのを待つ法的状態にあり、相当な期間内に処分がされないことは、違法と考えられる。また、B市による受領拒否、本件申出書が到達した後のB市職員による受領できない旨の説明は、いずれも、行政手続法7条に照らして違法ないし法的効果の認められない無意味な行為と評される。

2　提起すべき抗告訴訟

　上述したとおり、Xは、B市長に対して法令に基づく申請をしたにもかかわらず、相当の期間に何らの応答もされないという法的状態にあり、法定抗告訴訟である不作為の違法確認の訴え（行訴法3条5項）を提起すべきである。申請型義務付け訴訟（同法3条6項2号）については、ここでは考慮しない。

3　訴訟要件の充足性

　不作為の違法確認訴訟の訴訟要件は、先に検討した処分性のほか、①原告適格（法令に基づく申請をした者。行訴法3条5項、同37条）、②訴えの利益、③被告適格、④管轄が挙げられる。

　①について、先に検討したとおり、本件計画変更の申出は法令に基づく申請であり、Xの申請は遅くとも令和1年5月10日にB市に到達していることから、Xは法令に基づく申請をした者であり、原告適格は認められる。

②について、B市長による不作為が継続しており、訴えの利益も認められる。③④についても、本問の事情の下では、充足すると考えられる。

ゆえに、Xは、不作為の違法確認訴訟の訴訟要件を充足する。

4　本案での主張

不作為の違法確認訴訟の本案勝訴要件は、処分庁が、申請に対し、「相当の期間」（行訴法3条5項）を経過しても、処分をしないことである。相当の期間については、処分をするために通常必要とされる合理的な期間をいうものと考えられるが、行政手続法6条が定める標準処理期間、あるいは、類似の申請につき一般的・平均的な処理期間が認定されれば、通常必要とされる合理的な期間を判断する重要な要素となる。

B市は、農用地区域からの除外に1年程度を要する旨公表しており、これは、行政手続法6条の定める標準処理期間と解される。また、Xと同時期に申出をした他の申請者には、1年以内に通知がされており、実際の事案処理に要する期間も同様と考えられる。ゆえに、Xは、令和2年5月13日の時点で、「相当の期間」を経過し、B市長による不作為は違法であると主張する。

B市は、事案処理につき特段の事情があり、1年程度の期間を徒過したことは正当であるとの反論をすると考えられる。しかし、Xは申出をやめる意思のない旨をB市側に伝える一方、事案処理を延ばすべき特段の事情もないため、B市の反論は認められない。

以上から、Xは、「相当の期間」は徒過しており、B市長の不作為は違法であると主張する。

設問2

1　係争処分の処分要件の摘示

申請拒絶通知の取消訴訟の本案において、Xは、係争処分の根拠法令が定める処分要件の不充足により、B市長が本件計画を変更しないことが違法であると主張する。本問においては、まず、本件農地を農用地区域から除外するためにする本件計画の変更の要件を定める農振

法13条2項5号の規定のうち、本件農地が同法10条3項2号に掲げる土地であることが、問題となる。さらに、同法13条2項5号の委任を受けて定められた法規命令たる同法施行令9条が定める、同法10条3項2号の規定する事業の工事が完了した年度の初日から起算して8年を経過した土地に該当するか、問題となる。以下、順に検討する。

2　農振法10条3項2号に掲げる土地に該当しないこと

　農振法10条3項2号に掲げる土地について、同号は、①土地改良法に規定する土地改良事業またはこれに準ずる事業、②農業用用排水施設の施設又は変更……その他農林水産省令で定めるもの、という2つの要件を充足する事業の施行区域内にある土地、と定める。本件事業が上記①の要件を充足することは明らかであるため、上記②の要件を満たすか、問題となる。

　上記②にいう農林水産省令たる農振法施行規則4条の3が定める要件のうち、同条1号柱書は、「次のいずれかに該当する事業（主として農用地の災害を防止することを目的とするものその他の農業の生産性を向上することを直接の目的としないものを除く。）であること」と定め、同号イは、「農業用用排水施設の新設又は変更（当該事業の施行により農業の生産性の向上が相当程度図られると見込まれない土地にあっては、当該事業を除く」（同法施行規則4条の3第1号イかっこ書き）と定める。これらのことから、本件農地が、農振法10条3項2号の委任を受けた法規命令たる同法施行規則4条の3第1号かっこ書き、同号イかっこ書きのそれぞれに該当するか、検討する。

　会議録の記載によれば、本件事業の主たる目的は農地の冠水の防止であり、関係する農地の生産性が向上するとは考えにくい。このことは、農振法施行規則4条の3第1号イかっこ書きに該当する。同じく、会議録の記載によれば、本件農地は高台にあるため、本件事業の恩恵はほとんど受けない。このことは、同号かっこ書きに該当する。ゆえに、本件農地は、農振法施行規則4条の3第1号に照らし、同法10条3項2号の掲げる土地には該当しない。

　以上から、Xとしては、本件農地が同号の掲げる土地に該当することを前提に、同法13条2項5号の要件を満たさないとしたB市の

判断は理由がなく、Ｂ市による申出拒絶は違法であると主張する。

3　農振法施行令９条が定める期間制限が適用されないこと

次に、本件農地が同法10条３項２号に掲げる土地に該当するとしても、同法施行令９条が定める８年間の期間制限が本件農地に適用されるか、問題となる。

農振法施行令９条は、同法13条２項５号の委任により定められた法規命令であるが、制限期間を一律に定めおり、例外を認める趣旨でないとのＢ市の反論が想定される。しかし、同法施行令９条は、委任した法律の規定の趣旨目的に適合するよう、合理的な限定解釈がされるべきである。

農振法13条２項５号は、土地改良事業等による農業に対する効用の確保という観点から農用地等以外への用途の変更を禁止する趣旨と解されるところ、本件農地を直接の受益地とする工事は平成20年末頃に終了しており、本件農地については、実質的に10年以上土地改良事業による効用を受けたものと評価できる。このことから、本件農地については、実質的に同法施行令９条の期間制限を経過したものと解するのが合理的であり、同条の定める期間制限を全ての農地につき一律に適用することは、土地改良事業等の公共事業の効用を十分に確保するとともに、個々の農地の所有者の利益を合理的に調整するという農振法13条２項５号の委任の趣旨に反すると解される。

以上から、同法施行令９条が農振法による委任の範囲を逸脱し無効であると解釈されないためには、同条の定める期間制限を一律に適用するのでなく、本件農地はその例外として期間制限が適用されないという限定解釈がされるべきである。Ｘとしては、本件農地については本件事業から実質的に10年以上の効用を得ており、例外を認めても農業基盤保全等の観点から特段の不利益もないため、同条の定める期間制限が適用されないとの限定解釈をすべきであり、期間制限の適用を前提とするＢ市による申出拒絶は違法であると主張する。

　A市の市道上には多くの屋台が設けられ、簡単な飲食物を提供する営業を行っており、全国各地でこの種の屋台が姿を消しつつある中で、A市の個性として貴重な観光資源となっているほか、街に賑わいや防犯効果をもたらしている。その一方で、A市の屋台には通行の阻害、道路の汚れや排水の垂れ流し等の問題があり、とりわけ、屋台の設置に必要な市道占用許可（道路法第32条第 1 項第 6 号）を有する者から名義を借りた別の者が営業を行っている屋台があることから、許可が事実上売買の対象となったり、営業者の頻繁な交代により屋台をめぐる諸問題の解決に向けた継続的な話合いが難しくなったりするといった課題が指摘され、こうした課題はA市議会でも繰り返し取り上げられてきたが、長年にわたり手付かずのままになっていた。

　そこで、A市が昨年制定したA市屋台基本条例（以下「本件条例」という。）では、屋台営業に係る市道占用許可の基準及び手続を、新規の許可に係るものと許可の更新に係るものに分けて規定した上で、屋台営業に係る名義貸しを禁止することにより、名義貸し行為の一掃を目指すことにした。具体的には、本件条例は、新規に市道占用許可を受けることができる者を、本件条例の施行の日において市道占用許可を受けて屋台営業を営む者の配偶者又は直系血族に当たる者以外は、本件条例第25条所定の屋台営業候補者に限定している。また、A市のウェブサイトに掲載されている「A市屋台営業候補者募集要項」によると、屋台営業候補者の公募に応募する者は営業希望場所（1 か所）を明記した応募申請書等をA市長（以下「市長」という。）に提出し、これを受けて、有識者で構成されるA市屋台専門委員会（以下「委員会」という。）は、市長によって策定された屋台営業候補者選定指針（以下「本件指針」という。）に従って審査を行い、営業希望場所ごとに総合成績が最も優れた者各 1 名を屋台営業候補者として適当と認める者として推薦し、その後、市長が屋台営業候補者を選定するこ

ととされている（なお、屋台営業候補者が市道占用許可及びその後の更新を受けられる期間は通算して原則３年までである。）。このように、他人の名義を借りて営業を行っている屋台にあっては、本件条例の施行後も営業を続けようとすれば、名義人本人が屋台営業を行うか、実際に屋台営業を行っている者が屋台営業候補者の公募に応募することが必要となった。

　Ａ市の市道上で他人の名義を借りて屋台営業を行ってきたＢは、本件条例の施行後も同じ場所（以下「本件区画」という。）で屋台営業を続けることを希望し、本件条例の施行後に実施された屋台営業候補者の公募（合計20区画）に応募したところ、市長は本件区画についてＢを屋台営業候補者に選定しない旨の決定（以下「本件不選定決定」という。）を行う一方で、Ｃを屋台営業候補者に選定する旨の決定（以下「本件候補者決定」という。）を行った。本件区画で屋台営業を行ってきた実績から、屋台営業候補者に選定されるはずであると考えていたＢは、本件不選定決定に不服を持ち、今後の対応を相談するため、弁護士Ｄに相談した。以下に示された【法律事務所の会議録】を踏まえて、弁護士Ｄの指示に応じる弁護士Ｅの立場に立って、設問に答えなさい。

　なお、関係法令の抜粋を【資料　関係法令】に掲げてあるので、適宜参照しなさい。

〔設問１〕
(1)本件不選定決定は、取消訴訟の対象となる処分に当たるか、検討しなさい。
(2)Ｂは本件不選定決定の取消しを求める訴えの利益を有するか、検討しなさい。なお、解答に当たっては、本件不選定決定が処分に当たることを前提にしなさい。

〔設問２〕
　本件不選定決定の取消訴訟において、Ｂはどのような違法事由の主張をすべきか。想定されるＡ市の反論を踏まえて、検討しなさい。な

お、解答に当たっては、当該訴訟が適法であることを前提にしなさい。

【法律事務所の会議録】

弁護士D：Bさんの不服の内容からすると、まずは本件不選定決定の取消訴訟を提起することが考えられます。市長は本件不選定決定が処分に当たると理解して、屋台営業候補者不選定通知書において審査請求や取消訴訟の教示をしていますが、この理解が正しいか検討しましょう。

弁護士E：Bさんは、屋台営業候補者の公募に応募して、本件不選定決定を受けたので、本件条例及び本件条例施行規則の仕組みに即して、屋台営業候補者の選定が申請に対する処分に当たるか、したがって、本件不選定決定が申請拒否処分に当たるかを検討すればいいでしょうか。

弁護士D：基本的な方針はそれでいいと思いますが、Bさんが屋台営業候補者の公募に応募したのは、飽くまでも市道占用許可を受けるためなので、市道占用許可との関係にも注意してください。なお、A市は、本件条例第9条を行政手続法上の審査基準として定めたようです。本件条例第9条の性格については、我々もA市と同じ立場を取ることにしましょう。

弁護士E：本件不選定決定が処分に当たるとしても、既に市長はCさんに対して本件候補者決定を行っているため、本件候補者決定が取り消されない限り、Bさんは本件区画について屋台営業候補者への選定を受けることができないとも考えられ、本件不選定決定の取消しを求める訴えの利益は失われていることにならないでしょうか。

弁護士D：その問題については、放送局の開設免許に関する判例（最高裁判所昭和43年12月24日第三小法廷判決・民集22巻13号3254頁）がありますので、この判例を参考にして検討してください。

弁護士E：承知しました。

弁護士D：次に本案で主張すべき違法事由ですが、Bさんは、本件区画で10年以上も屋台営業を行ってきて、A市との間でトラブルもなか

ったのに、今後営業が続けられなくなると生活の基盤が失われてしまうと述べています。

弁護士Ｅ：新しい条例を施行する場合には経過措置を設けるのが通例で、そうすることが法的に要請される場合もありますが、本件条例の施行に際して、Ｂさんのように従前から他人の名義を借りて屋台営業を行っていた者（以下「他人名義営業者」という。）の地位への配慮はなかったのですか。

弁護士Ｄ：市長は、本件条例可決後の記者会見において、Ａ市での屋台営業に係る市道占用許可は６か月ごとの更新のため、本件条例の施行から６か月後には屋台営業候補者が営業を開始できるよう速やかに公募を実施し、その間は他人名義営業の継続を暫定的に認めると述べました。そうすると、他人名義営業者の地位への配慮は市道占用許可の期間の範囲内にとどまることになりますが、他人名義営業者が市道占用許可の更新を期待し得る地位を有しないのか疑問です。

弁護士Ｅ：他人の名義を借りた屋台営業はそもそも道路法上無許可営業に当たり、法的な保護に値しないということでしょうか。

弁護士Ｄ：しかし、本件条例制定に至るまでの経緯や関係法令の規定等に照らして、屋台営業において他人の名義を借りることは、営業の実績が全て法的な保護に値しなくなるほど悪質な行為と評価できるのでしょうか。本件条例が違法であるとまではいえないとしても、本件不選定決定の違法事由を検討する上で、まずは、Ｂさんの地位に対する配慮に欠けるところがなかったか検討してください。

弁護士Ｅ：承知しました。

弁護士Ｄ：それから、Ｂさんへの屋台営業候補者不選定通知書には、Ｂさんの総合成績が本件区画で第２位であった旨が記されていますが、実は、委員会は、Ｂさんを屋台営業候補者として適当と認める者として推薦していたようです。20区画の応募に対する屋台営業候補者選定決定後の記者会見で、市長が自ら発表したことですが、Ａ市のウェブサイトで公開されている本件指針は、本件条例施行規則第19条第１号から第４号までの各号の審査に25点ずつ配点するとともに各号の審査において考慮すべき要素を例示しているところ、委員会では、他

人名義営業者が本件条例の施行後6か月以内に新たな店舗や仕事を探すことは困難である上、特にA市との間でトラブルのなかった他人名義営業者は、今後A市の屋台政策への確実な貢献が期待できるとして、各号の審査では25点の配点の範囲内で営業実績を踏まえて5点を与えるという本件指針の運用を申し合わせたのです。

弁護士E：そうすると、委員会は、他人名義営業者の地位への更なる配慮が必要であると考えていたといえますね。

弁護士D：ところが、委員会の各委員がこの申合せどおりに審査を行った結果、ほとんどの区画についてBさんのような他人名義営業者が屋台営業候補者として適当と認める者として推薦されたため、不審に思った市長が委員会の議事録を取り寄せて申合せの内容を知ったのです。前回市長選挙で屋台営業の刷新を公約に掲げて当選した市長としては、屋台営業者の交代をより積極的に推進して公約を実現したいと考え、委員会の審査結果から申合せに基づく点数を差し引いた総合成績に基づいて屋台営業候補者を選定したと記者会見で発表しました。その結果、Bさんの総合成績が2位になったと考えられます。

弁護士E：事情がよく分かりました。

弁護士D：我々としては、市長は委員会の推薦どおりにBさんを屋台営業候補者に選定すべきであったという立場ですので、既に検討をお願いした他人名義営業者の地位への配慮の問題のほかに、屋台営業の実績を考慮して審査を行うという委員会の申合せが合理的であったかという問題を検討する必要があります。委員会の申合せが不合理であれば、市長がこれに基づく推薦を覆すのは当然ということになりますから。具体的には、委員会の申合せが本件条例施行規則第19条各号の選定基準に照らして是認することができるか、また、新規に屋台営業を始めようとして公募に応募した者の利益を不当に侵害することにならないか検討してください。なお、A市は、平成7年からA市行政手続条例を施行しており、同条例は行政手続法第2章と同じ内容の規定を設けていますので、必要に応じて参照してください。

弁護士E：承知しました。

弁護士D：そして、これらの検討を踏まえて、本件不選定決定の取消

訴訟における違法事由の主張として、市長の選定に係る判断の内容に瑕疵があったと主張することができないか検討してください。さらに、市長が委員会の推薦を覆して選定したこと自体に瑕疵があったと主張することも考えられます。その際には、行政庁である当時の運輸大臣の処分と諮問機関である運輸審議会の決定との関係について一般論を述べた判例（最高裁判所昭和50年5月29日第一小法廷判決・民集29巻5号662頁）がありますので、この判例を参考に、諮問機関の機能等を踏まえて本件不選定決定が違法であると主張することができないか、検討することにしましょう。

弁護士E：承知しました。

【資料　関係法令】

○　道路法（昭和27年法律第180号）（抜粋）

（道路の占用の許可）

第32条　道路に次の各号のいずれかに掲げる工作物、物件又は施設を設け、継続して道路を使用しようとする場合においては、道路管理者の許可を受けなければならない。

　　一～五　（略）

　　六　露店、商品置場その他これらに類する施設

　　七　（略）

2　前項の許可を受けようとする者は、左の各号に掲げる事項を記載した申請書を道路管理者に提出しなければならない。

　　一　道路の占用（道路に前項各号の一に掲げる工作物、物件又は施設を設け、継続して道路を使用することをいう。以下同じ。）の目的

　　二　道路の占用の期間

　　三　道路の占用の場所

　　四　工作物、物件又は施設の構造

　　五　工事実施の方法

　　六　工事の時期

　　七　道路の復旧方法

3～5　（略）

（道路の占用の許可基準）

第33条　道路管理者は、道路の占用が前条第1項各号のいずれかに該当するものであつて道路の敷地外に余地がないためにやむを得ないものであり、かつ、同条第2項第2号から第7号までに掲げる事項について政令で定める基準に適合する場合に限り、同条第1項（中略）の許可を与えることができる。

2〜6　（略）

○　A市屋台基本条例（抜粋）

（定義）

第3条　この条例において、次の各号に掲げる用語の意義は、それぞれ当該各号に定めるところによる。

　(1)　屋台 道路運送車両法（昭和26年法律第185号）第2条第4項に規定する軽車両に飲食店営業（食品衛生法施行令（昭和28年政令第229号）第35条第1号に規定する飲食店営業をいう。次号において同じ。）のための設備を備え付けたものをいう。

　(2)　屋台営業 屋台を一定の時間一定の場所に設置して行う飲食店営業をいう。

　(3)　屋台営業者 屋台営業を営む者をいう。

　(4)　屋台営業従事者 屋台営業者以外の者であって屋台営業に従事するものをいう。

　(5)　市道 道路法（昭和27年法律第180号）第2条第1項に規定する道路であって市が管理するものをいう。

　(6)　市道占用許可 屋台営業を行うための道路法第32条第1項（中略）の規定による市道の占用の許可をいう。

（市道占用許可の申請）

第8条　市道占用許可を受けようとする者（次条第1項（中略）において「申請者」という。）は、道路法第32条第2項に規定する申請書のほか規則で定める書類を市長に提出しなければならない。

（市道占用許可の基準等）

第9条　市長は、申請者（次条第1項に規定する更新申請者を除く。以下この項において同じ。）の申請の内容が道路法第33条第1項に規定する場合に該当する場合であって、次に掲げる基準のいずれにも適合するときに限り、市道占用許可を与えるものとする。

　(1)　申請者が、次のいずれにも該当しないこと。

　　ア　A市暴力団排除条例（中略）に規定する暴力団員

　　イ　A市暴力団排除条例（中略）に規定する暴力団又は暴力団員と密接な関係を有する者

　(2)　申請者が、次のいずれかであること。

　　ア　この条例の施行の日において市道占用許可を受けている屋台営業者（以下「現営業者」という。）の配偶者又は直系血族のうち、同日及び申請の日（現営業者が死亡している場合にあっては、現営業者が死亡した日。）において、主として現営業者が営む屋台営業による収入により生計を維持している屋台営業従事者（その者が2人以上である場合は、そのうちの1人に限る。）

　　イ　第25条第1項に規定する屋台営業候補者

(3) 市道占用許可を受けようとする場所が、次のいずれにも適合すること。

　ア〜ウ　（略）

2　（略）

（市道占用許可を受けた者による屋台営業等）

第13条　市道における屋台営業は、市道占用許可を受けた者が、自ら行わなければならない。

2　市道占用許可を受けた者は、市道占用許可に係る権利を他人に譲渡し、転貸し、又は担保に供してはならない。

（屋台営業候補者の公募）

第25条　市長は、市道における屋台営業が、まちににぎわいや人々の交流の場を創出し、観光資源としての効用を発揮することができると認めるときは、場所を指定して、当該場所において市道占用許可を受けることができる者（法人を除く。以下「屋台営業候補者」という。）の公募を行うことができる。

2〜3　（略）

4　前3項に定めるもののほか、屋台営業候補者の公募に関し必要な事項は、規則で定める。

（屋台営業候補者の選定等）

第26条　市長は、前条第1項の規定による公募を行った場合は、A市屋台専門委員会に諮り、屋台営業候補者を選定するものとする。

2　A市屋台専門委員会は、規則で定める基準に基づき、当該公募に応募した者のうちから屋台営業候補者として適当と認める者を推薦するものとする。

3　市長は、第1項の規定による選定を行ったときは、その旨を当該屋台営業候補者に通知しなければならない。

（A市屋台専門委員会）

第28条　市長の附属機関として、A市屋台専門委員会（以下「委員会」という。）を置く。

2〜5　（略）

○　A市屋台基本条例施行規則（抜粋）

〔（注）本規則中、「条例」はA市屋台基本条例を指す。〕

（公募書類）

第18条　条例第26条第1項の規定により屋台営業候補者の選定を受けようとする者（以下「公募申請者」という。）は、市長が定める期間内に、公募屋台営業候補者応募申請書（中略）に次の各号に掲げる書類を添えて市長に提出しなければならない。

　(1)〜(5)　（略）

（選定基準）

第19条　条例第26条に規定する規則で定める基準は、次に掲げるとおりとする。

⑴　関係法令等を遵守し、安全で快適な公共空間及び良好な公衆衛生を確保する具体的な取組が示されていること。

⑵　市民、地域住民及び観光客に親しまれ、観光資源としてＡ市を広報することができる屋台を目指し、従来のＡ市らしい屋台文化を守るとともに、新たな魅力を創出するための創意工夫が見られること。

⑶　地域の清掃活動に参加する等地域貢献に向けた具体的な取組が示されていること。

⑷　まちににぎわいや人々の交流の場を創出し、まちの魅力を高めようとする意欲が感じられること。

（決定の通知）

第21条　条例第26条第３項の規定による通知は、屋台営業候補者選定通知書（中略）により行うものとする。

2　市長は、屋台営業候補者として選定しないこととしたときは、屋台営業候補者不選定通知書（中略）により公募申請者に通知するものとする。

1　設問の把握

　本問は、道路法に基づく道路占用許可について、条例により許可申請者を「選定」する手続が設けられた、という事案を扱います。法律で設けられた許可制度について、申請者を予め選定する条例の仕組みが定められ、さらに、条例施行規則において申請⇒審査⇒通知に関する手続が具体化されています。法律と条例、条例と条例施行規則それぞれの関係性について正しく把握した上で、仕組み解釈を行います。

　題材となっているのは、道路上の区画を占有して行う屋台営業者の規制システムです。条例により、ひとつの区画を複数者が「選定」を申請するという、「競願型」の紛争類型において、過去の実績から「選定」されると考えていたＢが不選定決定を受け、これに不満で取消訴訟を提起して争うという設定です。弁護士ＤがＢから相談を受け、Ｄの指示に応じる弁護士Ｅの立場に立って、設問に答えます。

　設問1⑴は、本件不選定決定の処分性、設問1⑵は本件不選定決定の取消訴訟におけるＢの訴えの利益を検討します。前者は、条例レベルで設けられた選定の仕組みが申請制度と解釈できるか、本件不選定決定が申請拒否処分として処分性が認められるか、論じます。後者は、東京12チャンネ

ル事件最判の知識を踏まえつつ、「競願型」の紛争類型について取消判決の拘束力を手がかりに、Bの訴えの利益を検討します。

　なお、会議録において、Dは、行政手続条例（行手法第2章と同一内容）を「必要に応じて参照」するよう求めています。「申請」ないし「申請に対する処分」に関する行手法の条文について、参照・引用することを頭に入れて起案を進めましょう。

2　事案の整理

　以下、時系列に沿って事案を整理するとともに、A市が制定した本件条例のポイントを確認します。

- B＝他人の名義を借りて屋台営業を行う
    - ⇒市道占用許可（道路法32条1項6号）を有する者から名義借り
- A市＝本件条例を制定
    - ⇒屋台営業許可に係る市道占用許可の基準・手続を定める
    - ⇒新規許可と許可更新に分ける
    - ⇒名義貸しを禁止（13条）
    - ⇒新規許可につき、親族以外は営業候補者に限定
    - ⇒営業候補者の選定手続を規定。許可・更新は通算3年まで
- B＝屋台営業候補者の公募（条例25条）に応募・申請書提出（規則18条）
- A市＝屋台専門委員会で審査（条例26条1項）
    - 市長・Bに不選定決定（通知。規則21条2項）
    - 候補者はCに決定（通知。条例26条3項・規則21条1項）
- B＝今後の対応を弁護士Dに相談

3　設問1(1)の検討

　本問では、本件不選定決定の処分性を検討します。Dの指示に応じるEの立場に立って設問に答えるとの指示がありますから、処分性肯定の方向で起案します。

　会議録において、Eは、本件条例・条例施行規則の仕組みに即して選定

が申請に対する処分に当たり、したがって、（Bが受けた）本件不選定決定が申請拒否処分にあたるか検討すればよいか、とDに訊ねます。Dは、基本的な方針はそれでよいが、Bが最終的に望んでいる市道占用許可（道路法32条1項6号）との関係に注意すること、本件条例9条は行手法5条の審査基準として定められたことを前提とするよう指示します[18]。この「誘導」から、本件不選定決定を申請に対する処分（申請拒否処分）である、として処分性を肯定するロジックによる答案構成を考えます。

本件条例・条例施行規則の仕組みに即するという点では、①屋台営業候補者であることが、本件条例9条1項(2)イ等により、市道占用許可（道路法32条1項6号）の許可要件として働くよう「仕組まれて」いること、②屋台営業候補者の決定について、本件条例は、公募⇒専門委員会への諮問・推薦⇒市長による選定⇒通知、という手続を規定すること、③公募手続について、施行規則は、申請書の提出⇒選定基準⇒選定・不選定の通知、を規定すること、の3点が確認できます。これらに即して、屋台営業候補者の選定が、申請に対する処分に当たるか、不選定決定が申請拒否処分に当たるか、検討します[19]。

道路法には、道路占用許可に関して候補者決定の仕組みは見られません。道路占用許可とリンクする（申請者をいわば「前さばき」する）仕組みが条例レベルで付加的に定められ、さらに、条例施行規則において具体的な手続規定が置かれます。条例レベルで申請制度を構築することは可能ですが、条例施行規則と条例の関係について、特に注意する必要があります[20]。

さらに、道路占用許可との関係に注意するとの指示から、紛争の実効的解決（B＝不選定者[21]の実効的救済の確保という観点）から、本件不選定決定

---

[18]　本件条例9条は行手法上の審査基準、すなわち、裁量基準であり行政規則と解されるのですが、本件条例全体が審査基準＝裁量基準＝行政規則となるわけでないことに、注意が必要です（採点実感にも指摘があります）。本問では、本件条例が申請制度を定めており、本件条例に基づく選定決定（不選定決定を含む）の処分性が認められる、という論証を求められますが、本件条例が申請権、応答義務、行政処分等の根拠となるわけですから、本件条例が自主条例として法規性を有することが前提となります。本書でいう「規範の階層関係の解析」をマスターする必要性を強く感じさせます。

[19]　申請制度（申請権＋応答義務）の肯定という角度から処分性を認める解釈技術は、令和2年度に引き続き出題されたことになります。

の処分性が否定されると仮定し、不選定者が市道占用許可申請をして不許可処分を受けることを想定して、不許可処分につき取消訴訟等の抗告訴訟で本件不選定決定の違法を争う救済方法と、本件不選定決定の段階で処分性を認めて取消訴訟で争う救済方法を比較検討します。本件不選定決定の処分性を否定するロジックは、選定・不選定の決定は、市道占用許可に至る中間段階の行政決定であり、成熟性を欠くため、とすることが想定されます。本問では、市道占用不許可処分の取消訴訟等で、（処分性否定と仮定した）不選定決定の違法を主張して争ったのでは、不選定者が希望する区画で屋台営業を続けるという点での実効的救済が十分でないことを、できるだけ具体的に答案に書きます。

4 設問1(2)の検討

本問は、市長が既にCを候補者とする選定を行っているにもかかわらず、Bが自己に対する不選定決定の取消しを求める訴えの利益を有するか、検討を求めます。本問の選定の仕組みは、1つの区画につき複数の申請者が争う「競願型」の紛争パターンです。会議録に明示されている、最判昭和43・12・24民集22巻13号3254頁（判例ノート229頁・百選Ⅱ166。東京12チャンネル事件）を参考に、取消判決の拘束力（行訴法33条2項）により、Bに対する不選定決定（申請拒否処分）が取り消された場合、それと表裏一体をなすCに対する候補者選定（申請認容処分）も含めて、市長には本件候補者全体に対する審査をやり直す義務が生じる結果となり、Cに対する候補者選定が取り消されてBが候補者となることもあり得ること

---

(20) 法令による規制とは別に、条例による協議⇒同意の仕組み（同意を得ない行為については条例に基づく監督処分権限が規定されている）について、同意・不同意の処分性を肯定した裁判例として、東京高判平成30・10・3判例自治451号56頁があります。同判決では、同意について、「開発者の申請に対する応答として、当該同意に係る開発者が当該計画又は当該同意について付された条件に適合する工事を実施する限りにおいては町長による監督処分の対象とすることはないという法的な地位を確定するもの」として処分性を肯定し、不同意についても、「開発者の申請に対する応答として、申請により求められた上記の処分を拒否するもの」であるとして処分性を肯定しています。

(21) 処分性の有無の解釈論は、法令解釈により定性的に判断されるため、不選定となった者（不選定者）のように、抽象化して論じた方が良いと思います。

を指摘します[22]。

5 設問2の検討

本問は、本件不選定決定の取消訴訟においてBが主張すべき違法事由について、A市の反論を踏まえて検討します。

本件不選定決定の根拠条文（本件条例26条）から、本件処分につき市長に一定の裁量権が認められ、裁量権の逸脱・濫用の有無を検討すること（行訴法30条）を確認した上で、会議録から事実を拾って（Eが「承知しました」と述べる箇所で分節できます）答案構成を考えましょう。会議録から、以下の4点が論述のポイントであることが読み取れます。

第1に、Bは10年間トラブルなく営業を継続しており、このようなBの地位への配慮が欠けている、というポイントです。会議録では、本件条例の施行に際して、Bのような従前からの他人名義営業者の地位（道路占用許可の更新を期待しうる地位）への配慮が不十分でなかったか、との示唆が記載さています。この点、A市の反論として、市道占用許可が6か月更新であり、Bらの地位への配慮も6か月にとどまること、他人名義営業者は道路法上無許可営業であり法的な保護に値しないこと、が指摘できます。これに対し、Bとしては、本件条例の趣旨等に照らしてBらの悪質性は低いこと、条例制定過程において市長の公約のみが一方的に重視され他人名義営業者の営業実績への配慮を欠いたこと、等を指摘します。

また、会議録で、Eは、新しい条例を施行する際に「経過措置を設けるのが通例」であり、「そうすることが法的に要請される場合もあ」ると述べています。この「誘導」は、Bが本件区画で10年以上営業を続けた事実から、引き続き市道占用許可を得ることが財産権保護等の観点から「要請される場合」に当たらないか検討する必要性を示唆します。この点についても、Bの主張・A市の反論を組み立てる際に、頭に入れておきましょう。

第2に、専門委員会が審査に用いた申合せの合理性（他人名義営業者の

---

[22] 本問は、配点も20点と小さく、東京12チャンネル事件の最判に即して、申請拒否処分と申請認容処分が同時に存在する競願型の紛争類型に係る取消訴訟の訴えの利益について、取消判決の拘束力を踏まえてコンパクトに検討すれば十分と考えられる。

転職が困難なこと、過去の実績が将来的な貢献につながること）がポイントになります。申合せは、専門委員会内部の基準にとどまるものですが、実質的に市長の裁量判断の基準となると解され、本件条例施行規則19条各号の定める選定基準に照らして合理的内容であれば、特段の事情が認められない限り、申合せに即した決定が求められます。このことから、Ｂとしては、申合せと乖離する決定は市長による裁量権行使の逸脱・濫用に当たり違法である、と主張できます。これに対して、Ａ市は、申合せが本件条例施行規則19条各号に照らして合理性を欠き、公開されていない申合せにより既存営業者を優先することは新規の申請者の利益を不当に害する、と反論することが想定されます。これに対する再反論として、申合せは定められた選定基準と合理的関連性を有すること、申合せがあったとしても新規の申請者の選定を不可能にするものでないことを指摘します。

　第３に、本件不選定決定における、市長の選定に係る判断の内容に瑕疵があったことの検討が、ポイントとなります。この点、会議録では、Ｄが、上記第１・第２のポイントの「検討を踏まえて」検討するよう指示しています。ここで、答案構成として、①Ｂの地位への配慮の検討（配慮が十分でない）、②申合せの合理性の検討（合理性がある）、③これらを踏まえた市長の選定に係る判断が裁量権逸脱・濫用であることの論証、とする考え方と、①に続けて配慮の不十分性が裁量権逸脱・濫用を導くこと（考慮不尽など）、②に続けて合理的内容の申合せに従わないことが裁量権逸脱・濫用を導くこと（他事考慮など）という２つのパートに整理する考え方があると思われます。どちらも OK ですが、私の答案例では、後者によっています。

　第４に、市長が専門委員会による推薦を覆す判断をした点が違法ではないか、というポイントがあります。会議録で指示される最判昭和50・5・29民集29巻５号662頁（判例ノート12−3・百選Ⅰ115。群馬中央バス事件）に即して、諮問手続の瑕疵（委員会の推薦を覆したこと）が、本件不選定決定の違法事由となるとの主張を組み立てます。Ｂとしては、公正かつ専門技術的な審査・判断をすることを担保する趣旨で諮問の経由が定められたにもかかわらず、諮問機関である専門委員会が定めた合理的内容の申合せについて、市長が一方的に結論を覆していることを指摘し、本件条例が諮問手続を設けた趣旨を没却する諮問手続の瑕疵が認められ、これに基づく

本件不選定処分は違法として取消しを免れないと主張します。これに対する B 市の反論は、市長の判断は、専門委員会の判断を慎重に検討し、十分に考慮を払った上で、「特段の合理的な理由」により別の結論に至ったことを具体的に述べることになるでしょう。

6　解答例

設問 1 (1)

1　処分性の解釈枠組み

　抗告訴訟の対象となる行政処分のうち、行政庁の処分（行訴法 3 条 2 項）とは、公権力の主体たる国または公共団体が行う行為のうち、その行為によって直接国民の権利義務を形成しまたはその範囲を確定することが法律または条例により認められているものをいう。以下、本件不選定決定が、上記の「行政庁の処分」に該当するか、検討する。

2　本件条例・本件条例施行規則の定める公募の仕組み

　本件条例25条 1 項に基づく屋台営業候補者の公募について、本件条例施行規則18条は、公募により選定を受けようとする者を「公募申請者」と呼んで市長への申請書の提出を定めている。また、本件条例26条 1 項は、市長が公募を行った場合、屋台専門委員会への諮問を経て選定をすること、同条 3 項は、選定をしたときはその旨を候補者に通知することをそれぞれ規定し、その際の具体的手続として、同施行規則19条が選定基準を、同21条が選定・不選定の場合それぞれの通知書による通知を規定している。

　上記の本件条例および本件条例施行規則の規定から、屋台営業候補者の公募について、申請、審査、応答という申請（行手法 2 条 3 号）の仕組みを定めているものと解することができる。もっとも、申請書の提出、選定・不選定の通知を定めるのは施行規則であり、条例の根拠に基づくものでないとの A 市による反論も想定される。しかし、市長が公募をすること自体は本件条例25条 1 項に規定されており、施行規則18条は、条例25条 4 項の委任による規定である。また、公募

に対して選定を行い、結果を候補者に通知することは本件条例26条1項・3項に規定されていることから、公募候補者に対する市長の応答義務は、条例に根拠があると解される。不選定者に対する通知は、施行規則21条2項に定めがあるのみであるが、条例26条3項の定める選定の通知に係る規定を、選定と表裏一体を成す不選定決定の通知の根拠と解釈することは十分に可能である。

これらのことと、公募に対する選定につき、屋台専門委員会への諮問という慎重な手続が設けられ（条例26条1項・2項）、施行規則19条に具体的な選定基準が定められていることを併せ考えると、本件条例は、公募につき申請制度を定めていると解される。ゆえに、本件条例に基づく屋台営業候補者の選定は、申請に対する応答として行政庁の処分（行訴法3条2項）に該当するといえ、このことから、本件不選定決定も、本件条例を根拠とする申請権を有する者からの申請を拒否する応答行為であり、上記1に掲げた「行政庁の処分」の定義を充足し、抗告訴訟の対象となる行政処分に該当する。

3 市道占用許可との関係

本件条例の定める市長による屋台営業候補者の選定・不選定の決定は、道路法に基づく道路占用許可に至る中間段階の行政決定であり、本件不選定決定を受けた者も、道路法32条1項の定める道路占用許可の申請をすることは妨げられない。他方、不選定となった者が道路占用許可の申請をした場合、本件条例9条が市道の道路管理者である市長の審査基準（行手法2条8号ロ）として定められていることから、特段の事情がない限り、当該不選定者は占用不許可処分を受ける。その段階で、不選定者が市道に係る占用不許可処分を争う取消訴訟を提起し、当該訴えにおいて、本件不選定決定の違法を主張する方法をとることが考えられる。

しかし、仮に本件不選定決定の処分性を否定した上で、上記の方法を選択した場合、当該不選定者が希望する区画において選定者が営業を開始していることが想定され、また、市道占用許可とその更新を受けられる期間が原則として通算3年であることを併せ考えると、市道占用不許可処分がされるのを待って取消訴訟等を提起して争うこと

は、屋台営業できないという不選定者の不利益を迅速に救済すること
につながらない迂遠な方法ということができる。ゆえに、不選定者の
実効的救済の確保という観点からも、本件不選定決定を申請拒否処分
として処分性を肯定し、直ちに取消訴訟等で争うことが合理的であ
る。

4　結論

　本件不選定決定は、本件条例に基づく申請に対する処分として処分
性を有し、このことは、不選定決定を受けた者の実効的救済の確保と
いう観点からも合理的である。

設問1⑵

1　訴えの利益の解釈枠組み

　Bが本件不選定決定の取消訴訟を提起して取消判決を得たとして
も、Cが候補者選定決定を受けている以上、Bが屋台営業候補者にな
ることはできず、Bは取消しを求める法律上の利益を欠くのではない
か、問題となる。

　本件事案は、屋台営業のための市道占用許可を受ける営業希望場所
が1か所に限られ、屋台営業候補者も1名である一方、複数の候補者
が申請をするものであり、申請者は競願関係にある。競願関係におい
て申請拒否処分を受けた者の訴えの利益については、放送局の開設免
許に関する最高裁昭和43年12月24日判決が、取消判決の拘束力（行訴
法33条2項）に基づき、申請拒否処分が違法として判決により取り消
されれば、取消判決を受けてなされる再度の審査において白紙の状態
で競願者の優劣に係る判定がやり直されることを根拠として、訴えの
利益を肯定している。本件事案についても、上記昭和43年最判の解釈
枠組みを用いて、Bの訴えの利益の有無を検討する。

2　Bの訴えの利益

　Bに対する本件不選定決定の取消判決がされた場合、当該取消判決
の拘束力（行訴法33条2項）により、本件選定・不選定が白紙の状態
に戻ってA市長による再度の候補者選定がなされることになる。こ
れにより、Bは、改めて候補者に選定される法的な可能性が認められ

るため、本件不選定決定の取消しを求める法律上の利益を有するのであり、訴えの利益がある。

設問2

1　Bの法的地位の配慮に係る違法事由

　本件不選定決定処分は、他人名義営業者であるBの法的地位への配慮を欠くという点で、市長の裁量権の行使に当たり考慮すべき事項を十分に考慮しておらず、合理性を欠く判断であり、裁量権の逸脱・濫用があり違法である、と主張する。

　本件不選定決定処分は、公募において申請し、屋台専門委員会の諮問を経て、市長がするものとされているが（本件条例26条各号、本件条例施行規則18条・19条）、選定にあたり、専門技術的かつ公益的判断が必要であり、市長の判断には一定の裁量が認められる。ゆえに、本件不選定決定処分の違法事由は、市長による裁量権の行使に逸脱・濫用が認められることとなり（行訴法30条）、市長の判断が、全く事実の基礎を欠くか、または社会通念に照らし著しく妥当性を欠くかにより判断する。

　本件条例は、屋台がA市の重要な観光資源であり、にぎわいや防犯効果をもたらしていることを背景に制定され、本件条例施行規則19条（2）の定める選定基準でも「従来のA市らしい屋台文化を守る」ことが記されており、本件条例の制定前から屋台営業を10年以上にわたりトラブルなく行ってきたBの法的地位は、本件決定においても十分に考慮されるべき事項である。また、Bが長年継続してきた屋台営業できなくなることは、Bの生活の基盤が失われるという重大な結果をもたらすのであり、本件決定における重要な考慮事項である。

　これに対して、他人名義営業者はそもそも道路法上の無許可営業に当たり、悪質性が認められるので、本件不選定処分をするに際してBの法的地位は考慮要素とならないとのA市側の反論が考えられる。確かに、他人名義営業者については、許可の売買や営業者の頻繁な交代などの課題が指摘されていたものの、道路法33条1項の定める道路占用許可基準等において許可者が名義貸しをすることを禁じた条項は

見当たらず、Ａ市は屋台営業に係る名義貸しを黙認していたのであり、他人名義営業者について過去の営業実績を法的な保護に値しないとするだけの悪質性を認めることはできない。

　以上から、Ｂは、本件不選定決定は、Ｂの法的地位という重要な考慮事項について十分な考慮をしておらず、社会通念に照らして著しく妥当性を欠き、裁量権の逸脱・濫用が認められ違法であると主張する。

2　屋台専門委員会の運用申合せに対する不適合

　屋台専門委員会は、Ａ市のウェブサイトで公開されている本件指針に従って審査をするとされるが、同委員会は、本件指針に示された本件条例施行規則19条各号所定の審査基準に係る考慮要素をさらに具体化する運用申合せを定めている。この運用申合せには、他人名義営業者の営業実績を踏まえて５点を加点する旨が定められており、Ｂの過去の実績を考慮しない本件不選定決定は、運用申合せに適合しない。

　上記の運用申合せは、①他人名義営業者が本件条例施行後６か月以内に新たな店舗・仕事を探すのが困難なこと、②従前トラブルのなかった者はＡ市の屋台政策への確実な貢献が期待できることを趣旨とするものであるが、①は上述した他人名義営業者の法的地位への考慮という点で合理的であり、②は関係法令の遵守、観光資源としての魅力の創出、地域貢献に向けた取組み、まちの魅力向上という部分で、本件条例施行規則19条各号と合理的関連性が認められる。ゆえに、本件運用申合せの内容は合理的であり、平等原則、信頼保護原則等にも照らして、特段の事情のない限り、本件運用申合せに即した決定がされるよう羈束する効果を有する。

　なお、運用申合せの内容が新規の申請者の利益を不当に害する、とのＡ市側の反論も考えられる。しかし、運用申合せは、上述した合理性の認められる要素につき他人名義営業者に25点中５点を加点するものであり、新規申請者の利益を不当に害する不合理なものとは認められない。かえって、市長は、屋台営業者の交代を推進するという自身の選挙公約を実現するという、本来考慮すべきでない事項について

過重に考慮するという、合理性を欠く判断をしたものといえる。

　ゆえに、合理的な内容の運用申合せについて、特段の事情なく適用しないこととしたＡ市長による本件不選定処分は、市長の裁量権の行使を逸脱・濫用した違法なものであると主張する。

3　屋台専門委員会の推薦を覆した決定であること

　本件条例26条１項は、申請について、屋台専門委員会への諮問手続を経て屋台営業候補者を選定することが定められている。本件条例は、専門委員会からの推薦者を選定すべきことまで規定するものではないが、本件条例施行規則19条に定める選定基準に基づき、公正かつ専門技術的な審査・判断をすることを担保する趣旨を定めたものと解される。本件不選定処分は、専門委員会の運用申合せによればＢが１位として推薦されるべきところ、市長が５点を差し引いたため、Ｂが２位になったものと考えられる。

　法律・条例の定める諮問手続の瑕疵と行政処分の取消事由との関係について、最高裁昭和50年５月29日判決は、行政処分の根拠規範において、当該行政処分の客観的な適正妥当と公正を担保する趣旨により諮問手続の経由を定めている場合、諮問の経由は極めて重大な意義を有するとし、諮問機関に対する諮問を経由することを要求する根拠規範の趣旨に反すると認められる瑕疵があれば、これを経てなされた処分も取消しを免れないとする。

　これを本件不選定処分について見ると、公正かつ専門技術的な審査・判断をすることを担保する趣旨により諮問の経由が定められたにもかかわらず、諮問機関である屋台営業委員会が定めた合理的内容の申合せについて、市長が一方的に５点を差し引いた結果、ＢではなくＣが選定された結果を生じさせている。よって、本件条例が諮問手続を設けた趣旨を没却する諮問手続の瑕疵が認められ、これに基づく本件不選定処分は違法として取消しを免れないと主張する。

　Ａ市の側は、本件条例の制定趣旨から、他人名義営業者を選定に際して特に有利に扱うことは認められず、委員会の審査結果から５点を差し引くことは特段の合理的な理由に基づくもので適法であると反論することが想定される。しかし、そもそも、本件条例を制定する際に

自身の公約実現のみを重視する市長の判断それ自体が不合理であるこ
とは上述した通りであり、Aの反論は当たらないと主張する。

　Ａ株式会社（以下「Ａ」という。）は、水素・燃料電池自動車や自動運転等の研究開発と自動車の整備や走行テストを実施するため、Ｂ県Ｃ市内にある台地状のＤ山山頂部のＡ所有地と、これに連なる中腹部のＥ所有地の一部を開発区域（以下「本件開発区域」という。）として、山林の伐採、大規模な切土と盛土により合計200ヘクタールの土地を造成し（以下「本件開発行為」という。）、周回路等の走行試験場、開発・整備工場等の施設を設置する計画（以下「本件計画」という。）を立てた。本件開発区域は、森林法（以下「法」という。）第10条の２第１項における地域森林計画の対象となっている民有林で、総面積の98パーセントがＡ所有林、２パーセントがＥ所有林である。本件計画のうちＥ所有林の部分においては、立木の伐採、住民の生活用水のための貯水池（以下「本件貯水池」という。）の設置等が予定されている。本件開発区域には、Ａ所有林からＥ所有林を通過して本件開発区域外に流れ出す沢（以下「本件沢」という。）があり、Ｆは、本件開発区域の外縁から200メートル下流部の本件沢沿いに居住し、本件沢の水を飲料水や生活用水として使用している。また、本件開発区域を含むＤ山の山林はＣ市の水道水源の一部となっている。過去に数十年に一度程度の集中豪雨があった際、本件沢からの溢水等により、本件開発区域外のＥ所有地の土砂等が流失しＥ所有の立木の育成に悪影響が生じ、Ｆの住居も浸水被害を受けたことがあった。なお、Ｅは、Ｄ山から30キロメートル離れたＣ市外に居住し、Ｄ山を水源とする水道水を使用していない。

　Ｂ県には、法第10条の２第１項に基づく開発行為の許可（以下「開発許可」という。）の手続を円滑に進めるための指導指針（以下「Ｂ県指針」という。）があり、開発行為を行う者は、開発計画に関する概要等を記載した書面を担当課であるＢ県農林水産部森林課（以下「担当課」という。）や関係市町村に提出すること、開発区域の周辺住民や地

権者等に対し、開発計画、開発行為に係る防災計画等について説明することなどが定められている。Aが開催した説明会では、参加したFを含む地域住民やEが、本件開発行為を含む本件計画が実施された場合、水害や土砂災害の発生リスクが高まり、また、安定的な水の確保も困難になるなどとして反対意見を述べた。これに対し、Aは、担当課と地域住民等に、説明会で出された質問や要望に対する見解と対応方針を伝達した上で、B県知事に対し、本件計画に係る開発許可の申請（以下「本件申請」という。）を行った。

　B県指針に基づき上記書面の提出を受け、上記説明会に参加したC市担当者は、今後、本件計画のようなC市の水道水源確保に支障が生じるおそれのある事業を規制する必要があると考えた。そこで、C市は本件申請前に水道水源保護を目的としたC市水道水源保護条例（以下「本件条例」という。）を新たに制定・施行し、C市長は、直ちに、所定の手続を経て、本件開発区域を含むD山の林地を本件条例第6条第1項に基づく水源保護地域に指定し、公示した。本件申請後に同指定を知ったAは、本件条例第7条第1項に基づくC市長との協議を開始したが、C市長は、C市水道水源保護審議会においてAの事業用の取水量・貯水量の多さが問題として重視されたことから、同審議会の意見に従い、本件計画により設置する予定の施設を本件条例第7条第3項に基づく規制対象事業場として認定し（以下「本件認定」という。）、Aに通知した。

　以下に示された担当課長とB県法務室長（弁護士）による【検討会議の会議録】を読んだ上で、法務室長の立場に立って、設問に答えなさい。

　なお、関係法令の抜粋を【資料1　関係法令】に、B県における法第10条の2第2項に基づく都道府県知事の許可に係る開発許可基準（以下「本件許可基準」という。）の抜粋を【資料2　B県林地開発行為の許可基準（抜粋）】に、それぞれ掲げてあるので、適宜参照しなさい。

〔設問1〕

B県知事がAに対し本件申請に係る許可をした場合を想定して、以下の点を検討しなさい。

⑴E及びFが同許可の取消訴訟を提起した場合、E及びFには、この取消訴訟における原告適格が認められるか、検討しなさい。

⑵仮にEが本件開発行為に同意し、Fのみが同許可の取消訴訟を提起した場合、同訴訟の係属中に本件開発行為に関する工事が完了した後においても、Fに訴えの利益は認められるか、検討しなさい。なお、解答に当たっては、Fに原告適格が認められることを前提にしなさい。

〔設問2〕

　B県知事がAに対し本件申請に係る許可をし、Fが同許可の取消訴訟を提起した場合を想定して、Fによる違法事由の主張として考えられるものを挙げた上で、それぞれに対するB県の反論を検討しなさい。ただし、同許可が法第10条の2第2項第1号及び同項第1号の2に定める基準を満たすかどうかについては、違法事由として検討する必要はない。また、Fによる違法事由の主張については、主張制限（行政事件訴訟法第10条第1項参照）を考慮しなくてよい。

【検討会議の会議録】

担当課長：本件申請に係る許可の審査に当たり、Aの開発行為に関わる紛争発生時におけるB県の対応戦略について、法的観点からの検討をお願いします。

法務室長：それでは、B県知事がAに対し本件申請に係る許可をした後、EやFから同許可の取消訴訟が提起された場合を想定します。まず、訴訟要件について検討しますが、本件開発行為によりどのようなことが起こる可能性がありますか。

担当課長：一般に、大規模に行われる盛土、切土等の造成による地形の改変は、造成前に比べ、地盤の安定を害し、また、山林を伐採すれば、山林の保水力も低下し、土砂による濁水も増え、水源かん養機能を低下させるおそれが高くなります。しかも、本件計画では工事が長

期に及ぶ予定ですから、その間に集中豪雨により土砂災害や水害が発生する可能性は否定できません。

法務室長：開発許可が処分であることは明らかですので、論点の一つは、E及びFに原告適格があるかです。この点は、ゴルフ場建設に関わる開発許可の取消訴訟に関する最高裁判決（最高裁判所平成13年3月13日第三小法廷判決・民集55巻2号283頁）を参考に、EとFの各々について検討することにします。

担当課長：本件申請では、Eの同意書は添付されていません。仮に本件申請に係る許可をしても、Eの同意が得られなければ、本件開発行為の完了を見込むことはできません。ただ、Aによれば、AとEは協議中であり、今後、Eが同意に転じる可能性はあるようですが、明らかではありません。仮にEが本件開発行為に同意し、Fのみが本件申請に係る許可の取消訴訟を提起した場合、同訴訟の係属中に本件開発行為に関する工事が完了するとどうなるのでしょうか。

法務室長：その場合、Fの訴えの利益の問題が生じます。取消訴訟係属中に林地の開発行為に関する工事が完了した事例に関する最高裁判決（最高裁判所平成7年11月9日第一小法廷判決・裁判集民事177号125頁）では訴えの利益が否定されていますが、その理由が明確ではありません。訴えの利益を否定する理由を明確化するため、建築確認の取消訴訟係属中に建築工事が完了した事例に関する最高裁判決（最高裁判所昭和59年10月26日第二小法廷判決・民集38巻10号1169頁）を参考にしつつ、開発許可の法的効果などを法の仕組みに即して検討することにします。次に、本案の問題ですが、開発許可に当たっては、水源の確保対策等の必要性や措置の妥当性の評価などに関する専門技術的判断はもとより、公益の考慮も必要となります。そこで、法第1条と法第10条の2第3項に規定する「森林の保続培養」の意味を教えてください。

担当課長：「森林の保続培養」とは、森林造成には長期を要し、一度開発して土砂災害・水害防止機能や水源かん養機能などの公益的機能が破壊されると回復は相当難しいので、森林の無秩序な開発により森林の持つ機能発揮を阻害しないように、合理的かつ計画的に森林を維

持改善することを意味します。

法務室長：Ｂ県知事が定め、Ｂ県ウェブサイト等で公開している本件許可基準（【資料2　Ｂ県林地開発行為の許可基準（抜粋）】参照）第１－１－①の趣旨は何ですか。

担当課長：本件許可基準では、法第10条の2第3項を踏まえ、同条第2項各号の要件を判断するために共通して必要となる一般的事項を定めています。森林法施行規則（以下「規則」という。）第4条第2号に関し、本件許可基準第１－１－①では、開発行為の完了が確実であるといえるかを判断するため、開発区域内の私法上の権原を有する者全てではなく、3分の2以上の権利者が現に同意していること等を求めています。本来、全員の同意が望ましいのですが、申請時には開発行為が許可されるか不明であり、申請者に過度な負担を課さないためです。この基準を前提に、Ｅの同意書が添付されていない現段階で本件開発行為を許可すると、法的にはどのように評価されるのでしょうか。

法務室長：想定する取消訴訟では、本件許可基準第１－１－①との関係が問題になりそうです。そこで、開発許可につきＢ県知事の裁量権が認められる理由や、本件許可基準に定める同意を要する権利者数以外に、本件許可基準に定めのない本件開発区域における所有林面積の割合を本件開発行為の許否の判断に当たって考慮することができないか、検討することにします。なお、規則及び本件許可基準は適法であることを前提にしておきます。

担当課長：本件計画によれば、Ａは本件開発区域全域に本件貯水池のほか複数の井戸や貯水池を設置して事業用水等を確保する予定です。本件開発区域を含むＤ山の山林はＣ市の水道水源の一つですから、Ｃ市長は、Ａによる事業用水の取水や貯水によってＣ市の水道水源が枯渇するおそれを解消するため、本件計画の阻止を意図して本件認定をしたようです。この点に関するＡとＣ市長の本件条例に基づく協議では各々の主張を言い合っただけで終わったそうです。Ｂ県としては、Ｃ市長が丁寧に協議を行い、Ａの協力を得ることができれば、水道水源の枯渇という問題は生じないと考えています。いずれにしても、Ｃ

市長の本件認定は、Aの権利に重大な影響を与えますが、本件申請との関係ではどのような影響が生じるでしょうか。というのも、本件認定はAの土地の使用を制限する処分ですが、B県では、市町村による土地の使用制限に関する処分が違法であると評価して開発許可をした事例がかつてあったからです。

法務室長：本件許可基準第1－1－②との関係で本件認定の違法性が問題となります。想定する取消訴訟で、B県が本件認定の違法を主張することができるかは、別の機会に検討する必要がありそうですが、ここでは、本件認定が違法で取り消されるべきものであれば、本件許可基準第1－1－②に適合し、B県知事が本件申請に係る許可をするのに支障はないという前提で、本件認定の違法性について検討することにします。

担当課長：本件開発行為についてEが同意し、本件申請に係る許可がされて本件開発行為が始まれば、Aは本件計画に従い本件貯水池を設置することになります。しかし、Fは、説明会で、本件貯水池の容量が少なく、Fの生活用水に不足が生じると主張していました。B県としては、Fが主張する容量の確保は技術的に難しく、実現には費用が掛かりすぎると考えています。

法務室長：想定する取消訴訟では、本件計画による水資源確保対策が法第10条の2第2項第2号及び本件許可基準第4－1に適合しているかが問題となるでしょう。そこで、B県として法的にどのような反論をすることができるか、検討することにします。その他の本案の論点は別の機会に検討することにしたいと思います。

【資料1 関係法令】

○ 森林法（昭和26年法律第249号）（抜粋）

（この法律の目的）

第1条 この法律は、森林計画、保安林その他の森林に関する基本的事項を定めて、森林の保続培養と森林生産力の増進とを図り、もつて国土の保全と国民経済の発展とに資することを目的とする。

（開発行為の許可）

第10条の2 地域森林計画の対象となつている民有林（中略）において開発行為（土石又は樹根の採掘、開墾その他の土地の形質を変更する行為（中略）をいう。以下同

じ。）をしようとする者は、農林水産省令で定める手続に従い、都道府県知事の許可
を受けなければならない。（以下略）

2　都道府県知事は、前項の許可の申請があつた場合において、次の各号のいずれにも
該当しないと認めるときは、これを許可しなければならない。

　一　当該開発行為をする森林の現に有する土地に関する災害の防止の機能からみて、
当該開発行為により当該森林の周辺の地域において土砂の流出又は崩壊その他の災
害を発生させるおそれがあること。

　一の二　当該開発行為をする森林の現に有する水害の防止の機能からみて、当該開発
行為により当該機能に依存する地域における水害を発生させるおそれがあること。

　二　当該開発行為をする森林の現に有する水源のかん養の機能からみて、当該開発行
為により当該機能に依存する地域における水の確保に著しい支障を及ぼすおそれが
あること。

　三　（略）

3　前項各号の規定の適用につき同項各号に規定する森林の機能を判断するに当たつて
は、森林の保続培養及び森林生産力の増進に留意しなければならない。

4～6　（略）

（監督処分）

第10条の3　都道府県知事は、森林の有する公益的機能を維持するために必要があると
認めるときは、前条第1項の規定に違反した者若しくは同項の許可に附した同条第4
項の条件に違反して開発行為をした者又は偽りその他の不正な手段により同条第1項
の許可を受けて開発行為をした者に対し、その開発行為の中止を命じ、又は期間を定
めて復旧に必要な行為をすべき旨を命ずることができる。

第206条　次の各号のいずれかに該当する者は、3年以下の懲役又は300万円以下の罰金
に処する。

　一　第10条の2第1項の規定に違反し、開発行為をした者

　二～四　（略）

○　**森林法施行規則（昭和26年農林省令第54号）（抜粋）**

〔（注）本規則中、「法」は森林法を指す。〕

（開発行為の許可の申請）

第4条　法第10条の2第1項の許可を受けようとする者は、申請書（中略）に開発行為
に係る森林の位置図及び区域図並びに次に掲げる書類を添え、都道府県知事に提出し
なければならない。

　一　開発行為に関する計画書

　二　開発行為に係る森林について当該開発行為の施行の妨げとなる権利を有する者の
相当数の同意を得ていることを証する書類

三　（略）

○　C市水道水源保護条例（抜粋）

（目的）

第1条　この条例は、住民が安心して飲める水を確保するため、市の水道水源を保護
　　し、もって市民の生命及び健康を守ることを目的とする。

（定義）

第2条　この条例において、次の各号に掲げる用語の意義は、当該各号に定めるところ
　　による。

　　一　（略）

　　二　水源保護地域　市の水道に係る水源及びその上流地域で、市長が指定する区域を
　　　いう。

　　三　水源の枯渇　取水施設の水位を著しく低下させることをいう。

　　四　対象事業　水源の枯渇をもたらすおそれのある事業をいう。

　　五　規制対象事業場　対象事業を行う工場その他の事業場のうち、水道に係る水源の
　　　枯渇をもたらし、又はそのおそれのある工場その他の事業場で、第7条第3項の規
　　　定により規制対象事業場と認定されたものをいう。

　　六　（略）

（水道水源保護審議会の設置）

第5条　市の水道水源の保護を図り、水道事業を円滑に実施するため、（中略）水道水
　　源保護審議会（以下「審議会」という。）を設置する。

2　審議会は、水源の保護に関する重要な事項について、調査、審議する。

（水源保護地域の指定等）

第6条　市長は、水道水源を保護するため、水源保護地域を指定することができる。

2　市長が、水源保護地域を指定しようとするときは、あらかじめ審議会の意見を聴か
　　なければならない。

3　市長が、第1項の規定により、水源保護地域の指定をしたときは、その旨を直ちに
　　公示するものとする。

（事前の協議及び措置等）

第7条　水源保護地域内において対象事業を行おうとする者（以下「事業者」という。）
　　は、あらかじめ市長と協議しなければならない。

2　（略）

3　市長は、第1項の規定による協議の申出があった場合において、審議会の意見を聴
　　き、規制対象事業場と認定したときは、事業者に対し、その旨を速やかに通知するも
　　のとする。

（規制対象事業場の設置の禁止）

第8条　何人も、水源保護地域内において、規制対象事業場を設置してはならない。
（罰則）
第20条　次の各号の一に該当する者は、1年以下の懲役、又は10万円以下の罰金に処する。

一　第8条の規定に違反した者

二　（略）

【資料2　B県林地開発行為の許可基準（抜粋）】

第1　一般的事項

1　次の事項の全てに該当し、申請に係る開発行為を行うことが確実であること。

① 開発行為に係る森林につき、開発行為の施行の妨げとなる権利を有する者の相当数の同意を申請者が得ていることが明らかであること。この場合の相当数の同意とは、開発行為に係る森林につき開発行為の妨げとなる権利を有する全ての者の3分の2以上の者から同意を得ており、その他の者についても同意を得ることができると認められる場合を指すものとする。

② 開発行為又は開発行為に係る事業の実施について、法令等による許認可等を必要とする場合には当該許認可等がなされているか若しくはそれが確実であること又は法令等による土地の使用に関する制限等に抵触しないこと。（以下略）

第4　水資源確保の要件（法第10条の2第2項第2号関係）

1　飲用水、かんがい用水等の水源として依存している森林を開発行為の対象とする場合で、周辺における水利用の実態等からみて必要な水量を確保するため必要があるときには、貯水池又は導水路の設置その他の措置が適切に講ぜられることが明らかであること。（以下略）

1　設問の把握

　本問は、B県知事がAに対して林地開発許可（森林法10条の2第1項）をしたことを想定し、許可の相手方（申請者）ではないE・Fが取消訴訟の原告適格を認められるか、Fが原告となった取消訴訟において開発行為が完了した後にも訴えの利益が認められるか、さらに、Fがいかなる本案の主張（違法事由の主張）をすべきか、検討を求めます。

　原告適格については、処分の相手方でない者が「法律上の利益を有する者」といえるか検討する典型問題であり、最判平成13・3・13民集55巻2号283頁（判例ノート17−7A・百選Ⅱ157）を参考に解釈します。開発行為完了後の訴えの利益の残存についても、狭義の訴えの利益の典型問題であ

り、最判昭和59・10・26民集38巻10号1169頁（判例ノート18－4・百選Ⅱ170）を想起して検討を進めます。

　以上が設問1(1)(2)であり、問題文・会議録に記された事実を評価し、判例を踏まえた行訴法上の論点（訴訟要件）の解釈枠組みを用いて、個別法の仕組み解釈を正しく行うことを求める問題と考えられます[23]。

　設問2は、取消訴訟の本案における違法事由の主張について、検討を求めます。B県法務室長の立場に立つのですから、取消訴訟の原告であるFの主張に対し、B県としての反論をかみ合わせた起案となります。取消しが争われる開発許可処分について、処分要件である森林法10条の2第2項1号及び1号の2の充足性を論じる必要がないことが指示されていますから、法律上の処分要件は、同項2号のみを検討します。さらに、会議録では、本件開発許可処分が裁量処分であることを前提に、本件許可基準1－1－①、1－1－②、4－1を手がかり（行手法上の審査基準＝裁量基準として扱うことが想定されます）として、検討することが求められています。上記の3つの許可基準ごとに、Aによる違法の主張と、B県による裁量権の逸脱・濫用があるとはいえない（不合理とはいえない）との主張をかみ合わせて起案することが想定されます。

　しかし、設問2については、私がみるところ重大な問題があり、中川丈久教授・興津征雄教授からも、「行政法規の解釈に関する基本的な誤りが見られるのではないかとの深刻な疑念」が示されています[24]。本書では、設問2について、法務省が公表している「出題趣旨」に即した解説と答案例を記載しましたが、上記の中川＝興津論文は、個別法の仕組み解釈の方法を学ぶという意味で極めて有益であり、一読されることをお勧めします。

---

[23]　ただし、処分の相手方でない者の原告適格を肯定する解釈に、C市水道水源保護条例は寄与しない（係争処分に係る「法律上の利益」を読み込めない）と考えられますが、そうであるなら、この条例の存在には受験生を「惑わす」意味しかなく、司法試験の出題としては適切でないでしょう。設問2においてC市条例の解釈が問題になるとの設定なのですが、注(24)で後述するように、この点につき出題に疑義が呈されており、そうであれば、設問1(1)でも悪影響しか及ぼさないと評されるでしょう。

[24]　中川丈久・興津征雄「令和4年司法試験（行政法）の出題に関する疑義」法学セミナー818号（2023）44頁以下。

2　事案の整理

　本問は、事案の整理について、少し工夫が必要です。時系列に沿いつ
つ、事実関係それ自体を含めて整理をしておきます。

・Ａ　　Ａ所有地＋Ｅ所有地につき、開発行為の計画を立てる。
　　　　　　200ヘクタールの民有林　Ａ＝98％　Ｅ＝2％
　　　　　　開発行為の内容は、山林の伐採、大規模な切土・盛土。
　　　　　　Ｅ所有地には貯水池を設置予定。ＥはＡが申請に添付する同意
　　　　　　書につき不同意。
　　　　　　Ａ所有地⇒Ｅ所有地⇒開発区域外と流れる沢がある。
　　　　　　Ｆは200メートル下流の沢沿いに居住。沢の水を飲料水等で利用。

　　　　　　Ｄ山の山林は、Ｃ市の水道水源
　　　　　　ＥはＣ市住民でなく、水道水を使用していない

　　　　　　※　過去に数十年に一度の集中豪雨があり、沢から溢水
　　　　　　　⇒Ｅ所有地（開発区域外）の土砂流出・立木に悪影響
　　　　　　　⇒Ｆの住居に浸水被害

・Ｂ県　　開発許可に係る指導指針により、Ａによる説明会を開催
　　　　　　Ｅ・Ｆが反対意見　Ａは見解と対応方針を伝達

・Ｃ市　　県の指針による説明会に参加・Ａから書面提出。規制の必要性を
　　　　　　認識。
　　　　　　ＡのＢ県への申請前に、Ｃ市条例を制定。水源保護地域に指定・
　　　　　　公示。
　　　　　　Ａは、Ｂ県への申請後、Ｃ市条例による指定を知り、Ｃ市長と協
　　　　　　議を開始。
　　　　　　審議会の意見に従い、Ｃ市長が規制対象事業場に認定。Ａに通知

・Ｂ県　　検討会議（Ａの申請に係る許可を審査するに当たっての検討）

3 設問1(1)の検討

B県は、Aの申請があり、許可に係る審査段階にあります。B県知事が申請に対する処分をした場合を想定し、B県法務室長（弁護士）の立場で、E・Fが提起する取消訴訟に係る法的論点を検討する、という設定がされています。B県は当事者（被告）ということになりますが、仮想事例に係る判例ベースの検討が求められる点に注意しましょう。

設問1(1)では、他者（A）への申請認容処分について、処分の相手方でない者（E・F）が取消訴訟を提起した場合の原告適格の存否を検討します。行訴法9条2項が適用される典型です。

まず、E・Fそれぞれが被侵害利益として何を主張するか、整理しておきましょう。

Eは本件開発区域内・外の土地所有者であり、立木も所有します。開発区域内のE所有地では、立木の伐採、貯水池設置が予定されます。また、Eは、開発区域内の所有権者として、申請の際に添付される同意書に、同意・不同意をする立場にあります（本問の時点では不同意）。開発区域外のE所有地は、過去の集中豪雨による本件沢の溢水等による土砂等の流出、立木の育成への悪影響があったという事実があります。Aによる開発行為がされた場合、開発区域内での権原が侵害されるおそれがあり、開発区域外の財産権につき土砂災害・水害の被害を受けるおそれがあります。他方、EはC市住民ではなく（D山から30キロ離れた場所に居住）、本件開発区域を水道水源とする水道水は使用していません。

Fは、本件開発区域を水源とする沢に沿った区域（本件開発区域外。200メートル下流）に居住します。本件沢の水を飲料水・生活用水として使用しており、過去に本件沢の溢水による浸水被害を受けた事実があります。Aによる開発行為がされた場合、土砂による濁水による飲料水等の被害、水害による浸水の被害（いずれも生命・身体等に対する侵害）を受けるおそれがあります。

上記を踏まえて、本問では、処分の相手方でない者の原告適格の解釈枠組み⇒E・Fそれぞれの主張する被侵害利益⇒最判平成13・3・13民集55巻2号283頁（判例ノート17-7A・百選Ⅱ157）に即した原告適格の存否の検討（係争処分の根拠条文である森林法10条の2、同法施行規則4条等の規定

を踏まえた解釈)、という構成で起案しましょう。

　上述の平成13年最判は、本件と同様、林地開発許可につき周辺住民等が取消訴訟を提起した事例において、許可要件規定（法10条の2第2項1号＝周辺地域に土砂災害を発生させるおそれがないこと、同項1号の2＝下流地域に水害を発生させるおそれがないこと）の趣旨・目的、これらの規定が保護しようとしている利益の内容・性質から、これらの規定は、土砂の流出・崩壊、水害等の災害による被害が直接的に及ぶことが想定される開発区域外の一定範囲に居住する者の生命、身体等の安全について、個々人の個別的利益としても保護すべきとする趣旨を含む、とします。他方で、平成13年最判は、林地開発許可処分の処分要件規定のうち、①法10条の2第2項1号、同項1号の2の規定は、開発区域の周辺の土地所有権等の財産権を個々人の個別的利益として保護する趣旨を含まない、②同項2号の規定は、水の確保という一般的公益を保護する趣旨であり、周辺住民等の個々人の個別的利益を保護する趣旨を含まない、③同条3号（本問では不掲載）の規定は、良好な環境の保全という一般的公益を保護する趣旨であり、周辺住民等の個々人の個別的利益を保護する趣旨を含まない、としています。

　上記から、Eの所有する土地・立木の財産権に対する土砂災害・水害等による侵害（原告適格否定）、Fの土砂災害・水害による生命・身体等の侵害（原告適格肯定）、Fの水確保・水利用等の利益の侵害（原告適格否定）という方向での起案が考えられるでしょう。

4　設問1(2)の検討

　本問は、Fが取消訴訟を提起した場合（原告適格の肯定が前提）、同訴訟の係属中に本件開発行為に関する工事が完了した後においても、Fに訴えの利益が認められるか、検討を求めます。係争処分がされた後の事情により、原告の訴えの利益（狭義の訴えの利益）が残存するか、消滅するか、という解釈問題です。

　会議録では、建築確認の取消訴訟係属中に当該建築物の建築工事が完了した事例に関する最判昭和59・10・26民集38巻10号1169頁（判例ノート18－4、百選Ⅱ170）を参考に、開発許可の法効果など法の仕組みを踏まえ、

Fの訴えの利益が否定される理由付けを明確化する、という法務室長の発言があり、これに即して起案します。

昭和59年最判については、①建築確認は、それを受けなければ工事をすることができないという法的効果を付与する、②建築工事完了後の検査は、当該建築物が建築関係規定に適合しているかを基準とし、違法建築物に対する違反是正命令は、法令への適合を基準としており、同命令をするか否かは特定行政庁の裁量に委ねられることから、③建築確認の存在は、検査済証の交付拒否、違反是正命令の法的障害にならならず、建築確認が判決で取り消されても、検査済証の交付拒否、違反是正命令の発出につき法的拘束力が生じるものではない、というロジックを柱としています。

上記から、①林地開発許可は、それを受けなければ開発行為ができないという法的効果を付与する、②工事完了後、客観的にみて当該許可の要件を充足しないのに誤って許可された者については、法10条の2第1項の規定に違反した者として法10条の3に基づく監督処分の要件に該当し、監督処分を発することができる、③監督処分をするか否かは知事の裁量に委ねられ、許可の取消判決により知事が監督処分をすることまで拘束するとはいえない、という起案が考えられます。

5　設問2の検討

本問は、B県知事がAに許可処分をし、Fが取消訴訟を提起した場合の、Fによる違法事由（取消事由）の主張と、それに対するB県の反論を検討するものです。以下、法務省HPに掲載された「出題趣旨」に即して、解説をします[25]。

「出題趣旨」は、森林法の規定する開発行為の許否の判断について、法10条の2第2項2号、その解釈指針である同項3号の規定内容から、公益を考慮しつつ、専門技術的判断を基礎とする都道府県知事の裁量権が認められる、と述べます。その上で、会議録から、本件許可の取消訴訟におけるFによる違法事由の主張とそれに対するB県の反論として、以下の3点を指摘します。

第1に、Fが主張する違法事由として、Eの同意がない段階においてB県知事がAの申請に係る開発許可をした場合、法施行規則4条2号に規定

する「相当数の同意」に関し、同知事が審査基準として自ら設定・公表している B 県林地開発行為の許可基準 1 － 1 － ① を充足しない、というものが想定されます。これに対する B 県の反論は、開発行為に関する許可に B 県知事の裁量権が認められることから、開発区域内における権利者が 2 者のみである場合、開発区域内で A の所有林が占める面積の割合をも考慮して許可することができるのであり、2 ％の面積しか所有しない E の同意を不要と判断しても不合理とはいえず、裁量権の逸脱・濫用とはならない、というものが考えられます。

　第 2 に、F が主張する違法事由として、本件予定施設が C 市水道水源保護条例に基づき規制対象事業場として認定されていることから、本件許可基準第 1 － 1 － ② を充足しない、というものが想定されます。これに対する B 県の反論は、C 市長には、本件条例 7 条 1 項・3 項の規定する「事前の協議」の趣旨・目的に照らして、A の権利利益を不当に侵害しないよう協議を尽くす義務があるにもかかわらず、A との丁寧な協議を行っておらず、結果として水道水源の枯渇を避けるために必要な A の協力を得ることができなかったことから、本件条例に由来する事前配慮義務を尽くさないという違法があり、本件許可基準第 1 － 1 － ② の不充足があっても開発行為の許可がされるべきである、というものが考えられます[26]。

　第 3 に、F が主張する違法事由として、A が設置を計画している貯水池

---

(25)　設問 2 について、中川＝興津論文は、多岐にわたる批判を展開します。中でも、県が定めた審査基準と合致しない申請について、「特段の事情の説明もなく（県が）自ら進んで許可しようとする設定」は、私も強い違和感を持ちます。さらに、中川＝興津論文は、施行規則レベルで定める申請書への（権利者の）「相当数の同意」書の添付義務を法10条の 2 第 1 項の許可に係る実体要件として扱うことが解釈の前提とされること、本件条例による C 市による事前協議の瑕疵（配慮義務違反）を本件許可処分に読み込んだ上で検討することを、「他事考慮を容認する法解釈にほかならない」、と指摘します。中川＝興津論文は、本問のように「特異でアクロバティックな解釈論」を「卒然と求めること」、「現実には起こりえないような問題を検討させること」は適切でなく、「司法試験においては、本来あるべき解釈論を法令の条文に則してきちんと展開できるかを問うべき」との結論に至っています。

(26)　最判平成16・12・24民集58巻 9 号2536頁（判例ノート 1 － 5・百選 I 24。紀伊長島町水道水源条例事件）に即した事前協議義務・配慮義務の解釈を示すとともに、会議録から、本件認定が A の土地の使用の制限をする処分であること、B 県には市町村による土地の使用制限に関する処分が違法であると評価して開発許可をした事例があることを参照します。

の容量ではＦの生活用水に不足が生じることから、法10条の２第２項２号・本件許可基準４－１を充足しない、というものが想定されます。これに対するＢ県の反論は、法10条の２第２項２号の要件該当性の判断についてＢ県知事の裁量権が認められる一方、Ｆが主張する容量の貯水池を設置するには技術的制約・費用面での制約があり、他に複数の井戸や貯水池を設置することにより水の確保に著しい支障を及ぼさないとの判断も不合理なものとはいえず適法である、というものが考えられます。

6　解答例

設問１(1)

1　解釈枠組み

　Ｂ県知事がＡに対してした開発行為の許可処分（法10条の２第１項）について、Ｅ・Ｆが提起した取消訴訟における原告適格が認められるためには、Ｅ・Ｆが本件許可処分の取消しを求めるにつき「法律上の利益を有する者」でなければならない（行訴法９条１項）。

　上記の「法律上の利益を有する者」とは、係争処分により自己の権利・法律上保護された利益を侵害され、又は必然的に侵害されるおそれのある者をいい、当該処分の根拠法規が、不特定多数者の具体的利益を専ら一般的公益の中に吸収解消させるにとどめず、それが帰属する個々人の個別的利益としてもこれを保護する趣旨を含む場合には、そのような利益もここにいう法律上保護された利益に当たる。Ｅ・Ｆは本件許可処分の相手方でないため、行訴法９条２項を適用して上記の判断を行う。

　本件と同様、林地開発許可につき周辺住民等が取消訴訟を提起した事例において、最高裁は、林地開発行為につき法が定める許可要件規定（法10条の２第２項１号、同項１号の２）の趣旨・目的、これらの規定が保護しようとしている利益の内容・性質から、これらの規定は、土砂の流出・崩壊、水害等の災害による被害が直接的に及ぶことが想定される開発区域外の一定範囲に居住する者の生命、身体等の安全について、個々人の個別的利益としても保護すべきとする趣旨を含む、

とした（最判平成13年３月13日、以下平成13年最判という）。他方、平成
13年最判は、林地開発許可処分の処分要件規定のうち、①法10条の２
第２項１号、同項１号の２の規定は、開発区域外の土地所有権等の財
産権を個々人の個別的利益として保護する趣旨を含まない、②同項２
号の規定は、水の確保という一般的公益を保護する趣旨であり、周辺
住民等の個々人の個別的利益を保護する趣旨を含まない、とした。

２　Ｆの原告適格

　法10条の２第２項１号は、法10条の２第１項の許可を受けて開発行
為をする森林の土地に関する災害防止の機能から、周辺の地域に土砂
流失・崩壊等の災害を発生させるおそれのないことを、許可要件とし
て定める。また、同条第２項１号の２は、森林の水害防止の機能か
ら、同機能に依存する地域に水害を発生させるおそれのないことを、
許可要件として定める。これらの規定は、開発行為に係る土砂災害ま
たは水害により直接的に被害を受けるおそれのある地域の居住者の生
命、身体の安全等を保護する旨を趣旨・目的とする。また、これらの
規定が保護している開発区域外の居住者の生命、身体の安全等の利益
は、その性質上、一般的公益に吸収解消されるものではない。このよ
うな、法10条の２第２項１号、同項１号の２の規定の趣旨・目的、こ
れらの規定が保護している利益の内容・性質に照らすと、これらの規
定は、許可に係る開発行為によって生じる可能性がある土砂災害また
は水害により直接的に被害を受ける居住者の生命、身体等の安全を、
個々人の個別的利益としても保護する趣旨を含んでいる。

　Ｆは、本件開発区域の下流200メートルの沢沿いに居住しており、
過去に集中豪雨による浸水被害を受けた事実もあることから、本件開
発区域の森林の水害防止機能に依存する下流域の居住者として、本件
開発行為が違法であった場合に水害により直接的に被害を受けるおそ
れがある者に該当し、「法律上の利益を有する者」として原告適格が
肯定される。

　なお、Ｆは、本件沢の水を飲料水・生活用水として利用している。
この点、法10条の２第２項２号が、森林の水源かん養の機能から水の
確保に著しい支障を及ぼすおそれがないことを処分要件とすることが

問題になるが、同号の規定は、水源の確保という一般的公益を保護する趣旨に過ぎないと解されるため（上記平成13年最判）、Fによる水利用の利益については、原告適格を基礎づける「法律上の利益」には含まれない。

　3　Eの原告適格

　Eは、本件開発区域から30キロ離れたC市外に居住し、本件開発区域を含む地域を水源とする水道水も使用していない。ゆえに、Eは、自身の生命・身体、あるいは、水の使用に係る侵害を受けるおそれは認められない。他方で、Eは、本件開発区域内外の土地・立木の所有権を有している。そのことから、Eが、本件処分により、自身の土地・立木に係る所有権（財産権）を侵害されるおそれがあることが、原告適格を基礎付ける「法律上の利益」（行訴法9条1項）に当たらないか、検討する必要がある。

　本件処分の処分要件を定める法10条の2第2項各号は、開発区域内外の土地・立木に係る財産権の侵害を要素とする事項を規定していない。また、法1条の目的規定においても、所有権等の財産権に着眼した規制の趣旨は定められていない。ゆえに、本件処分を定める法の趣旨・目的として、開発区域内外の土地・立木に係る財産権を保護する旨が含まれていると解することはできない。

　仮に本件処分が違法であった場合、土砂災害・水害の発生により開発区域内外の土地・立木に係る所有権が侵害されるおそれが認められるが、生命、身体等の利益とは異なり、その性質上一般的公益に吸収解消されないとまではいえず、他に個々人の個別的利益としても保護されていると解釈する要素はない（上記平成13年最判）。

　また、Eは、Aによる本件申請につき、規則4条2号に基づく同意書の添付を認めていない。しかし、同号が同意書の添付を求める趣旨は、開発行為が確実に完了されることを担保し、無意味な開発許可申請を事前に防ぐことにあり、同号の定める「権利を有する者」の利益を個々人の個別的利益として保護する趣旨と解釈することはできない。

　上記から、Eは、本件処分の取消しを争う原告適格が認められな

い。

設問 1(2)

　本件開発許可につきＦが提起した取消訴訟の係属中に、本件開発行為に関する工事が完了した場合、Ｆに訴えの利益が認められるか、検討する。

　上記検討の前提として、建築確認の取消訴訟の係属中に、当該建築確認に係る建築行為が完了した場合に、原告の訴えの利益が否定されるとした判例として、最判昭和59年10月25日（以下、昭和59年最判という）がある。昭和59年最判は、建築確認について、建築行為に先立って建築計画の内容が法令に適合することを公権的に確認する行為であると解釈した上で、①建築確認はそれを受けなければ工事をすることができない、という法的効果を有するにとどまる、②工事完了後の検査済証交付、違反是正命令発出はいずれも法令適合性を基準になされ、後者については発出につき効果裁量が認められることもあり、建築確認の存在はこれらの行為の法的障害にならない、③建築確認が判決で取り消されても、検査済証交付、違反是正命令発出につき拘束力は生じない、ことを指摘して、建築工事の完了により建築確認の取消しを争う訴えの利益は失われる、とした。

　以下、昭和59年最判に即して、本件事案につき開発行為完了後に取消訴訟の訴えの利益が失われるか、検討する。

　第1に、本件許可は、それを受けなければ、地域森林計画の対象となっている民有林での開発行為をすることができない、という法的効果を有する（法10条の2第1項、同206条1号）。

　第2に、法10条の2第2項が定める許可要件を充足しないのに誤ってされた許可に基づいて開発行為がされた場合、そのような開発行為を行った者は法10条の3が定める「前条第1項の規定に違反した者」等に当たることとなり、知事はその者に対して監督処分としての復旧命令を発出することができる。ゆえに、本件開発許可の存在それ自体は、法10条の3に基づく復旧命令の法的障害とはならない。

　第3に、本件許可の取消判決が言い渡されたとしても、法10条の3

に基づく監督処分をするについて、「森林の有する公益的機能を維持するために必要があると認めるとき」を始めとする要件、復旧命令をする・しないという効果の両面で一定の裁量が認められるため、取消判決の拘束力（行訴法33条1項）により知事が復旧命令を発出するよう義務付けられることはない。

　以上から、本件開発許可に係る工事が完了した場合、Fには、取消判決により回復すべき法律上の利益が失われることになり、訴えの利益の事後的喪失により訴えは却下される。

設問2

1　裁量権の肯定

　本件開発許可の許否の判断について、法10条の2第2項2号は、「当該機能に依存する地域における水の確保に著しい支障を及ぼすおそれがあること」を要件として規定し、その解釈指針である同項3号は、「森林の保続培養及び森林生産力の増進に留意しなければならない」と定める。これらは、抽象的、概括的な要件規定であり、これらの要件に基づいて開発行為の許否を判断するためには、各種の法益を総合的に衡量する公益的な判断と、専門技術的な知識経験が必要であり、法に基づく開発行為の許可については、都道府県知事に一定の裁量権が認められる。ゆえに、B県が定める本件許可基準は、行手法2条8号ロの審査基準であると同時に、許可に係る許否決定の裁量基準と解される。

　上記を前提に、Fが提起した本件開発許可の取消訴訟の本案審理において、Fが主張すると考えられる違法事由と、それに対するB県の反論を、本件許可基準に則して検討する。

2　許可基準1－1－①について

　まず、Fは、Eの同意書が添付されていないことにより、法10条の2第1項の委任を受けて定められた規則4条2号に規定する「相当数の同意」に関し、B県知事が審査基準（行手法2条8号ロ）として自ら設定・公開している許可基準1－1－①に定められている権利者の3分の2以上の者からの同意を得るという要件を充足しない、と主張

することが考えられる。規則は裁量基準と解されるものの、その内容は合理的であり、行手法上の審査基準として設定・公開されていることから、特段の事情がない限り、行政の自己拘束原理により裁量をき束するため、許可基準への違背は開発許可処分の違法事由になる、と主張する。

　これに対して、B県は、1に記したように、法は開発許可に関して知事の裁量権を認めているところ、規則4条2号の「相当数の同意」という処分要件の解釈についても、知事による専門技術的判断に基づく裁量権が認められる、と主張する。許可基準第1－1－①は、開発行為が許可されるか不明である申請時点で申請者に過度な負担を課さない趣旨で定められたものであり、開発区域内における権利者が2者のみである場合については、開発区域内でAの所有林が占める面積の割合をも考慮するという知事の裁量判断を許さないものとまではいえない。ゆえに、B県知事が、本件開発許可をするに当たり、2％の面積しか所有しないEの同意を不要と判断しても不合理とまではいえず、本件開発許可について裁量権の逸脱・濫用は認められず適法である、と反論する。

3　許可基準1－1－②について

　次に、Fは、本件予定施設がC市水道水源保護条例に基づく規制対象事業場（本件条例2条5号）に認定（同7条3項）されており、同条例8条によりその設置を禁じられていることから、本件許可基準1－1－②を充足しておらず、同条例が規制対象事業場につき「水源の枯渇」をもたらすおそれがある事業場の規制を趣旨とすることに照らして、法10条の2第2項2号に該当するにもかかわらず許可されたものとして、違法であると主張する。

　これに対して、B県は、C市長には、本件条例7条1項の定める「協議」が、同条例により規制対象事業場の設置を禁止される者との事前の協議・指導等を尽くし、当該禁止対象者の権利利益を不当に害さないようにする趣旨・目的で設けられていることに照らし、Aとの間で協議を尽くす義務があったにもかかわらず、Aとの丁寧な協議を行っておらず、結果として水道水源の枯渇を避けるために必要なAの

協力を得ることができなかったことから、同項に基づく事前配慮義務を尽くさない違法があり、形式的には本件許可基準第1－1－②の不充足があっても、開発行為を許可することは、B県知事の裁量権の行使として不合理とはいえず適法である、と反論する。

4　法10条の2第2項2号および許可基準4－1について

　さらに、Fは、Aが設置を計画している貯水池の容量ではFの生活用水に不足が生じることから、「必要な水量を確保する」ことを求めた本件許可基準4－1に抵触し、ひいては、「当該開発行為により当該機能に依存する地域における水の確保に著しい支障を及ぼすおそれがある」とする法10条の2第2項2号に該当するため、本件開発許可は違法である、と主張する。

　これに対して、B県は、1で述べたように、法10条の2第2項2号の要件該当性の判断にはB県知事の裁量が認められる一方、Fが主張する容量の貯水池を設置するには技術的制約・費用面での制約があり、別に複数の井戸や貯水池を併せて設置することにより水の確保に著しい支障を及ぼさないとのB県知事の判断は不合理なものとはいえず、「水の確保に著しい支障を及ぼすおそれがない」としてされた本件開発許可は、裁量権行使の合理的範囲内として適法である、と主張する。

●事項索引●

著者紹介

橋本博之（はしもと・ひろゆき）
　東京大学卒業
　現職　明治大学教授・慶應義塾大学名誉教授
　主著　『行政判例ノート』（弘文堂・2011、第5版・2023）
　　　　『現代行政法』（岩波書店・2017）
　　　　『行政判例と仕組み解釈』（弘文堂・2009）
　　　　『要説行政訴訟』（弘文堂・2006）
　　　　『解説改正行政事件訴訟法』（弘文堂・2004）
　　　　『行政訴訟改革』（弘文堂・2001）
　　　　『行政法学と行政判例』（有斐閣・1998、渋沢・クローデル賞）
　　　　『行政法解釈の技法』（弘文堂・2023、共著）
　　　　『行政法』（弘文堂・2007、第6版・2019、共著）
　　　　『新しい行政不服審査制度』（弘文堂・2014、共著）
　　　　『現代行政法』（有斐閣・2004、第2版・2006、共著）
　　　　『放送制度の現代的展開』（有斐閣・2001、共著）

新版 行政法解釈の基礎――「仕組み」から解く

2013年12月25日　　第1版第1刷発行
2023年12月25日　　新版第1刷発行

著　　者――橋本博之
発行所――株式会社　日本評論社
　　　　　東京都豊島区南大塚3-12-4
　　　　　電話03-3987-8621（販売），-8592（編集）
　　　　　https://www.nippyo.co.jp/
　　　　　振替00100-3-16
印刷所――精文堂印刷株式会社
製本所――株式会社難波製本

ⓒ 2023 H.Hashimoto
装丁／図工ファイブ　Printed in Japan
ISBN 978-4-535-52655-6